SEXUALIDADES E GÊNERO

Sociedade
Brasileira de
Psicanálise de
São Paulo

SEXUALIDADES E GÊNERO

Desafios da psicanálise

Organizadoras

Cândida Sé Holovko

Cristina Maria Cortezzi

Sexualidades e gênero: desafios da psicanálise
© 2017 Cândida Sé Holovko e Cristina Maria Cortezzi (organizadoras)
Editora Edgard Blücher Ltda.

2ª reimpressão – 2020

Imagem da capa: Diego Wisnivesky

Blucher

Rua Pedroso Alvarenga, 1245, 4º andar
04531-934 – São Paulo – SP – Brasil
Tel.: 55 11 3078-5366
contato@blucher.com.br
www.blucher.com.br

Segundo o Novo Acordo Ortográfico, conforme
5. ed. do *Vocabulário Ortográfico da Língua
Portuguesa*, Academia Brasileira de Letras,
março de 2009.

É proibida a reprodução total ou parcial por
quaisquer meios sem autorização escrita da
editora.

Todos os direitos reservados pela Editora Edgard
Blücher Ltda.

Dados Internacionais de Catalogação
na Publicação (CIP)
Angélica Ilacqua CRB-8/7057

Sexualidades e gênero: desafios da psicanálise /
organização de Cândida Sé Holovko, Cristina Maria
Cortezzi. – São Paulo : Blucher, 2017.

400 p.

Bibliografia

ISBN 978-85-212-1251-5

1. Psicanálise 2. Identidade de gênero 3. Minorias sexuais 4. Sexo (Psicologia) 5. Transexualidade
I. Holovko, Cândida Sé. II. Cortezzi, Cristina Maria.

17-1397 CDD 150.195

Índice para catálogo sistemático:
1. Psicanálise

Palavras preliminares: desafios da psicanálise

A multiplicidade de transformações que enfrentamos nos séculos XX e XXI, constituídas pela globalização, por um novo código de linguagem virtual e por novos parâmetros comportamentais e sociais, somada à rapidez com que surgem as descobertas e as novidades de toda ordem nos faz pensar a respeito dos sujeitos na contemporaneidade.

Nesta clínica que se apresenta, deparamos com as consequências psíquicas dessas mudanças, especialmente com o advento dos movimentos feministas, dos métodos contraceptivos, das inovações tecnológicas, das reproduções assistidas, das novas configurações familiares, das cirurgias de redesignação sexual e das apresentações das sexualidades. Transformações importantes nas relações entre os gêneros, nas famílias e na sociedade como um todo vêm gerando novos questionamentos e reflexões para a psicanálise. Esses novos grupos familiares influenciados pela cultura e pelo seu tempo histórico demandam ser repensados para acompanhar as mudanças na nossa clínica, na nossa técnica e no nosso modo de ver o mundo.

6 DESAFIOS DA PSICANÁLISE

Atualmente, o paradigma da mulher e do feminino, bem como o paradigma do homem e do masculino, por muito tempo concebidos como categorias binárias do ser humano, encontram-se em pleno processo de desconstrução e questionamento. Psicanálise e gênero, duas correntes de pensamento, duas disciplinas com enfoques diferentes, encontraram-se em um momento do desenvolvimento das ideias e geraram instigantes investigações.

O Comitê Mulheres e Psicanálise (Committee on Women and Psychoanalysis – COWAP) foi criado em 1998 durante a presidência do Dr. Otto Kernberg na Associação Psicanalítica Internacional (IPA). O principal objetivo tem sido estimular a investigação dos problemas ligados às complexas relações entre as categorias da sexualidade e o gênero, bem como as influências socioculturais e suas implicações para a psicanálise.

Há muitos anos, o COWAP vem buscando integrar as contribuições de estudos de gênero ao campo psicanalítico, examinando embasamentos ideológicos que se apresentavam como funcionamentos universais e naturais nas teorias psicanalíticas – como a teoria falocêntrica de Freud, com as noções de inferioridade das mulheres, de seu superego fraco e da inveja do pênis – e propondo concepções mais atualizadas sobre o feminino e o masculino. Esses estudos questionam as construções teóricas identificando também os fatores sociais, as forças de poder e as particularidades de cada cultura na conscientização das desigualdades que foram impressas entre os gêneros, enfatizando o peso que tiveram, e ainda têm, na constituição das subjetividades.

Desde sua fundação, o COWAP vem mantendo um espaço de reflexão e intercâmbio interdisciplinar sobre temas que representam desafios para a psicanálise contemporânea, como: sexualidades, feminilidades, masculinidades, funções parentais, relações hierárquicas entre os gêneros, diversidade sexual e violência contra mulheres e crianças.

Este livro foi organizado com trabalhos apresentados em dois encontros latino-americanos do COWAP: XII Diálogo Latino--Americano Intergeracional entre Homens e Mulheres ("Desafios da psicanálise frente às novas configurações sexuais e familiares", nos dias 3 e 4 de junho de 2016, na Sociedade Brasileira de Psicanálise de São Paulo – SBPSP) e Jornada do COWAP no Pré-Congresso da Federação Psicanalítica da América Latina – Fepal ("As linguagens do corpo: gênero e diversidade", nos dias 13 e 14 de setembro de 2016, em Cartagena, na Colômbia).

Queremos expressar nossa gratidão a todas as pessoas que tornaram possível a realização desses eventos, cuja dedicação foi imprescindível para esses estimulantes projetos: Nilde J. Parada Franch, Vera Regina Fonseca, Fernanda Fonof, Fernando Orduz, Maria Nates, Doris Berlin, e em especial as dedicadas colegas Ana Maria Rocca Rivarola, Edoarda Paron, Jurenice Picado, Marina Ramalho Miranda, Miriam Tawil, Monica Mehler e Neyla França.

Seguindo a tradição de publicar os trabalhos dos encontros do COWAP na América Latina, temos a grande alegria de apresentar ao leitor, pela primeira vez em língua portuguesa, as reflexões propostas em 2016 por estes psicanalistas da América Latina e da Europa – com ampla trajetória no estudo e na investigação nesses temas. Agradecemos especialmente a todos os autores que contribuíram com suas ideias inovadoras para a construção deste livro e a Vera Sevestre por sua inestimável colaboração.

Cândida Sé Holovko
Psicanalista da SBPSP e coordenadora do COWAP-IPA para a América Latina (janeiro de 2014 a agosto de 2017)

Cristina Maria Cortezzi
Psicanalista da SBPSP e coordenadora do COWAP-IPA junto à SBPSP (desde 2015)

Palavras preliminares: o respeito às diferenças e o desenvolvimento científico

O trabalho dedicado e comprometido dos integrantes do Comitê Mulheres e Psicanálise da Associação Psicanalítica Internacional (COWAP-IPA) tem contribuído enormemente para a reflexão psicanalítica sobre temas como o masculino, o feminino, a parentalidade e os impactos das mudanças culturais na teoria e na clínica psicanalíticas.

Nos "tempos de aceleração" nos quais vivemos, em que a ação se antecipa ao pensamento, percebe-se a importância de reunir um grupo de diferentes pensadores de distintas latitudes que se dedica à troca de experiências e reflexões sobre sexualidade e gênero – desafios da psicanálise, objeto deste novo livro do COWAP.

O impacto dos diferentes modos de organização familiar no processo de subjetivação de seus membros leva à necessidade de centrarmos nosso olhar psicanalítico sobre as questões decorrentes, e o grande avanço das biotecnologias, possibilitando a fertilização assistida, convoca os psicanalistas a observar e acompanhar os fenômenos psíquicos decorrentes dessa variável.

Como se posiciona a psicanálise diante dessa nova ordem na procriação e, portanto, de novos projetos de filiação, levando em conta que essas mudanças atingem as estruturas dos sistemas simbólicos que regem os processos de identificação, como maternidade, paternidade e identificação sexuada? Ela é imune a essas mudanças? Quais os efeitos delas na clínica e em seus fundamentos teóricos? Como pensar o complexo de Édipo à luz das diversidades sexuais e de gênero? Como o psicanalista, que leva consigo para a sala de análise suas teorias privadas, seus preconceitos, suas ideologias, tem enfrentado essa nova realidade em relação a sexualidades, gêneros e parentalidade? Quais níveis de conflito e sofrimento têm sido vivenciados?

Essas e outras questões são abordadas nos artigos deste livro, mostrando o alto nível de produção teórica e clínica dos analistas que dele participam. Tenho certeza de que esta leitura nos enriquecerá e deixará mais motivados a observar e pensar os temas aqui propostos.

Parabéns, Cândida! Parabéns, Cristina!

Nilde J. Parada Franch

Analista didata da Sociedade Brasileira de Psicanálise (SBP)
e ex-presidente da SBPSP

Palavras preliminares: revendo preconceitos

Em primeiro lugar, gostaria de agradecer a Cândida Sé Holovko e a Cristina Maria Cortezzi o convite para escrever algumas palavras nesta primeira publicação do livro do Comitê Mulheres e Psicanálise da Associação Psicanalítica Internacional (COWAP-IPA) em português. Por diversos motivos, penso que este livro seja uma verdadeira joia. Um deles é a qualidade dos trabalhos selecionados, alguns deles pensados com densidade teórica, outros com uma grande profundidade clínica e outros com uma eloquente simplicidade. Além disso, tanto para os que estão iniciando o estudo sobre o tema de psicanálise e gênero quanto para os que estão há muito tempo interessados nele, os trabalhos publicados neste livro oferecem uma visão dos diferentes enfoques teóricos, técnicos e clínicos com os quais se encaram atualmente as temáticas do COWAP: sexualidades, configurações familiares, função materna e função paterna, corpo.

Atualmente, acontecem mudanças de maneira vertiginosa, surgem termos como "sexo neutro" para nomear situações perante as quais o psicanalista tem de se posicionar para tentar compreender o que está acontecendo, surge um leque de possibilidades que vão desde continuar com a mesma ortodoxia até propor novos termos, como por exemplo: "fluidez na identificação" ou "função família". Também são analisadas as mudanças por meio de ferramentas técnicas e clínicas como a capacidade de continência e a contratransferência, incluindo o diálogo com a arte e, principalmente, fazendo uma ponte com as ciências sociais, algo que sempre tem caracterizado nosso trabalho.

Neste livro, pode-se observar uma tentativa importante de enfocar o tema das novas sexualidades, parentalidades e famílias, denunciando preconceitos e despatologizando esses fenômenos. Por outo lado, os trabalhos clínicos mostram uma problemática de profundo vazio mental. Essa situação aparentemente paradoxal não é realmente assim. Temos de lembrar que também os heterossexuais, as famílias tradicionais quando nos consultam, procurando ser atendidos em seu sofrimento, também apresentam problemáticas de índole mais primitiva.

O que acontece é que os analistas têm a dupla função de, por um lado, atualizar a teoria para poder responder aos novos enigmas e, por outro lado, na clínica (como diz Ema Ponce de León Leiras) livrar o sujeito de suas máscaras, de seus pontos cegos, resgatando-o das vulnerabilidades, para permitir a construção do sujeito.

Para finalizar, quero parabenizar calorosamente os autores deste livro pelos excelentes trabalhos e anunciar aos leitores que será uma leitura estimulante, que promoverá valiosas reflexões.

Doris Berlin

Psicanalista, membro efetivo da Sociedad Psicoanalítica
de Caracas e ex-co-chair do COWAP (2009-2013)

Conteúdo

PARTE I
Repensando sexualidades e gêneros

1. Morfismos e versidades nas subjetividades
   contemporâneas   19
   Fernando Orduz

2. Considerações psicanalíticas sobre sexualidade e gênero   33
   Gley P. Costa

3. Identidade de gênero em um menino de 5 anos   51
   Frances Thomson-Salo

4. Psicanálise e gênero nas relações amorosas
   na contemporaneidade   67
   Almira Rodrigues

14   CONTEÚDO

PARTE II
Novas configurações familiares

5. Novas configurações familiares: funções materna
   e paterna   81
   Leticia Glocer Fiorini

6. Filiação e neoparentalidades: questões
   contratransferenciais   93
   Cláudio Laks Eizirik

PARTE III
Violência sexual

7. O "complexo do vitimador" e suas vicissitudes no abuso
   de crianças   111
   Joshua Durban

8. Perversão materna: avaliação das habilidades parentais
   dos pais   141
   Estela V. Welldon

9. Encontro terapêutico com mulheres refugiadas na
   Alemanha   155
   Gertraud Schlesinger-Kipp

PARTE IV
Tolerância/intolerância diante da diversidade de gênero

10. Inveja diante dos atributos femininos, masculinos e
    andróginos   181
    Teresa Lartigue

SEXUALIDADES E GÊNERO   15

11. Continência do analista diante da diversidade   197
Cristina Maria Cortezzi

12. Aspectos da sexualidade humana e os psicanalistas   211
Oswaldo Ferreira Leite Netto

13. Caminhando no limite   223
Julia Lauzon

PARTE V
Masculinidades e função paterna

14. Interiorização da função paterna e masculinidade
na clínica psicanalítica   241
Rui Aragão Oliveira

15. Vicissitudes da sexualidade masculina: exibicionismo
e fantasias no espelho   261
Cândida Sé Holovko

16. Paternidades contemporâneas: desejo de filho no homem
e técnicas reprodutivas   283
Patrícia Alkolombre

PARTE VI
Arte e sexualidade

17. Arte e sexualidade: retratos fotográficos, imagens
alteradas   299
João A. Frayze-Pereira

16 CONTEÚDO

18. Arte e gênero: ambiguidades em narrativas históricas   313
Mirtes Marins de Oliveira

19. Explorações da feminilidade e episódios homossexuais
na adolescência: Katherine Mansfield   323
Teresa Rocha Leite Haudenschild

PARTE VII
Corpo e transformações: reflexões sobre transexualidades

20. Corpo e vulnerabilidade na cultura contemporânea   349
Ema Ponce de León Leiras

21. Um olhar sobre o trans: entre angústia e subversão   363
Andrea Escobar Altare

22. A biologia como destino...?   377
Alexandre Saadeh

Sobre os autores   393

PARTE I

Repensando sexualidades e gêneros

1. Morfismos e versidades nas subjetividades contemporâneas[1]

Fernando Orduz

Tradução: Regiane Almeida

9 de abril de 1935

Minha querida senhora:

Lendo a sua carta, deduzo que o seu filho é homossexual. Chamou fortemente a minha atenção o fato de a senhora não mencionar este termo na informação que acerca dele me enviou.

Poderia lhe perguntar por que razão? Não tenho dúvidas de que a homossexualidade não representa uma vantagem. No entanto, também não existem motivos para se envergonhar dela, já que isso não supõe vício nem degradação alguma.

Não pode ser qualificada como uma doença e nós a consideramos uma variante da função sexual. Muitos homens de grande respeito da Antiguidade e da atualidade foram homossexuais, dentre

---

1 Trabalho apresentado no XII Diálogo Latino-Americano Intergeracional entre Homens e Mulheres – Desafios da Psicanálise frente às Novas Configurações Sexuais e Familiares, nos dias 3 e 4 de junho de 2016, na Sociedade Brasileira de Psicanálise de São Paulo (SBPSP).

eles alguns dos personagens de maior destaque na história, como Platão, Michelangelo, Leonardo Da Vinci.

É uma grande injustiça e também uma crueldade perseguir a homossexualidade como se fosse um delito. Caso não acredite em mim, leia os livros de Havelock Ellis.... A análise pode fazer outra coisa pelo seu filho. Se ele estiver experimentando descontentamento por causa de milhares de conflitos e inibição em relação à vida social, a análise poderá lhe proporcionar tranquilidade, paz psíquica e plena eficiência, independentemente de continuar sendo homossexual ou de mudar sua condição. Caso a senhora decida que seu filho deva fazer análise comigo (e não espero que se decida por isso), deverá vir a Viena já que não tenho nenhuma intenção de deixar este lugar.

Desejo-lhe o melhor.

Atenciosamente,

Freud

(Freud, 1963, p. 470)

Desafios da psicanálise diante das novas configurações sexuais

Seria possível iniciar esta escrita aludindo que, desde a origem da concepção da sexualidade infantil como base do inconsciente, Freud pensou em uma sexualidade simbólica. O que se quer dizer com isso é que ele, em nenhum momento, reduziu a sexualidade aos fatores meramente biológicos ou genéticos, mas, em todo momento, observou seu caráter múltiplo e diverso. Para tal, em sua obra intitulada *Três ensaios sobre a teoria da sexualidade* (1905/1976a), começa enunciando uma descrição das aberrações da sexualidade humana, em um tom longe de moralista, na verdade, perto de científico, que elabora uma taxonomia ou classificação para demonstrar com fatos que algo caracteriza o ser humano: sua forma polivalente ou polissemântica, ideia que foi sintetizando com a definição constituída do nódulo inconsciente caracterizado pela sexualidade infantil como poli-morfa, per-versa.

Segundo Freud: "A experiência explorada cientificamente mostra-nos a existência de numerosos desvios com respeito a ambos, o objeto sexual e a meta sexual, desvios cuja relação com a norma suposta exige uma indagação profunda" (1905/1976a, p. 123).

Seria possível dizer que se, hoje em dia, as expressões do movimento de luta pela igualdade de direitos civis advogam pelo reconhecimento da diversidade LGBTI, Freud já tinha feito todo o trabalho teórico prévio para isso ao propor que a característica do objeto de escolha das pulsões era seu caráter indeterminado e variável. No entanto, não só o objeto era diverso, mas também, como diz o texto citado, seu objetivo ia além do destino de reprodução que possuem os animais. Seu fim era buscar o prazer, e prazer este não ligado unicamente à genitália, inclusive podendo sim ir mais além do princípio do prazer.

Em Freud, pode-se destacar a sexualidade como uma expressão que está muito além da sexualidade biológica do primata, a qual está mais ligada às mudanças hormonais que desencadeiam transformações na aparência da fêmea para dar início ao ritual do cortejo de uma forma predeterminada. A sexualidade animal está marcada por sinais. Os sinais oferecem reações precisas com apenas um significado. A cor vermelha em um semáforo insta a parar o trânsito; disposta como um sinal, deveria levar a uma resposta igualitária.

Contudo, a sexualidade humana, quando não reduzida ao seu sentido biológico, torna-se heterogênea. O desejo não está indicado pelas mudanças hormonais da fêmea, o cortejo sexual libera-se dessa determinação, a resposta sexual humana libera-se do sinal biológico para constituir-se em função simbólica. Isso significa que é múltipla em sua significação e que, portanto, contempla que o sinal vermelho do semáforo, como foi exemplificado anteriormente, não seja devida e normativamente atendido pelo caráter diverso dos humanos.

O caráter simbólico leva o ser humano a jogar permanentemente com o código normativo, sendo colocado continuamente em questão, reconfigurado. O ser humano sub-verte, per-verte e di-verte-se com o código biológico. Muta, transmuta e permuta. Forma, deforma e reforma.

Isso que chamam de novas configurações sexuais Freud já tinha anunciado há mais de um século. E ainda tem mais, e é o que se acredita interessante sublinhar, destacou que essa multiplicidade de configurações sexuais pode existir na unicidade do ego e não necessariamente estar organizada em corpos que se diferenciam por uma marca ou definição entre uns e outros. Não se trata de ser *gay* ou *trans* ou *narciso* ou *bissexual* ou *indeterminado*.

Partindo da leitura de Freud, pode ser completamente passível que aconteça com o ser humano, em qualquer momento, qualquer uma dessas diversidades aqui mencionadas. Afinal, desde o princípio, Freud acreditava que a mesma diversidade era diversa, pelo menos assim escreve na sua compreensão inicial dos fenômenos da inversão ao classificá-los em três possibilidades: absolutos, anfígenos e ocasionais.

Ressalta-se essa ideia porque encontra-se que a identidade, quando invariável, não tem maior presença na obra de Freud. Na verdade, não menciona o conceito como tal. A noção que marca de alguma maneira sua obra tem a ver com a palavra identificação, a qual acentua o processo dinâmico e mutável em contraste com a ideia de identidade, que é uma substância e não uma essência. No mesmo ensaio ao qual se vem fazendo alusão, Freud propõe, desde o começo, que a ideia do homossexual diante da própria inversão é diversa (alguns brigam contra a sua homossexualidade ao senti-la de forma patológica, outros já a aceitam como um fato natural). Também mostra como essa adversidade flutua no tempo:

> *O traço da inversão data no indivíduo desde sempre ou até onde vai a sua lembrança ou ainda só se percebeu durante uma determinada época da vida, antes ou depois da puberdade. Este caráter pode conservar-se durante toda uma vida ou bem desaparecer em algum momento ou bem representar um episódio na vida em torno do desenvolvimento normal; ou bem ainda podendo-se exteriorizar somente bem mais tarde na vida, transcorrido um longo período de atividade sexual normal... interesse particular apresentam os casos em que a libido se altera no sentido de inversão depois que se teve uma experiência penosa com o objeto sexual normal. (Freud, 1905/1976a, p. 125)*

Isso leva a pensar que a psicanálise, em sua visão, assinala o desvio e não a normalidade heterocentrada. Em seus ensaios sobre a teoria da sexualidade, Freud enfatiza o conceito de zonas, enunciando o corpo como uma superfície erógena e ressaltando que a sexualidade não deveria ser reduzida ao conceito apenas da genitália. Daí que a psicanálise aponta um conceito de erogeneidade multizonal, e não de uma limitação da sexualidade aos seus aspectos genitais. Nesse sentido, seria possível dizer que somos orais, voyeuristas, olfativos, táteis, e que isso é tão válido para definir nossos processos identitários como dizer que somos macho/fêmea/homo/trans.

Entretanto, também pode ser reconhecido na obra de Freud o espaço para uma leitura que faz reduções binárias com relação ao gênero. A oposição masculino-feminino em sua obra é lida continuamente sobreposta à ideia de ativo-passivo e a outros eixos binários como amor-ódio, prazer-desprazer, Édipo-Narciso.

Assim como povoa-nos a perversidade mútua e a unicidade egoica, a díade também nos habita tanto quanto a fragmentação erógena ou a identidade unitária. O código normativo também nos marca e, em algumas ocasiões, identificamo-nos plenamente com o macho ativo e a fêmea passiva. Por que não? Como discurso social, está todo o tempo presente, algo dele também existe em nós, algo dele nos insiste, a diferença anatômica está aí e também produz um discorrer. Isso, igualmente com a noção de par, casal, também está pedindo um lugar de representação; curiosamente, apresentando-se como diversidade sexual, muitos LGBTI pretendem ingressar no código da sociedade matrimonial que normatiza a vida de casal.

O olhar psicanalítico permite entrever uma dinâmica que acontece entre o um e o múltiplo. Cabe perguntar se, ao considerar essa polaridade, deveria ser pensado que também existe campo para a representação do binário e do triangular. Assim como se pensa da díade, pensou-se o triângulo como estrutura constituinte do humano, e talvez por isso seja tão difícil configurar um casal-duo, porque nos estruturamos em uma tríade. Por vezes, o casal vem em um triângulo amoroso e, em outras, o triângulo retorna ao dois.

Pergunta-se: por que se fala de novas configurações sexuais quando assume-se que a sexualidade teve múltiplas configurações desde sempre e desde sempre também teve códigos que tentaram unificar seu comportamento?

A noção de pulsão na psicanálise sempre deixa em um ponto liminar, em que se está no ponto do excesso: por momentos, emergem o exagero e a expressão e, em outros, a força tensional consegue ser contida. Como um fantasma, a sexualidade surge em cada época para lembrar que a norma não pode ser contida. Emergiu como histeria no final do século XIX, como amor livre nos anos 1960, como a pecaminosa AIDS nos anos 1990, como reconhecimento da diversidade sexual no século XXI. De vez em quando, a sexualidade mostra seu rosto de época.

Há uma cena no filme *A Guerra do Fogo* em que um homem primitivo espreita uma fêmea que está tomando água; ao vê-la com as nádegas no ar, o macho acomete contra ela em uma posição de coito a tergo ("de quatro"). Ela, que porta os sinais do simbolismo em seu corpo maquiado ou tatuado, detém-no por um momento e inverte a posição para ficar cara a cara, e foi então que a variação emergiu para este homem que só conhecia uma forma de sexualidade.

Em algumas ocasiões, a diversidade nos assalta no meio de um passeio por uma praia, como o primitivo que caminhava pelo prado paleolítico, alterando o curso de nossa visão, uma imagem do exterior captura-nos, tira-nos de nossa unicidade e faz-nos cantar *Garota de Ipanema*. Contudo, em outras ocasiões, emerge como força informe, como se disse antes, um fantasma, e faz-nos entoar *À flor da terra*: "O que será que será / que andam sussurrando em versos e trovas, /... que não tem certeza nem nunca terá, / que não tem vergonha nem nunca terá".

No meio de uma manhã dominical de Carnaval, vê-se morrer o protagonista da história. Fantasiado de baiana, o corpo luxurioso do esposo de Florípedes do Guimarães cai, vítima da desmedida, do excesso, alguns pensaram que era o efeito da cachaça. Entretanto, a verdade é, como sussurra Jorge Amado no romance que se espera que seja reconhecido, desestimando a ideia da morte, que Waldomiro dos Santos Guimarães, Vadinho para as putas e os amigos, desertou para sempre o carnaval da Bahia.

A história à qual se refere é a da Dona Flor, narrada por Jorge Amado (1966/2008). Seu primeiro amor chamava-se Vadinho, esse que morreu em pleno carnaval e que tentou com a explosão dos sentidos à filha menor de Dona Rozilda, que esperava como genro um espécime um pouco diferente do que sua pequena Flor havia escolhido.

Na história, a primeira escolha amorosa de Florípedes cozinha-se algo em uma experiência mais próxima à pele do fruto, à textura. Não é em vão que a escola que inaugura se chama Escola de Cozinha: Sabor e Arte e traça o caminho que levará Vadinho a Dona Flor: saborear-te.

Em contraste com a forma do amor de sua filha, a mãe, Dona Rozilda, sustenta outra ética de amor, a ética que subjaz no casamento desde o princípio dos séculos: o intercâmbio amoroso entre um homem e uma mulher deve tomar forma sob o aspecto de um intercâmbio comercial. O amor na forma de matrimônio é tão somente isso, um intercâmbio econômico que não interessa à ética estética e culinária da protagonista. Assim, a mãe o faz saber à filha, que isto responde quando a mãe a incita ao casamento com o prestigioso Dr. Pedro Borges: "É feio como a necessidade", diz a bela cozinheira. E a mãe, por sua vez, responde: "O amor vem com a convivência... A beleza do homem... não está na cara, está é no caráter, na sua posição social, em suas posses. Onde já se viu homem rico ser feio?" (pp. 73-74).

No entanto, Dona Flor construiu sua identidade em outro tipo de molde, deveria se dizer que cozinhou sua identidade no gosto olfativo, oral e visual. Será que entenderia Dona Rozilda, que, ao educá-la no pacto do intercâmbio comercial, havia plantado em sua filha, por posição binária, o signo da beleza dos sentidos como isca?

Vadinho e Flor são o encontro sensorial que emergiu no meio de um tango; aqui, tal ritmo não é o último filme de Bertolucci, mas o início. Vadinho, nome que, em português, provém do verbo vadiar, alude à vadiagem, à vagabundagem, que é exatamente o que caracterizará o gosto pelo jogo e pelo erotismo desse personagem.

Vadinho é um homem que se lê a partir do prazer dos sentidos e Flor cai na rede de seus encantos. Em alguma passagem da história, lembra-se Dona Flor de que "eram a mão, a língua, a palavra, o lábio... era ele quem me despia do lençol e do pudor... para me acender em estrelas, em seu mel noturno" (p. 249).

Todavia, como toda história de amor mítico, no cinema ou na literatura, a morte emerge. Mas simplesmente, neste lado do oceano (diferentemente da Europa com suas narrativas trágicas), a morte não aparece no final como símbolo do amor impossível. Aqui, Tânatos tem de dançar de outra maneira com as Moiras e com Eros. Aqui, a morte por amor está mais próxima da experiência orgástica, *la petite mort*, que do beijo letal de Tânatos. A morte aparece como intermediário na história e deixa uma marca que incita o retorno. Na história de Jorge Amado, a morte não é o final. Depois da morte de Vadinho, Dona Flor fica marcada pela paixão que o vagabundo escreveu em sua pele. No meio do luto, ela relata: "Esse manto de recato me asfixia, de noite corro as ruas em busca de... a quem servir o vatapá doirado e meu cobreado corpo de gengibre e mel" (p. 249). Vadinho havia despido um desejo que, agora, ficava desperto e sem qualquer possibilidade de ser contido.

Durante o ano de luto, a viúva vai cozinhando a fogo lento uma feminidade, sem que ela mesma saiba, ao amor predestinado pela originária imposição materna. Florípedes reconhece-se como uma viúva partida em duas: por um lado, a viúva honesta e recatada que guarda luto na vigília, mas, por outro, a lasciva, cheia de sonhos com cenas lúbricas que o despertar impede de chegar ao final.

O remédio chega da farmácia na forma de um homem fino e tranquilo. Afinal, sempre há uma droga para todo mal. Florípedes já pode enunciar a forma do impulso livre do arrebato passional dos sentidos e dar-lhe uma forma mais medida e madura. Agora, Dona Flor já consegue ser uma digna herdeira de certos moralismos psicanalíticos que pregam que há paixões destrutivas e fanáticas, como a que viveu com Vadinho e que muitas teorias estigmatizam com a noção de gozo. Agora, ela busca a prudência, a paixão sem delírio, o amor ameno que, não em vão, tem por nome Teodoro Madureira. O amor que traz a serenidade ansiada, a paz idílica.

Trata-se de um galã agradável bem inscrito em um conjunto de registros sociais, membro da Sociedade Baiana de Farmácia, versado intérprete de notas musicais que passam por Bach e Beethoven. Algo estranho para Flor, versada tão somente na música de violões de seresteiros e na sociedade dos sabores que cozinhava com toques de cebola e pimenta.

No entanto, no meio desse tranquilo casamento de acordo com o código dos bons costumes baianos, o aroma de outrora, que agitava Vadinho, começa a emergir em ondas de nostalgia: "Mar de violência desatada... ardido cheiro de sargaços, de algas e ostras, gosto de sal" (pp. 286-287); essa sensibilidade dos sentidos que cozinhava o finado primeiro marido manda seus tostados aromas desde o fogo alto do inferno.

Florípedes pretendia que o saber maduro do presente esmagasse a violência tórrida da memória passional, mas a invocada lembrança começa a encarnar-se da melhor maneira do Evangelho de São João.

Vadinho reaparece da morte para acalmar o que a tranquilidade, a ordem e a segurança da vida de casada com Teodoro, o maduro, não tinham podido preencher. Como bem diria o obsceno homem vindo do além à correta Flor: "Também de meu amor precisas... desse amor de impurezas, errado e torto, devasso e ardente" (p. 448).

A angústia de Flor ao deparar com o morto ressuscitado é resolvida rapidamente quando assume que a presença de seu antigo esposo é a garantia da virtude que faz com que seu desejo não exploda em mil corpos, mas apenas no de sua nostalgia revivida. Vadinho, vindo do além, diz-lhe em um de seus assaltos à cama de Flor: "Quando era eu só, tinhas meu amor e te faltava tudo, como sofrias! Quando foi só ele, tinhas de um tudo, nada te faltava, sofrias ainda mais. Agora, sim, és dona Flor inteira como deves ser" (p. 448).

Quando se lê literatura europeia ou se vê seus filmes na tela, chama a atenção que condenem o amor passional ao ato da morte. Um filme famoso de Truffaut, *A mulher do lado*, termina com uma frase paradigmática: "nem contigo, nem sem mim...", depois dois tiros acabam com a vida dos amantes. Porém, Amado com a sua Dona Flor oferece outra saída: na sua arte culinária, a jovem une dois *ethos*, o da tranquilidade e o da desmedida, misturando seus sabores. O tempero do discurso materno que agora se impõe tem o condimento da desmedida de seus anos anteriores. Aqui, a morte não condena os amantes à solidão, à busca impossível, à pulsão contida como nas narrativas europeias que vão de Tristão e Isolda, passando por Romeu e Julieta, chegando à trágica leitura dos filmes franceses. Deste lado do continente, a paixão é possuída pela *hybris* e não se dobra à morte.

A América Latina é um cadinho em que se misturam crenças das mais variadas. Em particular, no caso na Bahia, misturam-se as tradições dos escravos africanos com a tradição da igreja católica apostólica dos conquistadores espanhóis. A magia inunda a vida cotidiana dessa região, bem como a de muitas outras desse mesmo continente, o iorubá oculta seus orixás no santuário apostólico romano.

Em um momento, a proibição, o código normativo toma corpo na história da correta esposa. Florípedes, presa de certa angústia moral ao reencontrar a imagem de seu antigo desejo em todo momento de sua vida, invoca a guerra dos orixás para libertar-se de seu esposo libertino, que agora opera na forma de amante fantasmal.

Os orixás, com exceção de Exu, unem-se para desfazer o fantasma da vida de Flor e deixá-la apenas com o seu atual marido, Don Teodoro Madureira. Toda a técnica da magia afro une-se para derrotar a presença indevida do triângulo no código normativo do casal.

O fato curioso é que, enquanto os orixás vencem Exu e vão fazendo desaparecer o fantasma, justamente quando Vadinho, o fantasma, estava com Dona Flor na cama, o grito de paixão amoroso de Flor (era filha completa de Oxum, uma deusa sensualíssima que vive na água e arde em fogosos desejos) impede o desvanecimento da única forma que lhe permite caminhar como uma verdadeira Dona pelas ruas da Bahia: "Que formosura, que beleza de mulher! Um peixão, e se vê que anda contente, que nada lhe falta nem na mesa nem na cama. Até parece mulher de amante novo, pondo chifres no marido" (p. 458).

O desejo em forma de grito de Florípedes permite a *sobre-vivência* do fantasma sem a lógica da exclusão. Em seu grito de amor, decide que seu objeto deve conter um (para complacência da mãe e dos bons costumes) e o outro (para total regozijo da pele de Flor).

Açúcar, sal, queijo ralado, manteiga, leite de coco, o fino e o grosso, dos dois se necessita. (Me diga o Senhor, que escreve nas gazetas: por que se há de precisar sempre de dois amores, por que um só não basta ao coração da gente?) As quantidades, ao gosto da pessoa, cada um tem seu paladar, prefere mais doce ou mais salga-

do, não é mesmo?... (bilhete recente de dona Flor ao romancista). (p. 15)

Referências

Amado, J. (2008). *Dona Flor e seus dois maridos*. São Paulo: Companhia das Letras. (Trabalho original publicado em 1966).

Freud, S. (1976a). Tres ensayos para una teoría sexual. In S. Freud, *Obras completas* (Vol. 7, pp. 123-210). Buenos Aires: Amorrortu. (Trabalho original publicado em 1905).

Freud, S. (1963). *Epistolario: 1873-1939*. 2ª ed. Madrid: Biblioteca Nueva.

Bibliografia complementar

Freud, S. (1976b). Las pulsiones y sus destinos. In S. Freud, *Obras completas* (Vol. 14, pp. 113-134). Buenos Aires. (Trabalho original publicado em 1915).

2. Considerações psicanalíticas sobre sexualidade e gênero[1]

Gley P. Costa

> *Talvez seja impreciso supor que um dado indivíduo é necessariamente "heterossexual" ou "homossexual".*
>
> McDougall (1999, p. 24)

Introdução

Desde os primórdios da civilização, o preconceito constitui o mais importante e inseparável companheiro da sexualidade. Provavelmente por isso, por muitos anos, não houve qualquer interesse pela origem e pelo desenvolvimento da feminilidade e da masculinidade. Como advertem Person e Ovesey (1999), "assumia-se simplesmente que elas corresponderiam, por natureza, aos dois sexos biológicos, apesar de suas variabilidades" (p. 121).

De acordo com os citados autores, a psicanálise foi a primeira teoria geral da personalidade que se dedicou a investigar o que

---

1 Trabalho apresentado no XII Diálogo Latino-Americano Intergeracional entre Homens e Mulheres – Desafios da Psicanálise frente às Novas Configurações Sexuais e Familiares, nos dias 3 e 4 de junho de 2016, na Sociedade Brasileira de Psicanálise de São Paulo (SBPSP).

atualmente denominamos gênero, iniciando com Freud (1924/1976b, 1925/1976a, 1931/1974, 1933/1976c) ao postular que a masculinidade era o estado natural e que a feminilidade dela derivava. Na sequência, Horney (1924, 1926, 1932, 1933) e Jones (1927, 1933, 1935) sugeriram que masculinidade e feminilidade possuíam uma origem própria, resultante de predisposições inatas. Por último, Stoller (1968/1974, 1975/1982, 1985/1993) sustentou a existência de uma "protofeminilidade" em ambos os sexos, decorrente da identificação primária com a mãe.

Esse breve histórico é suficiente para revelar a limitação da teoria psicanalítica para dar conta da variedade de apresentações da sexualidade observada no mundo contemporâneo, tendo em vista que não há evidência de que o gênero original (ou natural) seja masculino, como concebeu Freud, feminino, como propôs Stoller, ou de que, conforme Horney e Jones, os gêneros – masculino e feminino – sejam independentes e inatos. Neste trabalho, objetivamos questionar o conceito de gênero, o qual ocupa, na atualidade, grande parte do campo de estudo da sexualidade em várias áreas do saber, incluindo a psicanálise, e que, na minha opinião, incorre na reprodução do que pretende corrigir ao limitar as singularidades do comportamento sexual. A hipótese de um sistema binário de gêneros encerra implicitamente a crença numa relação mimética entre gênero e sexo, na qual o gênero reflete o sexo ou é por ele restringido. Mesmo que os sexos pareçam tão obviamente binários em sua morfologia e sua constituição, não há razão para supor que os gêneros também devam permanecer em número de dois.

Definição de gênero

O conceito de gênero consolidou-se a partir da década de 1970 em várias áreas, como a sociologia, a antropologia, a psiquiatria, a psicanálise e a cultura como um todo. É provável que o seu ponto de partida tenha sido o movimento feminista a partir da França, em particular o livro de Simone de Beauvoir, *O segundo sexo* (1949/1980), do qual ficou famosa a frase "Ninguém nasce mulher, torna-se mulher" (p. 9).

O gênero é constituído por comportamentos, preferências, interesses e posturas, incluindo a forma de se vestir, andar e falar, histórica e socioculturalmente estabelecidos, configurando a masculinidade e a feminilidade – nem sempre concordantes com a identidade sexual, estabelecida pela anatomia. Por conta disso, de certa forma, é o outro, funcionando como um espelho falante, que confere a identidade de gênero ao indivíduo.

Uma contribuição importante para uma distinção entre sexo e gênero é encontrada nos estudos pioneiros de Money (1955, 1956, 1965) sobre hermafroditismo. O autor e seus colaboradores evidenciaram que o primeiro e crucial passo para a diferenciação de gênero era a autodesignação da criança como sendo do sexo feminino ou masculino de acordo com a atribuição sexual e a educação, resultando nas definições de *identidade de gênero* (a experiência privada da função de gênero) e de *função de gênero* (a expressão pública da identidade de gênero). Destaca-se, nos trabalhos de Money, a afirmação de que a diferenciação do gênero se define a partir de um ano e meio de idade e que, por volta dos quatro anos e meio, ela se encontra plena e irreversivelmente estabelecida.

Na sua relação com o sexo, o gênero, fruto de uma construção cultural, não é o resultado causal do sexo anatômico, tampouco é tão fixo quanto ele, estabelecendo-se entre ambos uma descontinuidade radical. Não obstante, pergunta Butler (1915/1990):

> *E o que é, afinal, o sexo? Não seria também o caráter "natural" da dualidade do sexo produto de um discurso*

científico? *Talvez o próprio construto chamado "sexo" seja tão culturalmente produzido quanto o gênero; a rigor, talvez o sexo sempre tenha sido o gênero, de tal forma que a distinção entre sexo e gênero revela-se absolutamente nula. (p. 27)*

De fato, na acepção de Person e Ovesey (1999), o gênero precede a sexualidade, ao afirmarem que "o gênero, resultante de eventos pós-natais, organiza a escolha do objeto e as fantasias sexuais" (p. 145).

Teoria psicanalítica

Especificamente no campo da psicanálise, a concepção de gênero, até hoje aceita com reservas, desenvolveu-se lentamente a partir de Stoller (1968/1974, 1975/1982, 1985/1993) com a diferenciação entre *identidade sexual*, conferida pelos genitais, e *identidade de gênero*, dada ao indivíduo pelo ambiente, pois, segundo as palavras desse autor, ao nascer, não sabemos o que é masculino ou feminino; são os pais e a sociedade que nos ensinam. Para Stoller, o termo *identidade de gênero* refere-se à mescla de masculinidade e feminilidade em um indivíduo, significando que tanto uma quanto outra são encontradas em todas as pessoas, mas em formas e graus diferentes. Corresponde a uma convicção sustentada pelos pais e pela cultura, razão pela qual ela sofre modificações no tempo e no espaço. A *identidade de gênero nuclear*, ainda de acordo com Stoller, é uma convicção de que a designação do sexo da pessoa é anatômica e psicologicamente correta e se estabelece de forma quase inalterável em torno dos dois ou três anos de idade. Os trabalhos desse autor ofereceram uma melhor compreensão dos transexuais – pessoas em que a identidade sexual e a identidade de gênero se encontram em oposição, levando, em alguns casos, à realização de uma mudança do sexo anatômico para corresponder ao gênero.

Mais recentemente, Lander (2010) publicou um interessante artigo, intitulado "A masculinidade questionada", no qual desenvolve o conceito de *essência do gênero*, correspondente à estrutura sexual interna, relacionada com o inconsciente freudiano a partir de quatro registros diferenciais: 1) sadismo e masoquismo; 2) perversão e erotomania; 3) ingenuidade e intriga; e 4) violência assassina e maldade oculta.[2] A estrutura sexual inconsciente ou, como denominou Lander, a essência do gênero – masculina ou feminina – independe de se tratar de uma pessoa nascida homem ou mulher e, ainda, de a sua orientação na escolha do objeto sexual ser homossexual ou heterossexual. Consequentemente, um indivíduo pode nascer com o órgão anatômico masculino, desenvolver uma estrutura sexual inconsciente feminina e estabelecer uma relação heterossexual, se for com uma mulher, ou homossexual, se for com um homem. Na dependência da estrutura sexual inconsciente da parceira ou do parceiro, essas relações serão homossexuais ou heterossexuais apenas na aparência.

Crítica ao conceito de gênero

Por meio da literatura sobre o tema, incluindo-se os citados escritos psicanalíticos, tem-se a impressão de que gênero é algo

---

2 Sadismo aqui significa ativo e penetrador, e masoquismo, o desejo de ser penetrado passivamente, correspondendo ao caráter masculino e ao feminino, respectivamente. Perversão relaciona-se com a desmentida da castração do caráter masculino, e erotomania, do caráter feminino, corresponde à transferência ao outro do desejo de ser penetrado. A ingenuidade corresponde ao caráter masculino, e a intriga (artimanha), ao caráter feminino. Violência assassina configura a estrutura interna masculina, e maldade oculta, a estrutura interna feminina.

bem definido. No entanto, pode-se considerar que não é, e, também, que sua fraqueza como conceito resulta exatamente do fato de se basear em uma definição. Diz Butler (1915/1990) que, na verdade, "o gênero é a contínua estilização do corpo, um conjunto de atos repetidos, no interior de um quadro regulatório altamente rígido, que se cristaliza ao longo do tempo para produzir a aparência de uma maneira natural de ser" (p. 69).

A autora contesta a noção de identidade de gênero ao afirmar que gênero não é o que somos, mas o que fazemos e, em função disso, ou seja, do que fazemos, temos o nosso corpo designado como masculino ou feminino. O gênero, portanto, para Butler, é performativo e se constitui a partir de um discurso.[3] Ela refere que o anúncio ao casal gestante "é uma menina" ou "é um menino", feito pelo médico diante da tela de um aparelho de ultrassonografia, põe em marcha o processo de fazer desse ser um corpo feminino ou masculino. Trata-se de um ato performativo que inaugura uma sequência de atos performativos que vai constituir um sujeito de sexo e de gênero. Mais que a descrição de um corpo, assevera Butler, tal declaração designa e define o corpo, configurando, em suas palavras, uma "interpelação fundante" do gênero a partir de uma matriz heteronormativa, imposta por meio de dispositivos culturais e políticos hegemônicos.

Embora o conceito de *essência do gênero*, de Lander, tenha como base a teoria psicanalítica, as ideias freudianas implicadas (dialética de desejo, diferença anatômica dos sexos, complexo de castração e lógica do falo) merecem consideração à luz das questões contemporâneas que influenciam a construção da

---

3 Butler baseia-se na teoria dos atos de fala de Austin (que distingue entre os enunciados constatativos, aqueles que descrevem um fato, e os performativos, aqueles que, ao serem proclamados, fazem acontecer aquilo que proclamam) e nas noções de citacionalidade e reiteração de Derrida (Louro, 2016).

subjetividade. No pensamento de Fiorini (2014), as mudanças na posição feminina, a maior visibilidade e a maior aceitação das diferentes apresentações da sexualidade colocam em discussão a teoria analítica no que diz respeito à diferença sexual, ao conceito de masculinidade e feminilidade, à prioridade fálica, à inveja do pênis na menina e à noção de desejo, ampliando o Édipo para além do modelo de família nuclear. A proposta da autora é "analisar os processos de subjetivação sexuada para mais além dos binarismos restritos do Édipo positivo" (Fiorini, 2014, p. 55), ou seja, nos limites do complexo de Édipo completo para que possamos historicizar aquilo que se apresenta como um axioma imutável da teoria.

Freud e a sexualidade

Freud escreveu 30 artigos sobre sexualidade, que vão de 1898, em "Sexualidade na etiologia das neuroses", até 1931, em "Sexualidade feminina", além de dois capítulos das *Novas conferências introdutórias de psicanálise*, de 1933, e das publicações póstumas: "Esquema de psicanálise" e "Divisão do ego no processo de defesa", ambas de 1940. Essa produção revela não só a importância concedida por Freud ao assunto como, principalmente, sua complexidade, responsável por algumas contradições em suas afirmativas. Inobstante, numa referência ao que hoje relacionamos com o gênero, destacou que as ligações de sentimentos libidinais a pessoas do mesmo sexo não desempenham, enquanto fatores de vida psíquica normal, um papel menor que aqueles que se dirigem ao sexo oposto; representam, isso sim, a liberdade de dispor livre e indiferentemente de objetos masculinos e femininos em seus relacionamentos amorosos. Esse ponto de vista é enfatizado nas três seguintes passagens:

A atitude sexual definitiva do indivíduo não se define senão depois da puberdade e é o resultado de numerosos fatores, nem todos ainda conhecidos: alguns são de natureza constitucional, os outros, porém, são acidentais. Sem dúvida, alguns desses fatores podem ter tal importância que cheguem a influenciar o resultado em seu sentido. Mas, geralmente, a multiplicidade dos fatores determinantes se reflete na variedade das atitudes sexuais manifestas que se expressam nos seres humanos. (Freud, 1905/1972, nota acrescentada em 1915, p. 146)

Todos os indivíduos humanos, em resultado de sua disposição bissexual e da herança cruzada, combinam em si características tanto masculinas quanto femininas, de maneira que a masculinidade e a feminilidade puras permanecem sendo construções teóricas de conteúdo incerto. (Freud, 1925/1976a, p. 320)

É bem sabido que em todos os tempos houve, como ainda há, pessoas que podem tomar como objetos sexuais membros do seu próprio sexo, bem como do sexo oposto, sem que uma das inclinações interfira na outra.... Todo ser humano é bissexual e sua libido se distribui, quer de maneira manifesta, quer de maneira latente, por objetos de ambos os sexos.... A heterossexualidade de um homem não se conformará com nenhuma homossexualidade e vice-versa. Se a primeira é mais forte, ela obtém êxito em manter a segunda latente.... Cada indivíduo só possui à sua disposição uma certa cota de libido, pela qual as duas inclinações rivais têm de lutar. Não está claro por que as rivais nem sempre dividem a cota disponível de libido entre si, de acordo com a sua força relativa, já que assim podem fazer em certo número de casos. (Freud, 1937/1975a, pp. 277-278)

Na verdade, Freud sempre acreditou na força das disposições sexuais masculina e feminina em homens e mulheres, configurando uma bissexualidade inata. Em "O Ego e o Id" (1923/1976c), atribui a essa força o desfecho da situação edípica, ou seja, se resultará numa identificação com o pai ou com a mãe, justificando a impressão de que o complexo de Édipo é sempre completo: positivo ou negativo. Segundo suas palavras,

isso equivale a dizer que um menino não tem simplesmente uma atitude ambivalente para com o pai e uma escolha afetuosa pela mãe, mas que, ao mesmo tempo, também se comporta como uma menina e apresenta uma atitude afetuosa feminina para com o pai e um ciúme e uma hostilidade correspondentes em relação à mãe. (Freud, 1923/1976c, pp. 47-48)

A sexualidade na psicanálise depois de Freud

Apesar de esses textos evidenciarem que Freud, ao longo de toda a sua obra, não se afastou de sua convicção sobre a existência de uma bissexualidade inata e o polimorfismo da sexualidade humana, aparentemente, os psicanalistas se apegaram à frase citada em "A dissolução do complexo de Édipo": "A anatomia é o destino" (Freud, 1924/1976b, p. 222). Discordando dessa tendência, encontramos em McDougall uma das contribuições psicanalíticas pós-freudianas mais abrangentes sobre a sexualidade humana. Em "Teoria sexual e psicanálise" (1999), destaca que qualquer que seja o valor que se possa dar às diferentes teorias psicanalíticas, ao final, todas concordam em situar a sexualidade em um universo somatopsíquico criado pelas universais pulsões libidinais a partir dos primeiros contatos do bebê com o corpo da mãe. Isso gera, já em seu nascedouro, uma série de conflitos psíquicos, provocados pelo inevitável choque entre os impulsos internos do recém-nascido e as restrições da realidade externa. Por conta disso, enfatiza: "A sexualidade é inerente e inevitavelmente traumática e força o ser humano a um eterno questionamento" (McDougall, 1999, p. 12).

A parte mais importante da contribuição dessa autora é a abordagem que faz da sexualidade arcaica, relacionada às descobertas da alteridade e da diferença entre os sexos. De acordo com esse ponto de vista, na fase edípica, nas suas dimensões homo e heterossexual, as crianças se veem diante de múltiplas frustrações e sonhos impossíveis: em particular, o desejo de pertencer a ambos os sexos e possuir os genitais tanto da mãe quanto do pai. Como resultado dos universais desejos bissexuais, a homossexualidade primária da garotinha inclui seu desejo de possuir sexualmente sua mãe, de penetrar sua vagina, entrar em seu corpo e, algumas vezes, devorá-la, como um meio de posse total do objeto materno e dos seus poderes mágicos, num mundo do qual os homens estão excluídos.

Mas as fantasias da mininha também incluem o desejo de ser um homem como seu pai, de ter os seus órgãos genitais e, assim, vir a possuir todo o poder e as qualidades que ela lhe atribui, fazendo na vida de sua mãe o papel do pai. O menininho se imagina parceiro sexual de seu pai, fantasiando incorporar oral ou analmente o pênis paterno para que venha a possuir os órgãos genitais do seu pai e seus privilégios, tornando-se dessa forma um homem. Mas esse menininho também é invadido pela fantasia de tomar o lugar de sua mãe nas relações sexuais e obter um bebezinho do seu pai. Igualmente, ele sonha ser penetrado pelo pai como imagina que a mãe seja e também tem fantasias de penetrar seu pai. Na verdade, existem inumeráveis caminhos potenciais pelos quais essa corrente libidinal bissexual universal pode encontrar expressão e, assim, ser integrada à organização psicossexual. Embora esses impulsos possam dar origem ao sofrimento neurótico ou psicótico, eles também podem simples e prontamente se transformar num fator de enriquecimento psíquico. Diz McDougall (1999):

> *O substrato bissexual dos seres humanos serve não somente para enriquecer e estabelecer os relacionamentos amorosos e sociais como também fornece um dos elementos aptos a estimular a atividade criativa – embora precise ser admitido que essa mesma dimensão pode ser fonte de bloqueios criativos se os desejos bissexuais inconscientes forem fonte de conflito ou interdição. (p. 17)*

Assim, qualquer forma de predileção sexual somente deve ser considerada um problema clínico em busca de solução se chegar ao nível de criar conflito e sofrimento psíquico, e somente devem ser consideradas perversas as atividades sexuais do indivíduo que não levam em consideração as necessidades e os desejos do parceiro. Segundo a autora, portanto, a heterossexualidade é apenas uma das possibilidades da traumática e multifacetada sexualidade infantil.

Comentários finais

A questão que se coloca a propósito do conceito de gênero é que ele mantém o caráter binário da sexualidade, cuja linearidade com o sexo anatômico estabelece um padrão de normalidade quando identidade sexual e identidade de gênero são concordantes e um desvio quando são discordantes. Não obstante, a sociedade contemporânea, particularmente a medicina, incluindo a psiquiatria, demonstra aceitar com certa naturalidade essa discordância, a ponto de oferecer a possibilidade de mudança cirúrgica de sexo, em muitos locais, gratuitamente. Contudo, não deveríamos considerar que, nessa situação, ainda que inconscientemente, revela-se uma nova face do preconceito representada pela ideia de um pretenso gênero verdadeiro e a respectiva sexualidade nele presumida? E ainda: não estariam os próprios indivíduos que se submetem a esse procedimento cirúrgico, tratados, a partir de então, como pacientes, também submetidos ao preconceito da sociedade com o aval da comunidade científica? Disse um transexual que realizou essa cirurgia que não queria apenas sentir o seu corpo, mas sentir que ele era o seu corpo, em conformidade com a ordem compulsória: sexo, gênero e desejo. Uma crítica contundente a essa linearidade encontra-se na feminista e escritora francesa Monique Wittig, para a qual a própria morfologia seria consequência de um sistema conceitual hegemônico, propondo, por conta disso, uma "desintegração" de corpos culturalmente constituídos (Butler, 1990/2015, p. 12).

A análise de pacientes lésbicas, cuja preferência sexual, para muitos analistas, reflete uma dessexualização do corpo feminino, leva-nos a pensar na consideração de Laura Mulvey (1975), crítica cinematográfica e feminista britânica, de que o prazer de olhar e a fascinação com o corpo feminino em seus possíveis contornos poéticos e eróticos não é uma prerrogativa apenas de homens, muito menos segue a mesma lógica voyeurística. Se essa consideração representou uma crítica ao cinema adequada para o seu tempo, 40 anos atrás, na atualidade, a sétima arte tem dado demonstrações de uma compreensão menos comprometida com as normatizações e as prescrições sociais. Como exemplo, citamos o filme *Laurence anyways*, do jovem e talentoso diretor canadense Xavier Dolan (2012), no qual o personagem, apesar de sentir-se bem com cabelos longos, lábios pintados e lindos brincos nas orelhas, ama e deseja sexualmente a sua esposa de uma forma muito intensa. Ela também o ama e o deseja profundamente, mas, a princípio, sucumbe ao preconceito social, para depois se render à singularidade e à diversidade da sexualidade humana.

É preciso ter presente a advertência de Butler:

> *para Freud, a sexualidade não está "naturalmente" ligada à reprodução. Ela tem objetivos que muitas vezes não são compatíveis com a reprodução heterossexual, e isso produz um obstáculo permanente para aqueles que querem afirmar a existência de formas naturais de desejo masculino e feminino ou da própria heterossexualidade. (Butler, 2016, p. 49)*

Nessa linha, fica evidente o não comprometimento da obra freudiana com o quadro rígido das normatizações e das prescrições comportamentais estabelecidas pelo conceito de gênero. A naturalização da heterossexualidade estabelece uma relação mimética do gênero com a materialidade do corpo, cria a heteronormatividade e a torna compulsória para homens e mulheres. Em que pese a Freud ter enfatizado, ao longo de sua obra, a bissexualidade inata e o polimorfismo da sexualidade humana, na clínica, ainda hoje buscamos encontrar uma causa para a homossexualidade, em um trabalho que o psicanalista Richard Isay (1996/1998) denominou, a partir de sua própria experiência como analisando, de "heterossexualização" do paciente.

Como ponto final, não se pode deixar de consignar a importância das identificações, do conflito e dos sintomas nas manifestações da sexualidade dos indivíduos, para além das homo e heterossexualidades, das vicissitudes do difícil processo de separação-individuação e, ainda, da genética, que, nos últimos anos, tem ampliado o conhecimento sobre esse importante campo das relações humanas. De acordo com tais avanços, em que se destaca o fenômeno da metilação[4] com a formação de epimarcas ancoradas junto aos genes responsáveis pela sensibilidade à testosterona, capazes de masculinizar o cérebro de meninas ou afeminar o de meninos, a antiga visão do sexo como um binário condicionado pelos cromossomas XX ou XY, como sugere Varella (2015), deveria ser definitivamente abandonada. De fato, se, por meio de estudos recentes sobre o DNA, podemos aventar que a homossexualidade é um fenômeno da natureza tão biológico quanto a heterossexualidade, somos levados a questionar a linearidade sexo-gênero-prática sexual e a concordar com Freud (1925/1976a) sobre o fato de que "a masculinidade e a feminilidade puras permanecem sendo construções teóricas de conteúdo incerto" (p. 320). Para muitos autores atuais, a sexualidade e o gênero precisam ser enfocados multidisciplinarmente. Nessa linha, pode-se perguntar se não caberia pensar, por exemplo, no "efeito borboleta" da teoria do caos, a base do pensamento complexo, o qual nos permite concluir que "a unificação e a homogeneização são ilusões que excluem o respeito pelas diversidades e pelas heterogeneidades" (Morin, Motta, & Ciurana, 1990/1996, p. 63).

Referências

Beauvoir, S. (1980). *O segundo sexo (Vol. 2)*. Rio de Janeiro: Nova Fronteira. (Trabalho original publicado em 1949).

---

4 Processo em que um radical metila (CH_3) se fixa a uma região do DNA, formando epimarcas.

Butler, J. (1990). *Problemas de gênero: feminismo e subversão da identidade.* Rio de Janeiro: Civilização Brasileira. (Trabalho original publicado em 1915).

Butler, J. (2016). Entrevista. *CULT* [Edição especial], *19*(6), 49-50.

Dolan, X. (Diretor) (2012). *Laurence anyways* [Filme franco-canadense]. Montreal: Studio Q.

Fiorini, G. L. (2014). Repensando o complexo de Édipo. *Revista Brasileira de Psicanálise, 48*(4), 47-55.

Freud, S. (1972). Três ensaios sobre a teoria da sexualidade. In S. Freud, *Edição standard brasileira das obras psicológicas completas de Sigmund Freud* (Vol. 7, pp. 123-252). Rio de Janeiro: Imago. (Trabalho original publicado em 1905).

Freud, S. (1974). Sexualidade feminina. In S. Freud, *Edição standard brasileira das obras psicológicas completas de Sigmund Freud* (Vol. 21, pp. 257-279). Rio de Janeiro: Imago. (Trabalho original publicado em 1931).

Freud, S. (1975a). Análise terminável e interminável. In S. Freud, *Edição standard brasileira das obras psicológicas completas de Sigmund Freud* (Vol. 23, pp. 239-287). Rio de Janeiro: Imago. (Trabalho original publicado em 1937).

Freud, S. (1975b). A divisão do ego no processo de defesa. In S. Freud, *Edição standard brasileira das obras psicológicas completas de Sigmund Freud* (Vol. 23, pp. 305-312). Rio de Janeiro: Imago. (Trabalho original publicado em 1940).

Freud, S. (1975c). Esquema de psicanálise. In S. Freud, *Edição standard brasileira das obras psicológicas completas de Sigmund Freud* (Vol. 23, pp. 165-237). Rio de Janeiro: Imago. (Trabalho original publicado em 1940).

Freud, S. (1976a). Algumas consequências psíquicas da distinção anatômica dos sexos. In S. Freud, *Edição standard brasileira das obras psicológicas completas de Sigmund Freud* (Vol. 19, pp. 303-320). Rio de Janeiro: Imago. (Trabalho original publicado em 1925).

Freud, S. (1976b). A dissolução do complexo de Édipo. In S. Freud, *Edição standard brasileira das obras psicológicas completas de Sigmund Freud* (Vol. 19, pp. 215-224). Rio de Janeiro: Imago. (Trabalho original publicado em 1924).

Freud, S. (1976c). O Ego e o Id. In S. Freud, *Edição standard brasileira das obras psicológicas completas de Sigmund Freud* (Vol. 19, pp. 13-83). Rio de Janeiro: Imago. (Trabalho original publicado em 1923).

Freud, S. (1976d). Novas conferências introdutórias sobre psicanálise. In S. Freud, *Edição standard brasileira das obras psicológicas completas de Sigmund Freud* (Vol. 22, pp. 13-220). (Trabalho original publicado em 1933).

Freud, S. (1976e). O problema econômico do masoquismo. In S. Freud, *Edição standard brasileira das obras psicológicas completas de Sigmund Freud* (Vol. 19, pp. 197-212). Rio de Janeiro: Imago. (Trabalho original publicado em 1924).

Freud, S. (1976f). A sexualidade na etiologia das neuroses. In S. Freud, *Edição standard brasileira das obras psicológicas completas de Sigmund Freud* (Vol. 3, pp. 287-312). Rio de Janeiro: Imago. (Trabalho original publicado em 1898).

Horney, K. (1924). On the genesis of the castration complex in women. *International Journal of Psychoanalysis, 5*, 50-55.

Horney, K. (1926). The flight from womanhood: the masculinity-complex in women, as viewed by men and by women. *International Journal of Psychoanalysis, 7,* 324-339.

Horney, K. (1932). The dread of women: observations on a specific difference in the dread felt by men and by women respectively for the opposite sex. *International Journal of Psychoanalysis, 13,* 348-360.

Horney, K. (1933). The denial of vagina, a contribution to the problem of the genital anxieties specific to women. *International Journal of Psychoanalysis, 14,* 57-70.

Isay, R. A. (1998). *Tornar-se gay: O caminho da auto-aceitação.* São Paulo: GLS. (Trabalho original publicado em 1996).

Jones, E. (1927). The early development of female sexuality. *International Journal of Psychoanalysis, 8,* 459-472.

Jones, E. (1933). The phallic phase. *International Journal of Psychoanalysis, 14,* 1-33.

Jones, E. (1935). Early female sexuality. *International Journal of Psychoanalysis, 16,* 263-273.

Lander, R. (2010). La masculinidade questionada. *Trópicos, 18*(1), 43-56.

Louro, G. L. (2016). Uma sequência de atos. *CULT* [Edição especial], *19*(6), 12-15.

McDougall, J. (1999). Teoria sexual e psicanálise. In P. R. Ceccarelli, *Diferenças sexuais* (pp. 11-26). São Paulo: Escuta.

Money, J. (Ed.). (1965). *Sex research new developments.* New York: Holt, Rinehart & Winston.

Money, J., Hampson, J. G., & Hampson, J. L. (1955). An examination of some basic sexual concepts: the evidence of human hermaphroditism. *Bulletin of Johns Hopkins Hospital*, 97, 301-319.

Money, J., Hampson, J. G., & Hampson, J. L. (1956). Sexual incongruities and psychopathology management. *Bulletin of Johns Hopkins Hospital*, 98, 43-57.

Morin, E., Motta, R., & Ciurana, E.-R. (1996). *Educar para a era planetária: o pensamento complexo como método de aprendizagem no erro e na incerteza humanos*. Lisboa: Instituto Piaget. (Trabalho original publicado em 1990).

Mulvey, L. (1975). Visual pleasure and narrative cinema. *Screen*, 16(3), 6-27.

Person, E., & Ovesey, L. (1999). Teorias psicanalíticas da identidade de gênero. In P. R. Ceccarelli, *Diferenças sexuais* (pp. 121-150). São Paulo: Escuta, 1999.

Stoller, R. (1974). *Sex and gender*. New York: Janson Aronson. (Trabalho original publicado em 1968).

Stoller, R. (1982). *A experiência transexual*. Rio de Janeiro: Imago. (Trabalho original publicado em 1975).

Stoller, R. (1993). *Masculinidade e feminilidade: apresentações do gênero*. Porto Alegre: Artes Médicas. (Trabalho original publicado em 1985).

Varella, D. (2015, 14 de novembro). Homossexualidade e DNA [Ilustrada]. *Folha de S.Paulo*, São Paulo, C10. Recuperado de http://www1.folha.uol.com.br/colunas/drauziovarella/2015/11/1706113-homossexualidade-e-dna.shtml.

3. Identidade de gênero em um menino de 5 anos[1]

Frances Thomson-Salo

Tradução: Tania Mara Zalcberg

Minha formação de psicanalista de adultos e de crianças foi na Sociedade Psicanalítica Britânica. Neste texto, revisitarei meu primeiro paciente de supervisão oficial de criança após trinta anos, darei-lhe o nome de J. Naquela época, a supervisão foi muito mais em termos de ansiedade de castração diante da inveja materna, e meu questionamento aos leitores é como seriam vistas as questões de gênero e de sexualidade caso ele viesse para análise hoje.

J. tinha 5 anos e meio quando a mãe procurou encaminhamento, pois os pais estavam preocupados com seu fetiche por cabelo. Ela disse que ele adorava usar os longos cabelos dela como se fossem dois bonecos, algo que ela achava divertido e incentivava, e cortava coisas como se fosse cabelo, de forma excitada. Ficava feliz ao usar a peruca que a mãe comprara para ele e que fazia as pessoas duvidarem se ele era menino. A mãe contou que ele se

---

1 Trabalho enviado ao XII Diálogo Latino-Americano Intergeracional entre Homens e Mulheres – Desafios da Psicanálise frente às Novas Configurações Sexuais e Familiares, nos dias 3 e 4 de junho de 2016, na Sociedade Brasileira de Psicanálise de São Paulo (SBPSP).

interessava muito por roupas de menina e, na maioria das vezes, queria brinquedos de menina. Quando ia dormir, usava um lenço amarrado em volta da cabeça, os lençóis precisavam estar perfeitamente dobrados e, durante a noite, ia para a cama do casal, ao lado do pai, com medo de figuras imaginárias. Quando estava com a irmã, urinava sentado, mas perto dos colegas urinava em pé. A mãe contou que ele não tinha ereções nem se interessava por sexo e ela não ficava preocupada com seus gostos "de menina". A escola se preocupava, já que ele não usava todo o seu potencial intelectual, superior à média. Era uma criança encantadora. Esteve em análise por dois anos e meio, que resumirei, para depois acrescentar algumas ideias atuais.

O pai era inspetor contábil e a mãe era professora de arte, os dois tinham ao redor de 30 anos. Os pais, a irmã de 9 anos e ele moravam num apartamento de dois cômodos. Os pais dormiam na sala. A mãe era obesa, rígida e ficava na defensiva. Os pais dela, segundo seu relato, quando nasceu, esperavam que ela fosse menino. Disse, também, que ela se identificava com o pai racista. Quando era criança, ela também teve um fetiche com cabelo, prendendo de forma muito apertada seu cabelo cacheado. Quando J. nasceu, deu a ele um nome parecido com o da irmã mais velha, a quem chamarei de Jane. Sempre o incentivou a brincar com meninas, a se travestir e vestir bonecas e permitia que ele brincasse com seu cabelo e que ele cortasse os pertences da irmã. O pai, um homem gentil, que apoiava a análise, descrevia sua mãe como dominadora; seu pai falecera um ano após ele ter emigrado de Trinidad para o Reino Unido.

Quando os pais viram J. se masturbando com outro menino, o pai perdeu a fala e a mãe disse-lhe que pegaria uma doença venérea.

Jane, a irmã, parecia pouco feminina, a mãe dizia que ela também tinha fetiche com cabelo. Finalmente, ficamos com a impressão de que a filha era a favorita da mãe.

J. foi desmamado aos dois meses de idade, quando a mãe voltou a trabalhar, deixando-o com uma babá que iniciou o controle esfincteriano. Simultaneamente, a mãe ausentou-se por duas semanas. Ele teve uma infecção pulmonar e passou por um tratamento à base de supositórios, três vezes ao dia. Fez um corte no lábio e necessitou de pontos. A mãe e a irmã o aterrorizavam com uma cabeça careca de manequim. J. ficava difícil após qualquer separação. Aos dois anos e meio, interessou-se por cabelo e começou a usar um pano de prato sobre a cabeça, imitando a mãe que usava um lenço. Carregava um ônibus de brinquedo para todo lado. Quando ele tinha três anos, a mãe foi hospitalizada para retirar um tumor do seio e, depois disso, foi visitar a irmã que acabava de se divorciar e se ausentou durante duas semanas.

Toda a família compartilhava o banheiro e J. teve a oportunidade de ver a cicatriz da cirurgia da mãe.

Meu supervisor considerava que J. estava próximo do estágio fálico-edipiano. Seu fascínio por cabelos e posses de meninas sugeria uma defesa contra ansiedades de todos os níveis, embora o nível de ansiedade dos seus sintomas de tipo obsessivo-compulsivo não fosse claro. Os pais aceitaram quatro sessões semanais, mas não o traziam com regularidade até que a mãe recebeu a proposta e aceitou iniciar uma análise. J. tinha talento artístico, desenhava e criava obras de arte. Com frequência, parecia excessivamente excitado, ele se via como alguém que roubava, cortava e era ganancioso e se sentia culpado. Queria que eu fosse ao banheiro com ele e queria tocar e cortar meu cabelo. Parecia um bebê.

Nos três primeiros meses, em virtude dos ciúmes da mãe, ficava apenas 10 minutos na sessão. Só se tranquilizou quando a mãe começou a análise dela. Insistiu muito em levar uma boneca para casa, mas depois se sentiu culpado e disse: "Você não devia deixar as pessoas fazerem tudo o que quiserem porque desse jeito as coisas se estragam". Ele disse que as meninas eram horríveis e feias e queria constantemente ver se eu estava intacta. Eu disse que ele conjeturava se as meninas seriam diferentes dos meninos porque algo tinha sido cortado e que ele nada tinha a ver com isso, apesar de se sentir "mau". Eu me sentia inepta quando ele ficava apenas 10 minutos e pressionada por seu cortar impulsivo, como se ele necessitasse estragar de forma invejosa minha paz mental; ele também queria que eu fosse o terceiro e colocasse limites. Ele me chamava de Srta. Thom; quando comentei que ele estava encurtando meu nome, ele concordou: "Cortei tudo". A mãe dele achava que Thomson era um nome masculino demais e sempre me chamava pelo mais feminino Srta. Thomas, conforme o poeta Dylan Thomas. Na transferência, eu era a mãe que poderia retaliar e ele implorava assustado: "Não me machuque". Após três meses, a mãe contou que ele não mais a amolava para brincar com o cabelo dela:

Depois de um intervalo, ele retornou, satisfeito em me ver, mas disse:

"Pegue seu nome antes que eu o corte. Alguma vez seu corpo foi cortado?". Ele falava em cortar meus sapatos e achava que eu tinha destruído seu casaco. Abordei seu medo de que eu retaliasse. Às vezes, ele lidava com essa retaliação projetiva cortando o próprio cabelo antes que eu o cortasse. Sua ansiedade a respeito de não conseguir confiar em mim veio para a análise. Ao cortar lã, ele me perguntou: "Você gosta da mamãe? Você precisa dizer alguma coisa". Quando interpretei sua ambivalência, ele se queixou da astúcia dela, por exemplo, ela tentava falar comigo após ter mentido para ele não atrapalhar. Começou um período de seis semanas semelhante à latência. Ele ficou bem menos ansioso, ilustrava livros, ditava histórias e desenhava corações. Com a aproximação das férias de verão, ele me considerou castradora, dizendo: "Esse lugar é a barbearia" e queria fita adesiva para poder colar durante as férias.

As sublimações ruíram com a morte de duas pessoas conhecidas e com a excessiva estimulação da mãe. Ela contou à sua analista que não se importava se ele se tornasse homossexual logo após dar indícios do quanto era sedutora.

Ele se sentia culpado por ter pênis e compartilhou uma sessão com a irmã. Ao primeiro sonho, em que o braço da sua mãe era cortado fora, ele mostrou que achava a mãe e a irmã castradas. Ele fez duas formas cilíndricas de papel para si e para a irmã e rasgou a sua. Interpretei sua necessidade de partilhar seu pênis a fim de protegê-lo. Ele conjeturava se eu iria enganá-lo e desaparecer e perguntou: "Seu fundilho é peludo?". Conjeturava se o cabelo do "pinto" tinha sido cortado e trouxe sua ansiedade e sua culpa acerca da masturbação. Pôs uma vareta entre as pernas, moveu-a para cima e para baixo e desenhou círculos vermelhos de sangue; depois cortou seu cabelo e, parecendo infeliz, disse: "Não é ruim tocar seu pinto". Quando verbalizou sua ansiedade de perder o pênis por causa da masturbação, ele passou do medo de perda no nível fálico para o nível edipiano. No fim de semana, ele temia me perder para outro paciente ou para meu marido, olhava-me saudoso e cantava: "Baby, baby, você se casa comigo?". Ele aparentemente substituía ansiedade, raiva, tristeza e vulnerabilidade narcísica por excitação: certa vez, quando estava com raiva, riu amarelo, rodopiou, sentou--se ao meu lado, arrumou a calça, falou de pessoas sendo "trituradas" ao "copular" e perguntou: "Quantos bebês você quer?".

Começou a desenhar criaturas de identidade sexual indeterminada, especialmente sereias. Na contratransferência, vaguei numa espécie de desmentalização – perdi a sintonia, minha escuta perdeu o foco, mas não me senti entediada –, uma espécie de *rêverie* ou sonhar da analista ou refúgio para proteger do meu ódio? Conjeturei se seria semelhante ao que a mãe dele sentira quando ele não correspondeu ao que ela queria que ele fosse, uma desmentalização com a qual ele convivera – talvez a mãe não estivesse em sintonia ou não o aceitasse, a mãe deprimida. Seus desenhos eram um jeito de trazer confusão dupla sobre corpos e mudanças corporais – ele viria a ter seios e eu um pênis – e o que seria permitido. O conluio da mãe ao deixá-lo tocar seus seios na clínica aumentou sua incerteza sobre o papel masculino. Na transferência, mostrava confusão acerca do que podia ou não fazer. A mãe cancelava as sessões com frequência e, certa vez, ao retornar, ele cantou: "Enquanto a Srta. Thomas olhava os carneiros à noite, estava tão zangada, bateu no nariz do lobo que fugiu e foi morto". Eu representava o pai punitivo.

A análise do medo de me perder trouxe um período de dois meses de uma série nova de desenhos – fadas com saias volumosas, bonecos de neve arredondados e sereias (mais semelhantes a seios inflados pelo falo?). Na contratransferência, novamente me perdi em desmentalização até compreender que os desenhos mostravam sua negação do seu poder de castrar, e esclareceu-se uma origem dos interesses transgêneros: ele encobria que eu era diferente dele e também tentava proteger seu pênis. Explicou a respeito do desenho de uma menina com os pés cortados sob uma saia enorme, que impediria que alguém visse se havia algo mais cortado por baixo da saia. Eu disse que ele talvez se sentisse responsável pelo "nada" e, por isso, desenhava saias enormes. Ele disse que dera à irmã sua estimada chave do armário. Sugeri que ele tentava compensar "o nada" fazendo eles dois não serem diferentes. Também interpretei seu medo do castigo de talião e ele respondeu: "Quebrei minha boneca", acrescentando que a professora punira um menino malvado. A interpretação de um sonho, simbolizando o que ele sentira como sua destrutividade, em que chutava uma cobra horrível que matara sua irmã, ajudou-o a avançar e ele disse que se um ladrão roubasse a minha chave do armário, ele me daria a dele. A mãe disse que J. estava mais masculino e o impulso de cortar menos intenso.

Na semana em que ele voltou, no segundo ano de análise, seu avô e três outras pessoas morreram, e sua mãe se ausentou por dez dias e o manteve longe da análise por uma semana. Ele negou minha importância dizendo: "Não quero você, quero outra, você é uma tagarela". Ele começou uma importante atividade nova, fazendo "soprantes" (*blowies*), pequenos objetos com penas e guirlandas coloridas brilhantes coladas de modo desordenado. Se soprados, movimentavam-se como cabelos. O sentimento era de união totalmente assexuada, e eles representavam nossa colagem apesar das separações que a mãe dele impunha. Ele disse: "As pessoas podem ser grudadas com cola". Eu disse que ele podia não ter se sentido suficientemente grudado com sua mãe quando muito pequeno. Ele começou a trazer penas do edredom dela para fazer os soprantes e, naquela semana, contou-me que a mãe tentara "esmagar seu rosto" quando ele quis ir com ela ao banheiro. No momento em que ele mais precisava, a agressividade parecia totalmente descontrolada. Parecia que os soprantes indicavam que, quando bebê, ele se sentira ameaçado pela indisponibilidade física e psíquica da mãe e se agarrara a representantes dela – cabelo, bolsa, roupas. Na análise, ele não podia me ter: perdera um terço das sessões desse período, ficou preocupado se teria cola suficiente e perguntou: "Posso grudar mais penas? Só meninas fazem isso. Alguns índios se vestem como mulheres. Mamãe disse que pode, até eu ter 13 anos e eu só tenho 6". Ele me reduziu ansiosamente ao silêncio e disse que faríamos os soprantes por um mês, o que fizemos. Conversamos sobre todas as separações que ele vivera começando por sua infelicidade quando a mãe o deixara na babá. A mãe não mencionou o travestismo no primeiro ano, algo que aumentou quando o pai dela morreu. J. teve sonhos de ansiedade: ele tinha uma cicatriz de um corte profundo até o osso e sua mão ficava caindo, e uma bruxa tinha um forno para colocá-lo dentro. Ele estava horrorizado com as veias "protuberantes" nos meus braços e tocava meu quadril para ver se eu tinha pênis, ressaltava que eu tinha seios enquanto ele não tinha e sugeriu dançar ao estilo dos anos 1950. Comentei seu sentimento de precisar vestir saias longas para ser como uma menina. Ele fez uma parada de mãos querendo que eu visse uma ereção. Depois disso, não mais usou roupas de menina.

Esclareceram-se duas tendências em sua identificação com a mãe: 1) ele se sentia *mau* por ter "castrado" meninas e, por isso, deveria se tornar menina e 2) ele precisava esconder seu pênis por medo da *inveja* e da castração. Na transferência, eu era considerada invejosa. Ele fez para mim uma galinha de papel, semelhante à que trouxera, e me pediu para não roubar a dele. Eu disse que, se eu fosse homem, não precisaria roubar parte alguma dele. Ele respondeu: "Sim, mas você deveria ser Sr. Thomas". Quando interpretei que ele queria vestir roupas femininas pois considerava as mulheres invejosas e cortantes, ele disse: "Mamãe faz isso comigo. Ela corta cada vez mais. Ela é ciumenta" e me enganou, escondendo a lã que ele estava cortando e me contando de um menino que virou menina. Ele amarrou faixas de tecido em volta das nossas cabeças à moda *hippie*, que eu sugeri que ele não cortasse. Infelizmente, ele desenhou uma cadela cortando o rabo do seu filhote. Mas o prazer de cortar era uma forma de se aproximar da sua mãe. Depois disso, 16 meses após o início, a mãe disse que ele perdera o interesse em brincar com bonecas, em fantasiar-se e em cabelos, seus interesses se ampliaram e seu trabalho artístico evidenciou ainda mais talento. Ele se identificou com o talento do pai em matemática e em ser educado: pela primeira vez, a escola relatou que ele estava se concentrando, aprendendo e se dando bem socialmente.

Quando interpretei que ele conjeturava se eu preferiria que ele fosse um menino que se parecia com menina, ele deu um profundo suspiro, como se confirmasse, e uma terceira tendência de identificação surgiu: ele agiu de acordo com o desejo da mãe de que ele fosse uma menina; *para ter amor* e se sentir seguro, ele precisava ser o menino-menina dela ainda que sempre parecesse masculino. Pouco antes dos feriados de Páscoa, ele vestiu um vestido, "perguntando" se eu preferia que ele fosse um menino afeminado e se o amava suficientemente para não sair de férias. Quando ele voltou das férias de três semanas, o medo da castração tinha aumentado: ia ao banheiro com frequência e falava sobre lepra, e conjeturei se ele ficaria ligado a mim se fosse um menino afeminado, desenhando um cachorro de uma menina cuja trela jazia no chão; quando interpretei isso, ele desenhou a menina segurando novamente a trela. As ansiedades de castração e perda de objeto se sobrepunham e ele desenhou Rapunzel. Quando eu disse que perder uma pessoa era igual a perder um pedaço do corpo, ele perguntou excitadamente, de forma repetitiva: "Você quer que eu corte seu cabelo? Quanto você quer cortar?", anunciando com segurança: "Você gosta... Eu gosto de cortar o cabelo da mamãe... Os hamsters do papai mataram seus bebês porque estavam com ciúme e com raiva". Surgiram indícios de material da cena primária. Desde o começo da análise, ele conhecia a atividade sexual dos pais. Nesse momento, disse que um boneco era um espreitador (*Peeping Tom*) e fez duas bonecas, numa brincadeira de fantasia de relação sexual, arrancarem o cabelo uma da outra, com prazer, e se esfregarem uma na outra, lambendo uma das bonecas dizendo que era um pirulito. Confusão e *enactment* inundavam as sessões. Falava de trovoadas, ruídos assassinos à noite e "paixão"; ele disse que a palavra "despir" (*strip*) significava homens ajudando as mulheres a tirarem suas roupas e tentou tirar sua camiseta na clínica. Tinha medo de que seus desejos sexuais agressivos em relação a mim pudessem ser nocivos. Surgiram na análise desejos agressivos, de forma oral-sádica.

Na transferência, sua dúvida foi compreendida como desejo de saber exatamente o que seus pais faziam. Fez animais para esclarecer sua confusão sobre o que acontecia em casa: como as diferentes partes dos corpos das pessoas se encaixam, pintos e buracos de bebê, sendo que o bebê, saindo da mãe, era considerado como a maior separação. Com as férias de verão, ele sentiu como rejeição sua separação de mim, insistindo que eu morava perto e, se me importasse suficientemente, poderia estar disponível. A mãe tentou encurtar uma sessão e concordou quando sugeri que ela se sentia cortada. Ela contou para sua terapeuta que ainda escondia um esqueleto e conjeturava se J. seria pervertido. A escola comentou que ele melhorara consideravelmente e era o único a proteger outra criança que sofresse *bullying*. Começou a vir sozinho em parte do trajeto para a análise.

No período seguinte, trouxe outras confusões. Durante as férias, estivera preocupado com questões sobre sexo que a mãe ficara constrangida de responder, a não ser dizer-lhe que não precisaria ficar preocupado de ela vir a ter um bebê por beijar o pai dele. Ele jogou com cavalos de brinquedo, imaginando se os pais lutavam à noite, e na brincadeira disse que a mãe perdeu seu rabo e o pai trouxe outro para ela comer. Quando verbalizei sua confusão, ele cortou os rabos dos animais, grudando-os num bolo feito de massinha, e disse que cada um ganharia uma fatia. Ele quis encenar (*enact*) comigo atividades masturbatórias e fantasias de relação sexual. Ele trouxe dois cavalos meninos e falou de meninos fazendo "coisas nojentas – correndo por aí". Pediu-me para sair do caminho enquanto salpicava água e falava em "respingar". Ele desejava e temia que eu o deixasse fazer as mesmas coisas comigo. Com grande excitação, fez uma cobra me caçar, depois a cortou em pedaços de forma muito impulsiva. Na transferência, eu estava castrando. Essa fantasia, de relação sexual e masturbação, terminou com ele se punindo ao restringir a excitação assustadora.

O orgulho emergente de J. de seu pênis pôde ser visto em seu pedido de um "boneco masculino bonito", orgulho este rapidamente oprimido pela ansiedade de poder perder o pênis por retaliar as mulheres – ele me contou: "Sou o irmão que faz os cortes" e o braço do boneco irmão foi cortado. Foi possível observar a identificação cada vez maior com seu pai, ele me contou que o pai tinha cozinhado um frango saboroso e arroz. Disse que era como sua mãe e eu, "apenas inglês". Eu disse que se indagava se seria como seu pai ou como sua mãe. Ele disse que era "meio trinidadiano", a mamãe não. Ser "meio" incluía bissexualidade. Na escola, pela primeira vez, foi bem em matemática.

A rivalidade edipiana foi encenada (*enacted*) na análise: ele colou fita adesiva em mim e, quando se desprendeu, disse que meu marido ficaria sabendo que eu tinha um namorado e me mataria. Verbalizei sua ansiedade a respeito do que meu marido faria a ele. Ele se defendia contra sentir-se incapaz de realizar o que queria com sua mãe ou comigo, adotando uma postura onipotente, mandando em mim. Ele me disse que outras mulheres me denegriam. Pediu brinquedos não estragados e ameaçou cortar a mobília. Comportou-se como bebê. Assustava-se com figuras imaginárias que considerei exteriorização de ansiedade edipiana. Ao trabalharmos sua necessidade desse tipo de defesas, o material mudou para a fantasia não resolvida de ser ele o responsável por as meninas não terem pênis. Aos poucos, conseguimos reunir que, quando era pequeno e se aconchegava à mãe, os seios dela e o pênis do pai pareciam grandes, frouxos, assustadores e confundiam, algo que ele tentou apagar da sua mente para não os deixar serem diferentes dele. E ao ver a "fenda", os genitais da mãe, ele achou que tinha realmente feito aquilo. Ele encenou (*enacted*) sua excitação que progrediu a partir dos sentimentos de choque diante da descoberta.

Aos poucos, o material clínico foi mostrando que ele sentia mais orgulho em ter pênis. J. me pediu para desenhar uma galinha marrom sem cauda e desenhou um galo com uma cauda enorme, que ele coloriu com cores muito brilhantes dizendo com prazer e orgulho: "Os galos são sortudos porque têm caudas, as fêmeas não têm. O meu é o que mais se destaca por sua cauda". Ele disse que tinha vindo para ser atendido por mim de forma a não crescer para ser louco, como se essa fosse a ideia dele acerca da ajuda que a análise pode dar, e falou a meu respeito como alguém "compreendendo" algo que ele tinha feito. Ele parou a análise antes do que seria minha vontade.

Discussão

A relação dele comigo, inicialmente ansiosa e dominadora, o sustentou durante a elaboração de períodos de transferência negativa, quando ele me vivenciava como uma mãe castradora e invejosa ou como um pai punitivo. Desde o primeiro ano de vida, ele se sentia ameaçado pela perda do objeto, identificando-se com cabelo e roupas como representantes da sua mãe. Do segundo ano em diante, separações assustadoras e ataques corporais exacerbavam seu travestismo e suas brincadeiras com cabelo, talvez em virtude de uma fantasia reparatória. O pai dele não oferecia apoio suficiente no papel do terceiro. Aos 5 anos, a entrada na escola acentuou as dificuldades de J., que expressou-as com estados de terror. Na época do encaminhamento, ele parecia o predileto, mas a mãe, com suas dificuldades transgeracionais, não pôde usufruir do fato de ele ser menino. J. reagiu ao fato traumático de que a mãe tivesse preferido que ele fosse uma menina de maneira tal que o impacto negativo em seu desenvolvimento se exprimiu em aspectos da identidade de gênero. Comparando com a reavaliação de Leuzinger-Bohleber (2006), dos muitos significados possíveis do "estado mental travesti" do paciente dela, 30 anos depois, J. partilhava alguns, especialmente ao agir como se fosse a menina que a mãe queria que ele fosse e também escondendo seu pênis.

Com mais conhecimento de saúde mental de bebês, talvez eu tivesse percebido melhor a identificação de J. com a mãe deprimida e teria me indagado mais a respeito da tristeza dela de ter um menino quando queria uma menina e da enorme perda que significou para os dois sua volta precoce ao trabalho. Ela pode ter tentado ansiosamente deslocá-lo da dependência para ser sexuado. Mas deslocá-lo dessa maneira não deu certo: talvez, após sentir-se inicialmente animada pela sexualidade dele, ela a apagou e sentiu--se alienada. A identificação projetiva para dentro dele e de mim contribuiu para o sentimento de grandeza dele. Penso que, assim como ela perdeu de vista a pequenez e a tristeza dele, na contratransferência, eu inicialmente não me dei conta da tristeza dela, bem como da pequenez e da tristeza dele. Será que ele reclamava sua mãe ao se travestir e brincar com o cabelo dela? Hoje, penso que a excitação dele, em parte, era a tentativa de revitalizar a "mãe morta". Conjeturo a respeito do impacto em mim, como terapeuta em formação, do tipo de encaminhamento, como se fosse um problema de "fetiche" de cabelo e não de dificuldades de separação.

A meu ver, com a mãe, ele se sentia andando no fio da navalha, sentia a necessidade de negar sua raiva, usando as atividades de cortar como uma vingança inconsciente. Com esse cortar impulsivo, durante o primeiro ano da análise, senti-me dominada pela pressão. No entanto, pude propiciar certa continência e ofereci verbalizações que pudessem nomear, por exemplo, sua linguagem corporal, e também a agressão dirigida a mim, e iniciar a simbolização. Sua atitude dominadora tinha muitos determinantes (identificação com a mãe e com o agressor, defesa maníaca, tentativa de me fazer puni--lo por ser trapaceiro) e, em parte, pode ter atuado como defesa do *self* de modo a ser manter "coeso" apesar da *cisão* do *self* e da identidade. Muitas interpretações minhas propiciaram a compreensão do sentimento contratransferencial do "bebê" na sala. Luisa Busch de Ahumada (2003), no seu caso de criança com travestismo, comenta a escassez de referências à contratransferência do trabalho em níveis autísticos – algo que não combinava com J.

Na época da análise, o ponto de vista vigente a respeito dele era de alguém que, provavelmente, estava em pré-estágio de fetichismo e travestismo, enquanto eu via as dificuldades dele em termos de relações de objeto, ao ter conhecimento da necessidade da mãe dele de que ele fosse outra pessoa, não quem ele era. Ele não era feliz e não estava *brincando* com gênero. Ao mesmo tempo que, atualmente, eu veria certas coisas de forma diferente, espero que, na minha tentativa de conhecê-lo, ele tenha se sentido aceito em seu senso de *self*. Em *follow-up* sucinto, dois anos depois, ele parecia manter os ganhos, muito à vontade num grupo masculino de amigos. A mãe dele parecia um pouco menos autocastradora, por exemplo, não tinha mais excesso de peso e seus cabelos estavam penteados – será que ela, também, encontrara melhor aceitação do seu *self* feminino? Na vida adulta, ele se revelou gay e, atualmente, trabalha com design.

Gostaria de finalizar com as seguintes questões:

- Teria havido "fetichismo travesti" de cabelo (após a qualidade de objeto transicional)? J. não parecia assombrado pelo desejo de ser de outro gênero, ele não parecia incitado a encenar travestismo, nem tinha excitação sexual evidente quando o praticava (quando fazia parada de mão ele mais parecia convocar o pênis que dar mostras de excitação).

- Será que ele só foi encaminhado quando não teve sucesso a tentativa da mãe de ter seu bebê identificado como menina, e será que ela aceitou melhor ele ser gay e o desejo menor de brincar com cabelos e se vestir como menina?

- Com suas vivências fluidas de gênero, estaria ele metabolizando o trauma da sua mãe, a quem deveria ter sido oferecida análise plena?

Referências

Busch de Ahumada, L. C. (2003). Clinical notes on a case of transvestism in a child. *International Journal of Psychanalysis, 84,* 291-313.

Karush, R. K. (1993). Sam: a child analysis. *Journal of Clinical Psychoanalysis, 2*(1), 43-61.

Leuzinger-Bohleber, M. (2006). Psychodynamic and biographical routes of a transvestite development: clinical and extra-clinical findings from a psychoanalysis. In P. Fonagy, R. Krauser, & M. Leuzinger-Bohleber (Eds.). *Identity, gender and sexuality: 150 years after Freud* (pp. 43-73). London: Karnac.

Bibliografia complementar

Butler, J. (1990). *Gender trouble: feminism and the subversion of identity.* New York: Routledge.

Calogeras, R. (1987). The transvestite and his wife. *Psychoanalytic Review, 74,* 517-535.

Coates, S. (2006). Developmental research on childhood gender identity disorder. In P. Fonagy, R. Krauser, & M. Leuzinger-Bohleber (Eds.). *Identity, gender and sexuality: 150 years after Freud* (pp. 103-131). London: Karnac.

Friedman, R. C., & Downei, J. I. (2013, dezembro). Sexual differentiation of childhood play: a contemporary psychoanalytic perspective. *Archives of Sexual Behavior* [online]. Recuperado de https://pdfs.semanticscholar.org/039a/2ca87872355aef711 d0d66cf127ffdaecdb3.pdf.

Haber, C. (1991). Gender identity disorder in a four-year-old boy. *Journal of the American Psychoanalytic Association, 39,* 107-129.

Harris, A. (2009). *Gender as soft assembly*. New York: Routledge.

Lanyado, M. (2004). *The presence of the therapist*. Hove: Brunner Routledge.

Loeb, L., & Shane, M. (1982). The resolution of a transsexual wish in a five-year-old boy. *Journal of the American Psychoanalytic Association, 30*, 419-434.

Mayes, L. (2006). Commentary. In P. Fonagy, R. Krauser, & M. Leuzinger-Bohleber (Eds.). *Identity, gender and sexuality: 150 years after Freud* (pp. 74-78). London: Karnac.

4. Psicanálise e gênero nas relações amorosas na contemporaneidade[1]

Almira Rodrigues

Inicialmente, faz-se importante delimitar as relações afetivo--sexuais no sentido que se está trabalhando. Essas relações aludem a uma interação contínua, esporádica ou única entre sujeitos, em que a dimensão de sexualidade se atualiza. A realização direta da libido em um contexto de circulação de afetos (toda e qualquer emoção, sentimento, paixão) constitui a singularidade dessas relações diante das relações de parentalidade e de amizade, ambas de libido indireta. A partir dessa distinção, apresenta-se uma tipologia com três modalidades: relações de violência sexual (estupro e abuso sexual), com as posições de agressor e de vítima; relações de comercialização de serviços sexuais, com as posições de prestador(a) e de comprador(a) de serviços sexuais; e relações de "livre escolha" e de iguais posições dos(as) parceiros(as), com as

---

1 Trabalho apresentado no XII Diálogo Latino-Americano Intergeracional entre Homens e Mulheres – Desafios da Psicanálise frente às Novas Configurações Sexuais e Familiares, nos dias 3 e 4 de junho de 2016, na Sociedade Brasileira de Psicanálise de São Paulo (SBPSP).

nomeações de "ficantes", namorados(as), companheiros(as), esposa/marido (Rodrigues, 2009, 1992, 1998).

Nas duas primeiras modalidades, de pronto, constatam-se posições assimétricas, particularmente na primeira (violência sexual), pela falta de autonomia e escolha de uma das partes, mas também na segunda (comercialização dos serviços sexuais), pela frequente condição de vulnerabilidade de uma das partes. Nessas duas modalidades, são as mulheres (cisgêneras e transgêneras)[2] e as travestis que ocupam tanto a posição de vítimas de violência sexual quanto, predominantemente, a de prestadoras de serviços sexuais, profissão não regulamentada na maioria dos países, à mercê de abusos por parte de clientes, intermediários, empregadores e policiais.

Neste texto, será focada a terceira modalidade: relações afetivo--sexuais de "livre escolha" e de iguais posições/nomeações dos(as) parceiros(as). No entanto, essa delimitação precisa ser relativizada: não são, de fato, relações de "livre escolha", pela dimensão inconsciente que nos habita, nem as partes têm, efetivamente, iguais recursos. Nesse conjunto, diferenciam-se as relações de pouco/nenhum investimento das de expressivo investimento emocional. Entre as primeiras, destacam-se o encontro erótico, interação instantânea e fragmentada, e a amizade colorida, combinação de amizade e sexualidade. Por falta de ligação ou ligação controlada com o objeto, ambas reduzem, sensivelmente, as possibilidades de sofrimento.

Já a relação amorosa aponta para um expressivo investimento, em que os sujeitos amorosos "se escolhem" reciprocamente como objetos amorosos, pressupondo um desenvolvimento e acenando para um projeto de futuro. Enquanto a posição de sujeito amoroso é autoconstruída (consciente e inconscientemente), a partir do

---

2   A noção de cisgênero alude à ideia de identidade de gênero de acordo com o sexo atribuído ao nascer, e a noção de transgênero aponta para uma identidade de gênero construída diferentemente do sexo atribuído ao nascer.

envolvimento com o outro, a posição de objeto amoroso é conferida pelo Outro, que, da mesma forma que nos elege/escolhe, nos destitui. Segundo Freud (1914/2010), a escolha do objeto amoroso se dá conforme o tipo narcísico ou o tipo "de apoio". Constata-se, assim, uma simetria na relação amorosa: cada um tem todo e apenas o poder de findar a relação, mas o poder de dar continuidade e aprofundamento é poder de dois e tem de ser compartilhado (Rodrigues, 1998, 1992). Apenas no âmbito das relações amorosas produz-se a díade, o casal, reconhecido como tal pelos próprios parceiros; e quando se desfaz, pode provocar estados de luto e melancolia nos sujeitos (Freud, 1917/2010).

Processos psíquicos e gênero nas relações amorosas

Interessa polemizar alguns processos psíquicos, com pertinência à condição de gênero, que se desenvolvem no âmbito das relações amorosas.[3] Um primeiro processo refere-se à tendência à fusão dos(as) parceiros(as) (tanto em relações heterossexuais quanto homossexuais), resultando em esvaziamento de identidades e alienação de si mesmo. Alizade (2008) constata que: "O excesso de feminilidade primária produz patologias do apego e da alteridade, e é fonte de díades mortíferas, simbioses conjugais e fraternas, e desejos peremptórios e desesperados de possuir um outro protetor,

---

3 Essas considerações derivam da interlocução com autores, de observações empíricas e da prática psicanalítica. Em análise do contexto e do texto freudianos, Glocer Fiorini (2009) conclui pela inserção cultural das teorias freudianas e sua multiplicidade na temática de mulheres e sexualidade feminina, pela inexistência de uma verdade essencial sobre a feminilidade e pelos obstáculos para a sustentação de um conceito universal sobre a mulher. Destaca-se, aqui, que a frequência e a extensão de alguns fenômenos emocionais e sociais na vida de mulheres/homens instigam a buscar significados, e as perspectivas psicanalítica e sociológica contribuem para tanto.

além de terror à solidão" (p. 155). A autora conceitua a feminilidade primária como a fase inicial de vida, comum aos dois sexos, fase de entrega, desamparo e busca de apoio em um semelhante.[4] Pode-se constatar que essa simbiose não exime a relação de profundos conflitos. Cada vez que um dos sujeitos não corresponde à expectativa do Outro, ocorrem ataques, cobranças e chantagens emocionais.

No que se refere à dimensão de gênero, Caplansky (2014) constata que, mesmo com os avanços conquistados pelas mulheres, como maior igualdade no trabalho, direitos civis e econômicos, entre outros, "na intimidade das casas e das almas das mulheres, ainda se observa uma necessidade intensa de um companheiro amoroso que a sustente narcisicamente" (p. 146, tradução nossa). Reis (2004), por sua vez, questiona se haveria uma especificidade do território feminino favorável ao ressentimento e conclui: "Homens e mulheres sofrem com seus narcisismos feridos. Porém, dentre as mulheres a quem tenho ouvido, noto que, em relação a seus parceiros, há intensidade e permanência do ressentimento, cultuado e guardado rancorosamente" (p. 122).

Considero que esses traços psíquicos são referenciados à representação do corpo sexuado em um contexto sociocultural e histórico. Nesse sentido, também constato que as mulheres tendem a investir muito mais que os homens na relação amorosa e, consequentemente, tendem a viver e a cobrar esse fusionamento com mais vigor. Historicamente, as mulheres foram socializadas para viver o projeto amoroso com seus desdobramentos: casamento-

---

4 Aqui, cabe um questionamento de por que o estado de dependência e entrega inicial da vida, vivenciado por ambos os sexos, foi nomeado de "feminilidade" primária por uma corrente de psicanalistas (em contraposição ao paradigma de Freud do masculino como originário, o modelo fálico-castrado); da mesma forma, por que o masoquismo, em uma de suas vertentes, foi nomeado "masoquismo feminino". Saad (2002) realiza uma análise sobre feminilidade e sua dimensão positiva, na perspectiva de alguns psicanalistas.

-marido-casa-filhos.[5] Esse cenário vem se alterando, com as transformações sociais e as mudanças nas relações de gênero (Arán, 2003; Saad, 2002). Esta desconstrução é morosa e psiquicamente difícil, exigindo a elaboração da culpa[6] pelas mulheres, por assumirem novas práticas, nas quais prevaleçam o autocuidado e o autorrespeito em relação a seus desejos e seus direitos.

Um segundo processo diz respeito à dinâmica dominação-sujeição no âmbito das relações amorosas. Nesse caso, a relação se sustenta na diferenciação e na complementaridade das partes, em que uma abusa da outra, impondo seus interesses, seus desejos e suas necessidades. Embora esses territórios não sejam fixos e os parceiros possam circular nas posições de abusador(a) e abusado(a), geralmente, são as mulheres (cisgêneras e transgêneras) e as travestis que ocupam o lugar de sujeição, submetendo-se a relações violentas e abusivas, nas dimensões física, sexual e psicológica. É possível associar essa situação com o fenômeno da identificação com o agressor, estudado por Ferenczi, como uma das formas de enfrentamento do trauma? Conforme o autor: "a personalidade ainda fracamente desenvolvida reage ao brusco desprazer, não pela defesa, mas pela identificação ansiosa e a introjeção daquele que a ameaça e a agride" (Ferenczi, 1933/2011, p. 118). Assim, a pessoa agredida introjeta o agressor e submete-se à sua vontade. Liberman (2013) enfatiza a articulação, na análise de Ferenczi, dos processos de identificação com o agressor e de cisão da vítima como formas de escapar da experiência insuportável e de sobreviver

---

5 Alizade (2008) constrói a noção de "quarta série complementar" para enfatizar a importância do fator sociocultural na estruturação psíquica, ao lado dos fatores constitucionais (hereditários e congênitos), do meio ambiente (basicamente nos cinco primeiros anos de vida) e dos acontecimentos atuais.

6 Segundo Freud (1930/2010), o sentimento de culpa tem origem no medo da autoridade e do supereu; enquanto o primeiro implica renúncia de satisfações pulsionais, o segundo leva também ao castigo.

psiquicamente à agressão, substituindo os próprios afetos, pensamentos e percepções por aqueles do agressor. Embora Ferenczi tenha referenciado esse fenômeno à relação adulto-criança, pais-filhos – relações assimétricas de autoridade-poder –, considera-se que, talvez, seja possível estender a noção para a relação entre adultos (em que o psiquismo infantil prevalece em uma das partes), no fenômeno da violência doméstica e familiar.

Os dois processos mencionados, típicos de relações simbióticas e de dominação-sujeição, respectivamente, muitas vezes levam a tragédias, principalmente quando um dos sujeitos rompe com a relação anteriormente aceita por ambos. É comum a ocorrência de assassinatos de mulheres por (ex-)namorados, (ex-)companheiros e (ex-)maridos, os quais não aceitam perder a posição de "objeto amoroso". Em contraponto à situação anterior – de maior investimento das mulheres no projeto amoroso –, a ferida narcísica do masculino parece chegar ao auge quando destituído de sua posição de eleito, transformando-se em atuação destrutiva contra o outro. Haveria uma maior dificuldade do masculino em lidar com a castração, considerada equivocadamente como característica do feminino? Em outros termos, pode-se pensar que, culturalmente, o feminino desenvolveu mais intimidade com o lugar de falta e tem maior "capacidade" de lidar com o sofrimento, a rejeição, a castração, enfim?

Considerando a violência física, sexual e psicológica a que muitas mulheres estão submetidas em suas relações amorosas, o que é amplamente registrado em estudos, como significar a ligação com parceiros violentos? Por um lado, constata-se uma idealização do objeto/projeto amoroso e sentimentos de onipotência de muitas mulheres, que resistem à realidade e insistem na mudança da relação. O inverso vem com a desidealização e as decepções amorosas produzindo sentimentos de impotência. Por outro lado, verifica-se que a impunidade dos agressores acaba promovendo e perpetrando a violência contra as mulheres. Tenho observado que, nessas situações, falta ao feminino uma agressividade "'de vida", de defesa e proteção de si (algo perdido ou não suficientemente desenvolvido), diferentemente de uma agressividade "de morte", usada para destruir o outro e/ou a si mesma. Nesse sentido, pode-se pensar em uma fantasia do feminino de que, ao fazer uso de sua agressividade, mesmo que em defesa própria, estaria se masculinizando? Se sim, poderia se falar de um "horror ao masculino", enquanto representação de brutalidade e destrutividade, em uma equivalência ao "horror ao feminino", enquanto representação de passividade e desamparo. Essas são representações que deformam e congelam as possibilidades humanas em suas parcialidades, mas que circulam no social.

Um terceiro processo psíquico, oposto aos dois anteriores, diz respeito à afirmação de individualidades e autonomia das partes (sempre relativa) na relação amorosa, concomitantemente à valorização da díade. Nesse sentido, as identidades de gênero são afirmadas – aquelas autorreferidas, como feminino, masculino, cisgênero, transgênero, travesti, gênero fluido, bigênero, gênero neutro – e os interesses, os desejos e as necessidades são negociados cotidianamente entre as partes – um e Outro. Embora, como observa Rose (2012), cada cultura determine o que considera como feminino e masculino a partir de elementos biológicos, psicológicos e culturais, constata-se que, na atualidade, cada sujeito constrói a sua própria identidade de gênero a partir de suas identificações e suas idealizações, aproximando-se ou distanciando-se desses estereótipos. Nesse sentido, Glocer Fiorini (2010) destaca o dualismo (feminino-masculino) e a pluralidade sexual e de gênero como duas lógicas que coexistem nos processos de subjetivação.

Como toda relação social, a relação amorosa é também uma de poder, em que as partes têm e fazem uso de distintos recursos (emocionais, estéticos, éticos, intelectuais e financeiros). No entanto, entende-se que o poder pode ser usado como potência para a promoção do diálogo e do acordo, como ação política do agir em conjunto na esfera pública, conforme a noção de Hanna Arendt, analisada por Lafer (1979). Estendendo esse sentido de poder para o campo das relações amorosas, pode-se pensar em um tipo de relação de feição madura (em que ambas as partes promovem o diálogo intrapsíquico entre razões e paixões) e democrática (em que ocorre o diálogo intersubjetivo, com a afirmação de direitos e o entendimento entre as partes). Nesse tipo, socialmente pouco comum, as diferenças de gênero não se transformam em desigualdades e ambas as partes desenvolvem cultura amorosa – capacidade de elaborar, expressar, combinar e transformar afetos, necessidades, fantasias, interesses e projetos (Rodrigues, 1998, 1992). Nessa possibilidade, os elementos fundamentais são o reconhecimento de si e do Outro (constitutivamente atravessados pelo não saber e por incertezas); os diálogos (interno e intersubjetivo); e a ação conjunta, expressão maior de parceria. Nesse tipo de relação, os conflitos e as contradições são enfrentados com realismo e civilidade pela dupla, pois a função psicanalítica da personalidade, nos termos de Bion, comparece e ambas as partes podem fazer uso de sua capacidade de pensar, de ampliar a relação continente-contido, de transformar elementos sensoriais em psíquicos e compartilhar suas vivências (Bion, 1962/1991, 1994).

Campo amoroso

O campo amoroso é constituído de intensos desejos e fantasias e de profundas gratificações e frustrações. Freud (1930/2010c) diz que o protótipo de toda felicidade é o amor sexual, responsável também pelo nosso maior sofrimento, quando de perdas e abandonos. Essa infelicidade manifesta-se, frequentemente, pelo somático e pode transformar-se em adicções – falas/dialetos de corpo e tentativas de preencher a falta do objeto amoroso.[7] Mesmo assim, os sujeitos buscam uma realização amorosa, afirmando sua esperança na construção de relações férteis e prazerosas. Alguns, machucados, mutilados e ressentidos, renunciam a novos investimentos emocionais. Pela intensidade e pela intimidade afetiva e sexual no processo amoroso, a vivência de sentimentos fortes e desconfortáveis como ódio, inveja, ciúme e hostilidade fica à flor da pele e nos convoca a realizar transformações psíquicas, releituras e ressignificações. Nesse sentido, o campo amoroso constitui um dos mais férteis às vivências transferenciais. Os sujeitos amorosos tendem a fazer confusões entre si e o Outro; entre situações presentes e passadas; entre situações presentes e desejadas; entre o Outro e os outros. Tais (con)fusões exigem um trabalho psicanalítico sistemático no sentido de produzir delimitações, distinções e transformações.

O estado de enamoramento, fase inicial da relação amorosa, é destacado por Freud. O autor constata uma oposição entre libido do Eu e libido de objeto, observando que esse estado constitui a fase de maior investimento na libido de objeto com o abandono e o empobrecimento da própria personalidade. Afirma: "Alguém que ama perdeu, por assim dizer, uma parte de seu narcisismo, e apenas sendo amado pode reavê-la" (Freud, 1914/2010, p. 46). Em outro texto, enfatiza o pendor à idealização no processo amoroso, o que falsearia o juízo, comparando o enamoramento à hipnose: "A mesma humilde sujeição, mesma docilidade e ausência de crítica ante o hipnotizador, como diante do objeto amado" (Freud, 1921/2011, p. 73). Nessas situações, o objeto é colocado no lugar do ideal do Eu.

Em tempos de massificação, as relações amorosas possibilitam que cada sujeito se torne único aos olhos do Outro e seja o

---

7 Holovko (2005) faz uma distinção entre a somatização enquanto *déficit* simbólico/representacional e enquanto "movimento de expansão do universo imaginativo debruçado sobre o corpo" (p. 3). Considera que essa identificação é possível apenas na experiência da dupla analítica.

escolhido entre todos, o que produz sentimentos narcísicos e eleva o amor-próprio. Entretanto, essas relações, da mesma forma que as outras, são influenciadas por traços culturais da atualidade como o imediatismo, o pragmatismo, a descartabilidade. Em paralelo, a contemporaneidade alude a novas subjetividades, que se manifestam pela publicização e pela politização da diversidade de gênero, da pluralidade sexual e da multiplicidade de regulamentações próprias das relações amorosas. Os modelos únicos de feminino/masculino, de sexualidade, de relação amorosa, de família, a serem compulsoriamente seguidos – com a patologização e/ou criminalização das formas não predominantes – estão se esfacelando. Para isso, contribuem os avanços da ciência e da tecnologia por abrirem oportunidades para os sujeitos fazerem escolhas que antes não estavam disponíveis, como a realização de tratamentos e as intervenções corporais no sentido da afirmação de identidades de gênero, de sexualidades e da reprodução humana assistida.

De resto, continua o desafio de compreender mais e mais os significados para o fato de as mulheres serem/terem sido social e psiquicamente condicionadas a se fixarem em relações duais: com o(a) parceiro(a), via conjugalidade, e com a criança, via maternidade. Essas relações, narcísicas, falam de "pequenos mundos" e de "mundos fechados". Para adentrar mundos mais vastos, os femininos certamente precisam fazer rupturas com estados de heteronomia e de submissão e afirmar desejos direitos e projetos próprios.

Referências

Alizade, M. (2008). Feminilidade primária, feminilidade estrutural. *Revista Brasileira de Psicanálise, 42*(4), 153-160.

Arán, M. (2003). Os destinos da diferença sexual na cultura contemporânea. *Revista Estudos Feministas*, Florianópolis, *12*(2), 399-422.

Bion, W. R. (1991). *O aprender com a experiência*. Rio de Janeiro: Imago. (Trabalho original publicado em 1962).

Bion, W. R. (1994). Uma teoria sobre o pensar. In W. R. Bion, *Estudos psicanalíticos revisados* (pp. 127-137). Rio de Janeiro: Imago. (Trabalho original publicado em 1962).

Caplansky, M. (2014). Género y afecto. *Revista Psicoanálisis*, Lima, (13), 141-148.

Ferenczi, S. (2011). Confusão de língua entre os adultos e a criança. In A. Cabral (Trad.), *Obras Completas: Sándor Ferenczi* (Vol. 4, pp. 111-121). São Paulo: Martins Fontes. (Trabalho original publicado em 1933).

Freud, S. (2010a). Introdução ao narcisismo. In S. Freud, *Obras Completas: Sigmund Freud* (P. C. de Souza, Trad., Vol. 12, pp. 13-50). São Paulo: Companhia das Letras. (Trabalho original publicado em 1914).

Freud, S. (2010b). Luto e melancolia. In S. Freud, *Obras Completas: Sigmund Freud* (P. C. de Souza, Trad., Vol. 12, pp. 170-194). São Paulo: Companhia das Letras. (Trabalho original publicado em 1917).

Freud, S. (2010c). O mal-estar na civilização. In S. Freud, *Obras Completas: Sigmund Freud* (P. C. de Souza, Trad., Vol. 18, pp. 8-89). São Paulo: Companhia das Letras. (Trabalho original publicado em 1930).

Glocer Fiorini, L. (2009). As mulheres no contexto e nos textos freudianos. *Jornal de Psicanálise, 42*(76), 121-134.

Glocer Fiorini, L. (2010). Presentaciones cambiantes de la sexualidad. *Revista Uruguaya de Psicoanálisis*, (11), 44-53.

Holovko, C. S. (2005). *Resgatando o feminino através da experiência somato-psíquica: da dor ao sofrimento psíquico*. Trabalho apresentado no XX Congresso Brasileiro de Psicanálise, Brasília, 11-14 nov.

Lafer, C. (1979). *Hannah Arendt: pensamento, persuasão e poder*. Rio de Janeiro: Paz e Terra.

Liberman, A. (2013). Escisión y identificación con el agresor en El Diario clínico de Sándor Ferenczi. *Revista de la Sociedad Argentina de Psicoanálisis*, (17), 151-164.

Reis, C. M. C. (2004). Narcisismo e ressentimento (no) feminino: Adélias e Amélias. *Percurso*, São Paulo, *17*(33), 115-122.

Rodrigues, A. (1992). *Relações amorosas: uma incursão sociológica no processo amoroso* (Dissertação de mestrado). Instituto de Ciências Humanas, Universidade de Brasília, Brasília.

Rodrigues, A. (1998). *Cidadania nas relações afetivo-sexuais no Brasil contemporâneo: uma questão de políticas públicas* (Tese de doutorado). Instituto de Ciências Humanas, Universidade de Brasília, Brasília.

Rodrigues, A. (2009). Reflexões sobre prostituição na contemporaneidade. *Política Democrática: Revista de Política e Cultura, 9*(25), 119-130.

Rose, O. M. (2012). La feminidad y la masculinidad: esencias o parecidos de família? *Revista Psicoanálisis*, Lima, (10), 231-238.

Saad, A. A. C. (2002). Um outro olhar sobre a feminilidade: feminino-singular, o primeiro sexo. *Revista Brasileira de Psicanálise, 36*(3), 603-629.

PARTE II
Novas configurações familiares

5. Novas configurações familiares: funções materna e paterna[1]

Leticia Glocer Fiorini

Tradução: Ana Maria Rocca Rivarola

Este trabalho tem como objetivo refletir sobre o impacto dos novos e diferentes modos de organização familiar nos processos de subjetivação de seus membros. A intenção é evitar as respostas automáticas e abrir a discussão para um debate necessário.

Isso se dá num contexto no qual existem crescentes aceitação e visibilidade de famílias monoparentais e ampliadas, como também de sexualidades nômades e gêneros migrantes que tendem a conformar outros tipos de vínculos familiares, principalmente nas sociedades ocidentais. Embora sempre tenham existido, nas últimas décadas, adquiriram uma dimensão e um significado particulares. Na atualidade, vemos não só casais homossexuais, mas também casais constituídos por pessoas transexuais, travestis e heterossexuais em diferentes combinações, bem como outras apresentações de diversidades sexuais e de gênero. Diversidades estas que se

---

1   Trabalho apresentado no XII Diálogo Latino-Americano Intergeracional entre Homens e Mulheres – Desafios da Psicanálise frente às Novas Configurações Sexuais e Familiares, nos dias 3 e 4 de junho de 2016, na Sociedade Brasileira de Psicanálise de São Paulo (SBPSP).

podem englobar como sexualidades *queer* (estranhas) e que abrangem também aqueles que se negam a incluir-se num dos dois gêneros: masculino ou feminino (transgêneros).

Muitos desses casais podem e desejam ter filhos. O grande avanço das biotecnologias possibilita que esse desejo se estenda não só a filhos adotivos, mas também biológicos, por meio da fertilização assistida.

Segundo Roudinesco (2002/2003), o desejo desses casais de formar uma família estaria sustentado, de forma paradoxal, pelo conceito de família como pilar da sociedade e da cultura. Isso acentua o ideal de família nuclear.

Evidentemente, o conceito de heterossexualidade também merece ser analisado em profundidade, já que, estritamente falando, alude a que o desejo e a orientação sexual estejam dirigidos a pessoas do sexo oposto. Mas, certamente, as fantasias subjacentes podem contradizer essa definição. Portanto, está-se diante de um campo heterogêneo.

A partir disso, surgem várias perguntas:

- A psicanálise é, tanto do ponto de vista teórico como clínico, imune diante dessas mudanças? Que efeitos teriam essas mudanças na clínica?

- Que influência têm sobre cada analista suas teorias privadas, suas ideologias, seus preconceitos e, também, a cultura imperante?

Esses questionamentos apontam para a necessidade de repensar como se categorizam os processos de subjetivação nos filhos dessas modalidades de casais. No contexto dessas reflexões, surge uma pergunta: as crianças criadas por casais homossexuais ou por outras famílias constituídas por diversidades sexuais e de gênero deveriam ser consideradas, por definição, fora do sistema, sem possibilidade de subjetivação simbólica e inserção num universo de laços sociais? Estariam, portanto, excluídas da ordem social num sentido simbólico por proceder de pais que não respondem à norma heterossexual? Para poder pensar essa questão, é imprescindível afastar-se dos moralismos maniqueístas, mas também de posições complacentes e acríticas.

Algumas das categorias interpeladas quando se pensa nessas problemáticas são:

a) O conceito de família nuclear heterossexual e seu significado no contexto das diferentes configurações familiares ao longo da história e nos diferentes contextos socioculturais que se conhecem.

b) O complexo de Édipo clássico como mito nuclear explicativo dos processos de subjetivação sexuada. Isso aponta como podemos pensar o complexo de Édipo-castração à luz das diversidades sexuais e de gênero e, nesses casos, quais são os desafios que se apresentam para a teoria e a clínica.

c) O conceito de reconhecimento da diferença sexual anatômica como garantia de acesso a um universo simbólico.

d) A proposta de que a lei paterna é metáfora e função desse acesso. Portanto, a lei seria indissociável do denominado Pai simbólico.

Esses desafios se aplicam também às famílias monoparentais.

Seria possível afirmar que a maneira como se consideram pode conduzir a conclusões diferentes que afetarão o curso de um tratamento psicanalítico. Isso não é independente dos discursos sobre a diferença sexual que a cultura ofereceu em diferentes épocas.

Complexo de Édipo e família nuclear

Tanto do ponto de vista jurídico como religioso e social, a família é considerada o núcleo básico da organização social, às vezes fortemente idealizada. No entanto, sabe-se que as formas de organização familiar foram variando ao longo do tempo no mundo ocidental. A família heterossexual na Grécia Antiga, com fins reprodutivos, coexistia com as fortes e privilegiadas afinidades eletivas homossexuais. A família ampliada medieval era muito diferente da família nuclear burguesa que a sucedeu. Sabe-se também que as famílias atuais apresentam características que é necessário analisar, desde as famílias monoparentais, passando pelas famílias ampliadas, até as constituídas com base em casais homossexuais, masculinos ou femininos, ou formadas por pessoas travestis ou transexuais. Nesse contexto, pode-se dizer, em termos gerais, que a teoria psicanalítica ou, mais precisamente, as teorias psicanalíticas se movem em torno do conceito de família nuclear, certamente ligado à noção de organização edípica. O complexo de Édipo clássico se refere à organização da família nuclear: mãe-pai-filho, e suas funções respondem a essa estrutura, independentemente de quem as exerça.

Deve-se recordar que uma das finalidades explícitas da família sempre foi a reprodução e que o lugar da mulher ficou determinado de acordo com esse fim, que está na base da idealização da mulher enquanto mãe (Freud, 1933/1979b). A mulher encarregada da criação dos filhos e o homem, do sustento são condições que formam parte do campo discursivo e que se mantêm parcialmente na atualidade com muita força no imaginário das pessoas, embora, muitas vezes, não se cumpram na realidade.

Certamente, a reprodução era concebida somente entre um homem e uma mulher. Mas, atualmente, a reprodução, com o auge das novas técnicas reprodutivas, já não é mais considerada só como o resultado da união sexual entre o homem e a mulher. E isso abre, justamente, a problemática que se deve tratar.

No contexto do modelo de família nuclear (mãe, pai e filho), o filho entraria numa relação dual com a mãe que só o pai poderia cortar com sua intervenção simbólica metaforizada: a função paterna. Essa saída permitiria o acesso à diferença sexual e a inserção num contexto simbólico de laços sociais. Atualmente, há muito para pensar acerca de quem cumpre essa função e como o faz em outros tipos de famílias (monoparentais ou constituídas em torno das diversidades sexuais e de gênero, entre outras).

Diferença sexual, função paterna, função simbólica

Um avanço importante no campo psicanalítico foi considerar que a função paterna (Lacan, 1958/1970) pode ser exercida por outros que não sejam os pais reais. Isso pode ocorrer por ausência, por morte, por separação ou por fraqueza para exercer essa função. Na atualidade, e isso é uma referência às diversidades sexuais e de gênero, alguns consideram, também, que essas funções possam ser exercidas além dos gêneros e da diferença sexual anatômica. Esse é um importante ponto de debate para analisar os efeitos da criação em ambientes não convencionais na construção da subjetividade das crianças.

Tudo isso conduz a repensar as funções materna e paterna.

E, aqui, apresentam-se vários problemas, pois as interpretações sobre as diversidades sexuais diferem segundo as diversas teorias psicanalíticas:

a) Se as diversidades sexuais são consideradas perversões ou psicoses, obviamente essa função simbólica, terceira, já não se poderia cumprir, e o destino dos eventuais filhos desses casais seria ficarem excluídos de uma ordem simbólica.

b) Essas funções devem estar representadas por pessoas cujo gênero e cujo corpo (masculino ou feminino) coincidam com o ser pai ou mãe?

c) Deve-se continuar falando de "função paterna" quando se referir a uma função simbólica?

Um problema similar se apresenta com relação às famílias monoparentais. Existe uma rejeição com relação ao homem? Como se cumpriria a função paterna?

A partir dessas perguntas, é necessário esclarecer a que se está referindo quando se fala em função simbólica e enfatizar a proposta de que, a nosso ver, a *função terceira, simbólica, vai além da função paterna* (Glocer Fiorini, 2015).

A partir desse ponto de vista, a qualificação de "paterna" responde a uma certa ordem social androcêntrica e escurece o sentido fundamental dessa função simbólica, que é a função do terceiro.

Isso aponta, com destaque, que se trata de uma lei de inserção num universo simbólico que está sujeita, por sua vez, a outras leis da cultura. Por isso, cabe refletir se os termos que vinculam tão fortemente a função paterna – função simbólica, família nuclear e heterossexualidade – são passíveis de serem analisados com mais precisão em suas genealogias. Trata-se de problemáticas que continuam em aberto e que não convém encerrar precipitadamente.

A isso, acrescenta-se a proposta de J. Benjamin (1995/1997) de destacar as capacidades simbólicas e simbolizadoras da mãe, não somente porque pode desempenhar ela mesma a função "paterna", mas também porque tem capacidades próprias para promover a separação do filho e exercer essa "função terceira".

Evidentemente, ainda fica pendente determinar qual é o lugar do reconhecimento da diferença sexual e em que sentido se fala de diferença. Para isso, é necessário esclarecer que o conceito de diferença abarca diferentes níveis de significação (diferença anatômica, de gênero, psicossexual, simbólica e/ou imaginária) (Glocer Fiorini, 2001, 2015), cujas relações são de concordância e discordância.

Nessa linha, destaca-se a necessidade de não naturalizar a diferença.[2] A diferença excede a ordem natural no debate nunca encerrado entre natureza e cultura. Todas essas questões têm importantes consequências na clínica. Também é necessário destacar que, nas culturas atuais, a diferença estrita está se diluindo.

Migrações sexuais e de gênero: processos de subjetivação

Quando se enfoca o tema das diversidades sexuais, deve-se dizer que se trata de apresentações que podem responder a diferentes configurações psíquicas e/ou clínicas (Glocer Fiorini, 2010). Trata-se de montagens que podem corresponder, entre outras, a neuroses, perversões ou psicoses, para mencionar as formas clínicas mais comuns.

Certamente, é necessário determinar isso na singularidade de cada análise, pois não é possível generalizar. No entanto, também é preciso diferenciá-las entre si. Algumas são problemáticas de gênero, outras são problemáticas do desejo e da sexualidade. Os enunciados: "Eu sou..." ou "Eu desejo..." não significam o mesmo. Um alude ao plano das identificações, o outro se refere ao plano do

---

2 Laplanche (1980/1988) assinalava a importância de diferenciar entre diversidade de atributos, diferença de gêneros e diferença sexual, contribuição interessante para o estudo dessas temáticas.

desejo. Trata-se de uma diferenciação importante, embora possa haver superposições entre eles.

Então, tem-se que pensar em mecanismos diferentes. No transexualismo, há uma problemática que alude à identidade de gênero. Existe uma convicção absoluta e inamovível de que houve um erro que gerou uma discordância entre o gênero e o corpo sexuado e é necessário adaptar o corpo ao gênero sentido como próprio. Por isso, a convicção absoluta de uma pessoa transexual de pertencer a um gênero que não coincide com sua anatomia sexuada é muito diferente da situação do travestismo, em que a pessoa usa roupas do outro sexo e detém um ideal feminino, mas sem duvidar do gênero ao qual pertence. Nessas problemáticas, intervém intensamente um terceiro fator: a tecnologia médica. Isso faz com que, eventualmente, possa se aceder a uma concordância entre sexo anatômico e gênero autopercebido por meio de métodos cirúrgicos.

Já a homossexualidade, como assinalava Freud, corresponde mais ao âmbito do desejo e da opção de objeto que a uma questão de identidade de gênero. Também pode responder a diferentes mecanismos. Por esse motivo, uma homologação absoluta com as perversões deveria ser revisada, pois pode conduzir à universalização do conceito de homossexualidade sem considerar os mecanismos em jogo em cada sujeito. A nosso ver, as homossexualidades podem responder a mecanismos neuróticos, perversos ou psicóticos, entre outras configurações psíquicas, e isso pode conduzir a diferentes processos de subjetivação nas crianças criadas por casais homossexuais. Trata-se de uma questão complexa.

Finalmente, o reconhecimento da alteridade tem importância na criação das crianças dessas famílias. Acredita-se que o mais importante seja o acesso à diferença. Sempre se discute o problema de como se inserem essas crianças no contexto social, na escola, com outros companheiros, com outros pais. Esse é um ponto importante e foco de preocupação. Surgem problemáticas insolúveis com relação à criação e à inserção dos filhos num contexto de laços sociais? Como é visto isso de ter "duas mães ou dois pais"?

O que está em jogo é como se produzem, nessas crianças, as identificações e os ideais de gênero que marcam uma pertinência imaginária ao campo do masculino ou do feminino (ou a existência de uma indefinição com relação a isso) e como se delineiam os itinerários do desejo.

Então, observando as identificações e a eleição de objeto nessas crianças, a ideia é que esses mecanismos surjam não só do pai e da mãe da família nuclear clássica, que, em muitos casos, certamente não os garantem. Trata-se de formas de operar simbólicas da terceiridade emanadas também dos outros, de outras figuras, bem como da(s) diferença(s) implícita(s) numa cultura por meio dos discursos vigentes.

Por outro lado, a diferença de gêneros e a diferença sexual, num sentido simbólico, estão inscritas inclusive no psiquismo dos pais, além de sua orientação sexual. É justamente no projeto identificatório (Castoriadis-Aulagnier, 1975/1977) que estão incluídas essas diferenças para qualquer menino(a).

Quando isso não ocorre, tanto em casais heterossexuais quanto homossexuais, as problemáticas (sexuais ou de gênero) dessas crianças podem chegar a ser conflitivas em relação às normas vigentes. Poderia ser dito, inclusive, que o indivíduo transgênero reconhece os gêneros na medida em que seu ideal é ir além deles.

Em outras palavras, existem normas que se inscrevem no psiquismo além das escolhas ou da orientação sexual dos pais. Trata-se de uma forma transindividual de operar de poderosos efeitos, embora não necessariamente inamovíveis.

A meu ver, seria necessário pensar a diferença, ou melhor, as diferenças, de uma forma transedípica. Restringir-se a pai e mãe, ainda no sentido simbólico, como triângulo essencial (numa estrutura microfamiliar) empobrece a possibilidade de pensar nessas configurações.

Deleuze (1977/1980) fala de estruturas extrafamiliares com o objetivo de abrir essa mônada. Se for considerado o conceito de um Édipo estendido (transfamiliar, transcultural e transgeracional), pode-se dizer que as identificações se enraízam nos discursos vigentes e de gerações anteriores e vão além das pessoas que formam o núcleo familiar, clássico ou não.

Evidentemente, a estrutura edípica clássica pode favorecer o processo identificatório e desejante nas culturas atuais, mas isso não significa que, de um casal homossexual, surja necessariamente um filho homossexual, ou de um casal heterossexual surja necessariamente um filho heterossexual. Os estudos realizados, principalmente em outros países, não mostram diferenças significativas nos processos de subjetivação, na eleição de objeto e na produção simbólica dos filhos de famílias constituídas fora das normas habituais. Ao estilo das formulações do superego está o papel dos educadores, professores e outros atores sociais que se expressa nos discursos vigentes (Freud, 1923/1979a).

Em outras palavras, os conceitos vigentes sobre a diferença sexual e sobre as normas e os ideais de gênero, masculino ou feminino, são muito fortes e penetram na cultura. Indicam uma saída para o sujeito que pode ser considerada "normal", do ponto de vista de suas identificações e de sua orientação sexual. Mas nem sempre ocorre assim, e isso se expressa em resistências culturais às normas.

Para poder definir as complexidades dos processos de subjetivação sexuada, considera-se que estes se produzem nas interseções de ordens heterogêneas (Glocer Fiorini, 2001, 2015). O paradigma da complexidade (Morin, 1990/1995) permite pensar esses processos considerando três variáveis. Entre essas variáveis (os corpos sexuados, as identificações plurais – incluindo as que se referem ao gênero – e a eleição de objeto) se produzem tensões que impedem que se chegue a uma harmonia concordante.

Esses processos são influenciados pelos discursos vigentes e são o resultado de múltiplas formas de operação da terceiridade. A lógica da complexidade vai além da lógica binária que alude ao par masculino-feminino. Isso não significa desconhecer os binarismos que estão incluídos na linguagem e em toda cultura, mas é necessário poder incluí-los numa lógica hipercomplexa.

Pensar os processos de subjetivação no marco do paradigma da complexidade permitirá analisar os processos de subjetivação nos filhos de casais não convencionais com uma maior amplitude.

Isso implica repensar os conceitos de diferença simbólica e das funções simbólicas do terceiro. Crê-se que considerar que as famílias monoparentais ou organizadas com base em casais não convencionais constituem um ataque à ordem simbólica (e não a *uma* ordem simbólica específica) pode bloquear a possibilidade de pensar sobre esses temas. É importante considerar que esses movimentos também podem ser aberturas para outras modalidades de experiência social e para outras formas de expressão do percurso do desejo. *Nesse sentido, reitera-se que a função que deve ser resguardada é sempre o reconhecimento do outro e das diferenças simbólicas.* Essa é uma das versões mais significativas da diferença que implica uma saída do narcisismo imprescindível para a inclusão de qualquer sujeito numa ordem sociocultural.

Referências

Benjamin, J. (1997). *Sujetos iguales, objetos de amor*. Buenos Aires: Paidós. (Trabalho original publicado em 1995).

Castoriadis-Aulagnier, P. (1977). *La violencia de la interpretación: del pictograma al enunciado*. Buenos Aires: Amorrortu. (Trabalho original publicado em 1975).

Deleuze, G., & Parnet, C. (1980). *Diálogos*. Valência: Pre-Textos. (Trabalho original publicado em 1977).

Freud, S. (1979a). El yo y el ello. In S. Freud, *Obras completas* (Vol. 19, pp. 15-66). Buenos Aires: Amorrortu. (Trabalho original publicado em 1923).

Freud, S. (1979b). La femineidad. In S. Freud, *Obras completas* (Vol. 22, pp. 104-125). Buenos Aires: Amorrortu. (Trabalho original publicado em 1933).

Glocer Fiorini, L. (2001). *Lo femenino y el pensamiento complejo*. Buenos Aires: Lugar Editorial.

Glocer Fiorini, L. (2010). Sexualidades nómades y transgénero: un desafío a la polaridad masculino-femenino. In B. Zelcer, *Diversidad sexual* (pp. 57-76). Buenos Aires: Lugar Editorial.

Glocer Fiorini, L. (2015). *La diferencia sexual en debate: cuerpos, deseos y ficciones*. Buenos Aires: Lugar Editorial.

Lacan, J. (1970). *Las formaciones del inconsciente*. Buenos Aires: Nueva Visión. (Trabalho original publicado em 1958).

Laplanche, J. (1988). *Problemáticas 2: castración, simbolizaciones*. Buenos Aires: Amorrortu. (Trabalho original publicado em 1980).

Morin, E. (1995). *Introducción al pensamiento complejo*. Barcelona: Gedisa. (Trabalho original publicado em 1990).

Roudinesco, E. (2003). *La familia en desorden*. Buenos Aires: Fondo de Cultura Económica. (Trabalho original publicado em 2002).

6. Filiação e neoparentalidades: questões contratransferenciais[1]

Cláudio Laks Eizirik

As diversidades sexuais contemporâneas e as novas formas de desejos e identificações apresentam novas configurações familiares e parentais. Diferentes instituições (religiosas, políticas e sociais) reagiram a elas com temor, por aparentemente ameaçarem um regime preestabelecido; existem vozes que chegam a prever a decadência da civilização e a desconstrução da organização simbólica como produto do declínio da imagem do pai. A psicanálise é convocada para uma tarefa de crítica e reflexão, revendo o já estabelecido, para enfrentar a perplexidade contemporânea (Rey, 2016).

A reflexão psicanalítica sobre os temas do masculino e do feminino e sobre a filiação e as neoparentalidades deve muito ao trabalho do Comitê Mulheres e Psicanálise da Associação Psicanalítica Internacional (COWAP-IPA).

---

1 Trabalho apresentado no XII Diálogo Latino-Americano Intergeracional entre Homens e Mulheres – Desafios da Psicanálise frente às Novas Configurações Sexuais e Familiares, nos dias 3 e 4 de junho de 2016, na Sociedade Brasileira de Psicanálise de São Paulo (SBPSP).

Nas palavras de Mariam Alizade (2016), devem-se repensar as ideias consensuais há mais de um século a fim de renovar as teorias e a práxis, para dar conta das novas formas de parentalidade no século XXI.

De acordo com Alizade, a introdução da noção de função – tanto paterna quanto materna – destacou que não necessariamente uma mãe ou um pai biológicos se comportam como tais pelo simples fato de o serem nos documentos de filiação. Outra pessoa pode tomar esse papel e cumprir tal função.

Em um trabalho recente (Eizirik, 2015), analisei a relevância da noção de uma função paterna ou princípio paterno, que não implica a real presença de um pai, a partir da vida e da obra do poeta brasileiro Carlos Drummond de Andrade.

No filho desejado, depositam-se fantasias de transcendência, de proteção futura quando os genitores tiverem envelhecido, de sobrevivência simbólica, de reparação, entre outras. Ao mesmo tempo, o filho difícil que desafia as expectativas narcisistas parentais provoca hostilidade e sentimentos negativos em uma espécie de vaivém vincular que realimenta interações recíprocas violentas e destrutivas.

O conceito de identidade generativa, proposto por J. Raphael-Leff (2006), define o fragmento de identidade relacionado com o papel do genitor. Conforme essa autora, esta constelação de ideias em direção a uma futura parentalidade encontra-se precocemente nos filhos. A identidade generativa é a construção psíquica de si próprio como genitor potencial.

A família-padrão, baseada no pai e na mãe como figuras estáveis, foi o modelo ideal de criação nos primeiros cem anos da psicanálise. Parecia ser um modelo familiar inalterável. A díade heterossexual era hegemônica e as teorias giravam em torno da triangulação edípica e da narcisização do desenvolvimento da criança.

No século XXI, ter um filho também é considerado um direito humano e o desejo de formar uma família se expressa com força em grupos de pessoas com neossexualidades, diferentes, sexualmente não convencionais. São pessoas desejosas de construir um ninho de vínculos primários, que vai além de suas identidades de gênero ou suas escolhas de objeto. Alizade (2016) sugere denominar "liberação da parentalidade" esses fenômenos de inclusão parental inovadora.

Com o surgimento das novas parentalidades, instalaram-se *requisitos de ordem interna* na consideração de um projeto para um adulto sadio criar um(a) filho(a). Os elementos fundamentais de uma adequada parentalidade não dependem unicamente de fatores externos (matrimônio, heterossexualidade, desejo manifesto de ter filhos), senão da saúde mental das pessoas que exercem a função de genitores, seja de forma conjunta ou monoparental. Como consequência de tal visão, sugere Alizade (2006), a constituição de um casal heterossexual deixou de ser o único elemento aceitável para educar um filho. A capacidade de amor e de sacrifício e a responsabilidade ocupam um primeiro plano. A filiação dá um passo atrás e a noção de uma maternidade natural encarnada em todas as mulheres é questionada há varias décadas (Badinter, 1980).

A obtenção de um filho por meio de barriga de aluguel, compra de esperma etc., em virtude das inovações tecnológicas, torna ainda mais complexo o panorama das parentalidades. Essas gestações dão lugar a diversas fantasias e interações. Pai e mãe adquirem caráter plural: mãe biológica, pai doador de esperma, mãe substituta, mãe de criação, pai simbólico etc. Essas múltiplas configurações geram inúmeros efeitos imaginários.

Não há duvida de que a filiação biológica tem enorme peso na educação de uma criança e o desejo de ter filhos tem um atrativo narcisista de primeira magnitude quanto à transcendência, à continuidade generacional, à sobrevida imaginária e simbólica.

No entanto, a condição de pai ou mãe em si mesma não implica saúde ou patologia. Cada organização familiar expressa suas singularidades. Desejar ser pai ou mãe pode – além de ser um imperativo de procriação e autoconservação da espécie – ser um desejo tanto saudável quanto patológico. A visão romântica da família nuclear com filhos se confronta com uma realidade parental multiforme. O desejo de filhos pode converter-se em uma paixão tirânica e narcisista (Alkolombre, 2008) e o não desejo de filhos pode ser sinal de maturidade e responsabilidade.

Alizade (2004/2007a, 2007b) desenvolveu o conceito de *função família* para delimitar os acontecimentos de vida que possibilitam à criança o acesso ao mundo simbólico e para responder às novas modalidades de criação. A função família designa subjetividades em rede que sustentam (ou derrubam) o psiquismo, em um espaço ramificado de vínculos que excedem a família nuclear convencional. Nessa rede, coexistem filiações biológicas e *filiações de estrangeiros*. Por tal se entendem filiações com seres significativos que intervêm no mapa identificador e pulsional da criança. São pessoas "fora da família" que produzem efeitos psíquicos relevantes na mente infantil e que contribuem para a estruturação – ou desestruturação – do psiquismo.

O panorama das parentalidades tem se tornado cada vez mais complexo em virtude de sucessivos divórcios e filhos de diferentes casais que dão lugar a um novo tipo de irmandades, a meias-filiações (meios-irmãos) e a múltiplos padrastos ou madrastas, territórios grupais que a psicanálise pesquisa atualmente. Os estudos sobre vínculo (Pichón Rivière, 1956-1957/1985; Berenstein, 1991; Puget & Berenstein, 1988/2001) contribuíram para o desenvolvimento de dinâmicas interativas inovadoras.

As homoparentalidades estão atualmente em discussão (Rotenberg & Wainer, 2007). O exercício da homoparentalidade, segundo Alizade (2004/2007a, 2007b), é eminentemente heterogêneo, sendo impossível homogeneizar tanto as situações clínicas quanto as consequências psíquicas. A reprodução homoparental exige sempre que um terceiro (fornecedor do útero, fornecedor de sêmem, adotante etc.) participe do encontro reprodutivo. Estabelecem-se combinações reprodutivas que eram inimagináveis tempos atrás, quando a tecnologia não tinha ainda modificado as formas de conceber um filho.

Segundo Alizade (2016), referindo-se a McDougall (1988), a sexualidade, polimorfa em todas as suas manifestações, não pode ser chamada perversa enquanto não causar dano ao próximo e for consentida pelos integrantes da situação sexual. Dessa perspectiva, uma determinada pessoa neossexual teria direito ao reconhecimento e à permissão legal de adotar filhos na medida em que as neossexualidades também são heterogêneas e compreendem pessoas capacitadas para cuidar e sustentar um *infant* no percurso da vida em direção à idade adulta.

Glocer Fiorini (2001, 2007, 2015) considera que existem algumas categorias que são desafiadas pelas apresentações atuais de filiação e de novas formas de família: o conceito de família nuclear heterossexual; o complexo de Édipo como mito central explicativo dos processos de subjetivação sexuada e sua saída heterossexual; o reconhecimento e o acesso à diferença sexual como garantia de inclusão em um universo simbólico; a proposta de que a lei paterna é metáfora e função desse acesso; e a noção de desejo de filhos, tal como se depreende da obra freudiana, e as dificuldades de aplicá-lo além da maternidade clássica. Nesse ponto, Glocer Fiorini (2015) se refere à insuficiência desses conceitos para pensar o desejo de filho nos casais que apresentam diferentes diversidades sexuais e de gênero, caso o único referencial seja a equação simbólica pênis-criança, intimamente ligada ao conceito de carência na mulher.

Glocer Fiorini (2015) sublinha que a diferença de gêneros e a diferença sexual, bem como outras vertentes da diferença em um sentido simbólico, podem estar inscritas no psiquismo dos pais, inclusive indo além de sua orientação sexual. Em outras palavras, trata-se de uma operação transindividual, e pode-se dizer que o próprio transgênero reconhece os gêneros e as diferenças em seu ideal de ir além deles. A autora acredita que seria necessário pensar a diferença, ou as diferenças, de uma forma transedípica, tomando o conceito de um Édipo ampliado, transcultural e transgeneracional, o que leva as identificações e os itinerários do desejo a se sustentarem nos discursos e nos consensos imperantes, bem como nos das gerações anteriores, e irem além das pessoas que formam o núcleo familiar, clássico ou não. Ela enfatiza as fortes implicações para a clínica, em relação à posição do psicanalista a respeito, e destaca, além disso, a importância do reconhecimento da alteridade como expressão privilegiada da diferença.

Contratransferência, campo e escuta analítica

A relação analítica oferece ao analista um cenário para compartilhar com os pacientes a narrativa de sua vida e dos seus sofrimentos psíquicos e a história de seus vínculos de intimidade, de agressividade e de inevitável solidão. Entre tantas contribuições à compreensão do que acontece na relação analítica, devem-se a Melanie Klein e a Bion os conceitos e os *insights* que inauguram um novo paradigma, e a Racker (1973) e a Baranger e Baranger (1961-1962) as noções-chave de contratransferência e de campo analítico, que permitem aos analistas de hoje um trabalho mais próximo com a emoção compartilhada em cada sessão e a possibilidade de trabalhar com material analítico mais profundo (Eizirik & Lewkowicz, 2015).

Para mim, as manifestações contratransferenciais também podem ser influenciadas pelo gênero e pelo momento do ciclo vital do analista, que contribuem para a maior ou menor permeabilidade à transferência e a uma capacidade diferente de exercer a "disposição à maternidade" (Chasseguet-Smirgel, 1988) ou a "função de generatividade" (Erikson, 1980).

Chasseguet-Smirgel (1988) considera que, na maioria dos casos, os analistas levam ao seu trabalho uma mistura equilibrada de traços femininos e masculinos, fruto de suas próprias identificações maternas e paternas, embora pense que a feminilidade tenha traços mais profundos, que vão além das referidas identificações. Ela examina aspectos peculiares da contratransferência, "que se supõe diferente nos dois sexos" (Chasseguet-Smirgel, 1988, p. 53). Por exemplo, na "disposição à maternidade", inclui-se a capacidade de esperar e ver desenvolver-se uma relação, em um lento e paciente trabalho cotidiano, que relembra a gravidez. Considera, além disso, que o enquadre analítico representa o regaço materno e, ao mesmo tempo, a garantia de que este não vai absorver a criança – analisando-a para sempre. Assim, "enquanto limite, o enquadre é esta lei, o corte que representa o pai" (Chasseguet-Smirgel, 1998, p. 86).

A amizade de transferência, proposta por Kancyper (2015) como contraponto à noção de amor de transferência (Freud, 1915/1969), é uma transferência positiva sublimada que favorece a aliança terapêutica. Manifesta-se na dinâmica do campo analítico por meio de uma atmosfera atetiva confortável, terna, íntima, expandida e intensa ao mesmo tempo.

Na amizade de transferência, tanto o analista quanto o paciente submergem em uma entrega franca e profunda preservando, simultaneamente, a assimetria funcional do processo analítico. Enquanto o paciente vivenciou o arquétipo do amor de transferência na sua infância, no vínculo com um de seus genitores, na amizade

100 FILIAÇÃO E NEOPARENTALIDADES

de transferência aparece em cena uma nova peça correspondente ao vínculo exogâmico com os amigos e os companheiros de infância e adolescência em suas conotações tanto positivas quanto negativas, abrindo o caminho em direção à historização dos fundamentos infantis e adolescentes relacionados com os afetos e as representações ligados à temática da amizade.

Contribuindo com o tema da neutralidade e da escuta analítica, proponho (Eizirik, 1993, 1996, 2015a, 2015b) uma nova visão da neutralidade analítica e examino a escuta analítica em situações traumáticas, e as mudanças dessa escuta quando o analista se torna progressivamente mais velho. Sobre o discutível conceito de neutralidade, sustento que segue sendo útil se for considerado a posição a partir da qual o analista, em sua relação com o paciente, observa sem perder a empatia, mas mantendo uma certa distância possível. Tal posição não implica ausência de espontaneidade ou naturalidade, mas deve-se saber que se trata de uma posição constantemente ameaçada por influências internas e externas, que se tenta manter dentro das possibilidades.

A escuta analítica que se tem em mente é, em parte, a que descreve Madeleine Baranger (1993), ou seja, a que se guia pela totalidade dos recursos do analista, entre eles a teoria que lhe dá um enquadre implícito no qual acomoda suas novas descobertas. Cada analista tem um esquema de referência que inclui suas lealdades teóricas, seu conhecimento da literatura analítica, sua experiência clínica (em especial seus fracassos), o que aprendeu sobre si mesmo em suas análises e suas identificações com seus analistas e seus supervisores. Para Baranger (1993), a essência da escuta analítica é tratar de descentrar o discurso do paciente e procurar um novo centro, que, nesse momento, é o inconsciente.

De minha parte, por outro lado, diria que a escuta analítica está baseada mais em uma identificação com a função analítica que com os analistas ou os supervisores, e que, além dos fatores mencionados, é determinada também pelas experiências de vida e pelo momento do ciclo vital do analista, bem como por seu gênero. Se consideramos a ideia de Ferro (2015) sobre os atores presentes na sala de análise, penso que cada analista tem consigo uma considerável quantidade de objetos internos, desde seus pais, irmãos, avós, amores, amigos, atuais ou antigos pacientes, professores, alunos, colegas, até os personagens da literatura psicanalítica e da literatura geral com os quais mais confluência estabeleceu. Assim, entendo a escuta analítica como uma complexa operação mental, que se torna ainda mais complexa se for considerada a noção de campo analítico ou da capacidade de sonhar conjuntamente com o paciente em cada sessão e em cada momento sucessivo de cada sessão (Eizirik, 2015a, 2015b).

O analista procura escutar e estabelecer campos analíticos possíveis com pacientes que vivem neoparentalidades

Vivemos um período de extraordinária complexidade na clínica analítica contemporânea. Por um lado, encontra-se uma diversidade de apresentações clínicas que têm recebido diferentes nomenclaturas, entre as quais as neoparentalidades.

Por outro, trabalha-se, na maioria dos casos, com pacientes analíticos neuróticos ou com neuroses de caráter, que seguem, geralmente, o que os autores, desde Freud, descreveram como as linhas gerais e tradicionais da estruturação psíquica das neuroses, com a centralidade edípica e os conflitos e as defesas que se conhecem há mais de cem anos. A escuta analítica com esses pacientes é relativamente conhecida ou segue trajetos que já foram percorridos muitas vezes, apesar de cada caso analítico ser também único e irrepetível.

Mas, ao defrontar-se com as neoparentalidades e todas as novas formas de família e filiação de nossos dias, o analista pode sentir-se ameaçado por uma realidade ou um mundo no qual não foi educado analiticamente e defender-se, apegando-se ao já conhecido e sentindo a necessidade de repetir seus mantras habituais, como o religioso com suas pregações. Ou, por outro lado, pode entrar em uma adesão não crítica à suposta novidade, numa formação reativa, e entusiasmar-se excessivamente com a suposta liberdade e a revolução nas relações humanas que aparecem nas diferentes formas de neoparentalidade. As duas posições são manobras bem conhecidas em tempos de mudança e desafios ao conhecido. Tanto no primeiro caso quanto no segundo, busca-se evitar, negar ou desmentir o profundo sofrimento psíquico e os conflitos inevitáveis que acompanham tais novas configurações, como acontece com os casais ou as famílias heterossexuais.

O que mais aprendi sobre esse admirável mundo novo, como diria Huxley, além da recente e consistente literatura analítica, parte da qual tentei sintetizar na parte inicial deste capítulo, devo a alguns pacientes homossexuais, a pacientes em análise que têm utilizado a reprodução assistida e a casos de transgêneros que supervisionei no Hospital de Clínicas de Porto Alegre (Eizirik et al., 2016). Mesmo que este último grupo de pacientes tenha suas características específicas, e não se possa necessariamente compará-lo aos grupos anteriores, o que interessa considerar aqui é o grau de dificuldade comum que desafia a escuta analítica, a contratransferência e os campos analíticos possíveis com esses pacientes.

Mas como escutar, se é que se consegue fazê-lo, os pacientes com neoparentalidades?

Com muita dificuldade, eu diria para começar. De fato, algumas vezes, essa escuta é impossível, porque cada um dos membros do par analítico escuta somente o mantra ao qual está habituado. Quem sempre me ajuda a pensar é Carlos Drummond de Andrade (1998), que, em um de seus poemas, escreveu: "Outrora escutei os anjos, as sonatas, os poemas, as confissões patéticas. Nunca escutei voz de gente" (p. 45).

Escutar "voz de gente" significa escutar o outro, não o que se projeta no outro, para garantir a não contaminação com o horror que, muitas vezes, sente-se com a miserável vida que o outro vive. E o outro, o paciente que vive essa difícil situação, projeta no analista, muitas vezes, o inimigo, aquele que vai impedir a mágica cirurgia que vai mudar sua vida; ou pode sentir uma tremenda inveja de sua suposta normalidade sexual; ou de sua posição social ou econômica; ou de sua suposta família fácil e feliz; enquanto o analista, que muitas vezes prefere escutar os anjos, as sonatas, as confissões patéticas, tampouco gosta de entrar em contato emocional genuíno com suas próprias dúvidas sobre heterossexualidade ou homossexualidade, ou de sentir atração por esses seres perigosos, sujos, promíscuos, que também provocam atração com suas vidas que não respeitam as leis da fronteira, como diria Javier Cercas (2016). Escutar "voz de gente", em geral, é mais fácil quando essa gente é mais semelhante a si, mais educada, mais bem-vestida, e traz associações que permitem lindos sonhos a dois no campo analítico, e boas interpretações. Mas, agora, escutam-se vozes de gente que frustram e que, muitas vezes, provocam nojo porque somente querem falar de seus corpos, e não de suas fantasias, que têm estranhos e repulsivos desejos, que não gostam muito de falar de sua infância, que olham com desprezo o amor pelos sonhos e pela psicanálise, suas teorias e sua *Weltanschauung*, que, apesar do que diga Freud, sim se tem, a esse método que, com tanto esforço, aprende-se a praticar. Sente-se, na verdade, ansiedade e dificuldade com relação a esses outros que não conseguem, como a maioria das pessoas, casar e fácil e felizmente engravidar, mas levam anos e anos em procedimentos dolorosos, caros e que, muitas vezes, arrastam o analista junto a sofrer, chorar em silêncio, temer por seus corpos e suas almas, não saber se, afinal, conseguirão o que desejam. E o que dizer desses outros que impõem que se aceite uma família homoparental, em relação à qual, por mais que se escute e se estude, muitas vezes, sente-se uma certa incapacidade de entender e aceitar que tais coisas de fato possam acontecer. Sim, tudo isso acontece, ao analista e a esses estrangeiros.

E então, algumas vezes, depois de longos e sofridos trajetos, pode acontecer de se conseguir escutar "voz de gente". Então, no incerto espaço da sala de análise, constroem-se campos analíticos com fantasias inconscientes compartilhadas, consegue-se viver momentos de amizade de transferência, exercem-se a neutralidade possível, a disposição à maternidade, e recorda-se da voz de Mariam Alizade, em congresso realizado em 2006, dizendo que o narcisismo terciário se abre ao alheio e ao distante, difunde-se, dispersa-se, estende-se. Como se as especularidades narcisistas se dissolvessem ou como se, pela brecha de um espelho agora roto, o Outro fosse, afinal, vislumbrado.

Referências

Alizade, A. M. (2007a). The non-maternal psychic space. In A. M. Aizade (Ed.), *Motherhood in the XXI Century* (pp. 45-57). London: Karnac. (Trabalho original publicado em 2004).

Alizade, A. M. (2007b). Pensando la homoparentalidad. In E. Rotenberg, & B. Wainer (Comp.), *Homoparentalidades: nuevas familias* (pp. 77-83). Buenos Aires: Lugar Editorial.

Alizade, A. M. (2016). La liberación de la parentalidad en el siglo XXI. In P. Alkolombre, & C. Holovko, *Parentalidades y genero: su incidencia en la subjetividad*. (pp. 25-31). Buenos Aires: Letra Viva.

Alkolombre, P. (2008). *Deseo de hijo, pasión de hijo*. Buenos Aires: Letra Viva.

Badinter, E. (1980). *L'amour en plus*. Paris: Flammarion.

Baranger, W., & Baranger, M. (1961-1962). La situación analítica como campo dinámico. *Revista Uruguaya de Psicoanálisis*, 4(1), 1-54.

Baranger, M. (1993). The mind of the analyst: from listening to interpretation. *International Journal of Psychoanalysis, 74*, 15-24.

Berenstein, I. (1991). Reconsideración del concepto de vínculo. *Psicoanálisis*. Buenos Aires, *13*(2), 219-235.

Cercas, J. (2016). *As leis da fronteira*. Lisboa: Assírio e Alvim.

Chasseguet-Smirgel, J. (1988). A feminilidade do psicanalista no exercício de seu ofício. In J. Chasseguet-Smirgel, *As duas árvores do jardim* (pp. 46-59). Porto Alegre: Artes Médicas.

Drummond de Andrade, C. (1998). *Sentimento do mundo*. São Paulo: Companhia das Letras.

Eizirik, C. L. (1993). Entre a escuta e a interpretação: um estudo evolutivo da neutralidade analítica. *Revista de Psicanálise*, Porto Alegre, *1*(1), 19-42.

Eizirik, C. L. (1996). Masculinidad, feminidad y relación analítica. In A. Alcorta de González, *Psicoanálisis en América Latina* (pp. 121-138). Monterrey: Fepal.

Eizirik, C. L. (2015a). *Analytic listening as the analyst grows older*. Trabalho apresentado em painel em congresso da IPA, Boston.

Eizirik, C. L. (2015b). The father, the father function, the father principle: some contemporary psychoanalytic developments. *The Psychoanalytic Quarterly*, *84*(2), 335-350.

Eizirik, C. L., & Lewkowicz, S. (2015). Contratransferência. In C. L. Eizirik, R. W. Aguiar, & S. S. Schestatsky, *Psicoterapia de orientação analítica* (pp. 310-323). Porto Alegre: Artes Médicas

Eizirik, C. L., Tech, S., & Barbisan, G. (2016). Countertransference in psychoanalytic psychotherapy of gender identity disorder patients. In C. Holovko, & F. Thonson-Salo (Eds.), *Changing sexualities and parental functions in the twenty first century* (pp. 177-192). London: Karnac, COWAP.

Erikson, E. (1980). On the generational cycle. *International Journal of Psychoanalysis*, *61*, 213-223.

Ferro, A. (2015). *Torments of the soul*. London, New York: Routledge.

Freud, S. (1969). Observações sobre o amor de transferência. In S. Freud, *Edição standard brasileira das obras psicológicas completas de Sigmund Freud* (Vol. 12, pp. 208-221). Rio de Janeiro: Imago. (Trabalho original publicado em 1915).

Glocer Fiorini, L. (2001). *Lo femenino y el pensamiento complejo*, Buenos Aires, Lugar Ed.

Glocer Fiorini, L. (2007). Reflexiones sobre la homoparentalidad: parentalidad en parejas homosexuales. In E. Rotenberg, & B. A. Wainer (Comps.), *Homoparentalidades: nuevas familias* (pp. 47-56). Buenos Aires: Lugar Editorial.

Glocer Fiorini, L. (2015). *La diferencia sexual en debate: cuerpos, deseo y ficciones*. Buenos Aires: Lugar Editorial.

Kancyper, L. (2012). Amizade de transferência. *Revista de Psicanálise da Sociedade Psicanalítica de Porto Alegre*, *19*(1), 25-48.

McDougall, J. (1998). Las soluciones neosexuales. In J. McDougall, *Las mil y una caras de Eros* (pp. 223-237). Buenos Aires: Paidós.

Pichón Rivière, E. (1985). *Teoria del vinculo*. Buenos Aires: Nueva Vision. (Trabalho original publicado em 1956-1957).

Puget, J., & Berenstein, I. (2001). *Psicoanálisis de la pareja matrimonial*. Barcelona: Paidós. (Trabalho original publicado em 1988).

Racker, E. (1973). *Estudios sobre técnica psicoanalítica*. Buenos Aires: Paidós.

Raphael-Leff, J. (2006). New reproductive realities: paradoxes, parameters, and maternal orientations. In A. M. Alizade, *Motherhood in the twenty-first century* (pp. 145-160). London: Karnac.

Rey, M. L. (2016). Nuevas configuraciones familiares: tiemblan las creencias? In P. Alkolombre, & C. Holovko, *Parentalidades y género: su incidencia en la subjetividad* (pp. 279-283). Buenos Aires: Letra Viva.

Rotenberg, E., & Agrest, B. (2007). *Homoparentalidades: nuevas familias*. Buenos Aires: Lugar Editorial.

Bibliografia complementar

Alizade, M., Abraham, L., Abramovici, R., Alvarez, R., López de Illa, O., Manuel, B., Simone de Pesce, S., & Tacus, J. (2003). Género y función familia: contribuciones teórico-clínicas. *Revista de Psicoanálisis*, 60(3), 727-739.

Alkolombre, P., & Holovko, C. (2016). *Parentalidades y género: su incidencia en la subjetividad*. Buenos Aires: Letra Viva.

Eizirik, C. L. (2004). Contexto histórico cultural de lo masculino y de lo femenino. In A. M. Alizade, & M. Araújo, *Masculino-femenino* (pp. 14-19). Buenos Aires, Cidade do México: Lúmen.

Freud, S. (1970). As perspectivas futuras da terapêutica psicanalítica. In S. Freud, *Edição standard brasileira das obras psicológicas completas de Sigmund Freud* (Vol. 11, pp. 127-146). Rio de Janeiro: Imago. (Trabalho original publicado em 1910).

Freud, S. (1972). Três ensaios sobre a teoria da sexualidade. In S. Freud, *Edição standard brasileira das obras psicológicas completas de Sigmund Freud* (Vol. 7, pp. 135-250). Rio de Janeiro: Imago. (Trabalho original publicado em 1905).

PARTE III
Violência sexual

.

7. O "complexo do vitimador"[1] e suas vicissitudes no abuso de crianças[2]

Joshua Durban

Tradução: Tania Mara Zalcberg

A saúde mental e a estabilidade de todas as sociedades se refletem na maneira como tratam seus membros frágeis e dependentes, aqueles que conduzem o futuro: seus filhos. Do ponto de vista psicológico, isso é muito importante, pois demonstra nossa capacidade de conter e avaliar mentalmente a diferenciação entre as gerações, entre os sexos, entre passado e futuro, entre forte e fraco, independente e dependente, experiente e ingênuo, nascimento e morte. Reflete o valor de desenvolvimento, esperança, experiência, preocupação, proteção e responsabilidade. Agressões às crianças são essencialmente agressões contra nós mesmos. Nesta apresentação, será descrito como a criança vive o abuso em seu mundo interno, dando origem ao que se denomina "o complexo do vitimador". A criança-vítima sente-se inconsciente e internamente mesclada e trancada para sempre com o abusador. O rompimento desse impasse pode ser vivido como ameaça à estabilidade e à

---

1 No original, o autor usa o termo em latim *victimator* [N.T.].
2 Trabalho apresentado na I Jornada sobre Abuso Sexual: Prevenção e Consequências para a Subjetividade, nos dias 1 e 2 de abril de 2016, na Sociedade Brasileira de Psicanálise de São Paulo (SBPSP).

sanidade da criança. Esse complexo envolve diversas identificações patológicas servindo como defesa contra ansiedades arcaicas e pode ocasionar comportamentos destrutivos tragicamente direcionados tanto à criança quanto ao seu ambiente.

Definições de abuso de crianças

Dito de forma simples, abuso de crianças são maus-tratos a crianças menores de 18 anos por genitor, cuidador, algum morador da casa ou alguém que trabalha com ou perto das crianças. É tudo que cause lesões ou coloque a criança em risco de dano, físico e psicológico. Pode ser físico (como queimaduras ou fraturas de ossos), sexual (como tocar partes íntimas ou incesto) ou emocional (como depreciação ou xingamentos). Quando o genitor ou o cuidador responsável não proporciona supervisão, alimento, vestimenta ou abrigo adequados ou outros elementos fundamentais para a criança, ocorre negligência. Abuso de crianças é qualquer ação (ou sua falta) que coloque em risco ou prejudique a saúde e o desenvolvimento físico, mental e emocional, podendo ocorrer de diferentes maneiras. Todas as formas de abuso e negligência são prejudiciais à criança e trazem consequências desastrosas não só para o indivíduo, mas para a sociedade como um todo.

Os tipos de abuso incluem:

- **Abuso físico:** bater, sacudir, queimar, morder, estrangular e não alimentar. É qualquer ferimento não acidental causado à criança.

- **Abuso psicológico:** abuso emocional e psicológico é falta de nutrição, de amor e de segurança à criança. Exemplos podem ser: desaprovação constante, depreciação e humilhação, excesso de provocação, isolamento, manter a criança em ignorância ou deixar de fornecer instruções elementares relativas aos fatos básicos da vida. Isso ocorre quando não se proporciona à criança o ambiente necessário para que se desenvolva mental e/ou emocionalmente.

- **Abuso sexual:** envolver a criança em qualquer atividade sexual com adultos ou crianças mais velhas ou mais fortes. Inclui acariciar de modo erótico, exibir partes íntimas, ato sexual, sexo oral e anal, forçar a criança a assistir a atos sexuais, incesto, pornografia. Nesse sentido, o excesso de exposição às mídias atuais e à internet representa uma ameaça real para as crianças.

- **Negligência:** privar a criança de necessidades básicas, incluindo alimentos, roupas, calor, abrigo, segurança e proteção física e emocional, assistência médica e odontológica, higiene, educação e supervisão.

- **Exploração:** exploração comercial ou qualquer outra refere-se a usar a criança para trabalho ou outras atividades em benefício de outros. Inclui, mas não se limita a: trabalho e prostituição infantil, tráfico de crianças ou crianças-soldados. Também inclui exibir a criança como objeto público de desejo (com frequência, sob interesses artísticos ou comerciais). Essas atividades se dão em detrimento da saúde física e mental, da educação e do desenvolvimento espiritual, moral ou socioemocional da criança (World Health Organization, 1999).

A definição de abuso de crianças (World Health Organization, 1999) da Organização Mundial da Saúde declara que a sobreposição pronunciada entre abuso de crianças na família e na sociedade exige a ampliação do campo de visão. Também reconhece que uma única definição de abuso de crianças não pode servir a todos os objetivos; por exemplo, uma definição que sirva para aumentar a consciência difere da que serve para prestação de serviços e tratamento, e a definição para fins legais difere da que serve para pesquisa. Por esse motivo, o diagnóstico deve ser adaptável e incluir descrições de tipos e classificações diferentes que podem ser adaptados e/ou expandidos ao que for adequado para o contexto.

Impacto do abuso de crianças em suas vítimas

O abuso de crianças tem consequências físicas e psicossociais graves que afetam a saúde de forma desfavorável. Refere-se a qualquer ação ou omissão que viole os direitos da criança e/ou ameace sua saúde, sua sobrevivência e seu desenvolvimento adequados.

O conhecimento de fatores culturais precisa permanecer elevado na medida em que influenciam todos os aspectos do abuso, desde ocorrência e definição até tratamento e prevenção bem-sucedidos. Qualquer intervenção, para ser bem-sucedida, precisa levar em consideração o ambiente cultural em que ele ocorre. Condições secundárias ou basais que ultrapassem o controle das famílias ou dos cuidadores, como pobreza, cuidados de saúde inacessíveis, nutrição inadequada e falta de acesso à educação, podem contribuir para o abuso de crianças. Revoltas e instabilidades sociais, conflitos e guerras também podem contribuir para o aumento de abusos e falta de cuidados às crianças.

Os efeitos do abuso na saúde mental das vítimas são complexos, destrutivos e duradouros (Trowell et al., 2002). Estudos de acompanhamento de crianças que sofreram abuso sexual, que investigaram tanto efeitos de curto quanto de longo prazo (Beitchman et al., 1991), concluíram que:

a) Crianças que sofreram abuso sexual têm maior probabilidade de desenvolver alguma forma de comportamento sexual inadequado, ou com distúrbios, que as que não sofreram abuso.

b) Quanto maiores a frequência e a duração do abuso sexual, mais pronunciado o efeito.

c) Abuso sexual de crianças que envolva penetração, ou abuso sexual perpetrado pelo pai biológico ou padrasto, está associado a pior prognóstico e maiores problemas psicológicos.

d) Crianças que sofreram abuso sexual vêm, mais provavelmente que as que não sofreram abuso, de famílias com maior incidência de separação ou divórcio, isolamento social, abuso parental de substâncias e distúrbios psiquiátricos.

Muitos pesquisadores (Cotgrove & Kolvin, 1996; Zanarini, Gunderson, & Marino, 1989; Brown & Anderson, 1991; McLeer et al., 1992, 1994) concluíram que há três efeitos duradouros principais inter-relacionados do abuso sexual de crianças (CSA):

1. **Sintomas psicológicos:** depressão, ansiedade, baixa autoestima, culpa, distúrbios de sono e fenômenos dissociativos.

2. **Distúrbios psiquiátricos:** depressão e ansiedade, distúrbios alimentares e distúrbios de personalidade *borderline* na idade adulta, problemas comportamentais como autoagressão, uso de drogas, comportamento sexual inadequado, fugas e distúrbios de conduta. Há prevalência de transtorno de estresse pós-traumático (TEPT).

3. **Problemas de relações sociais:** retraimento social, promiscuidade sexual e revitimização.

Estudos com vítimas de outras formas de abuso na infância trouxeram resultados muito semelhantes.

Significado psicanalítico de abuso e agressão na infância

Proponho que o abuso de crianças por comissão ou omissão, atos de violência física, sexual e emocional, exploração ou negligência é essencialmente um ataque onipotente contra a própria noção de infância como fonte potencial de esperança e de reparação futuras. Portanto, constitui uma ameaça contra o próprio tecido da sociedade e sua saúde mental. Ao mesmo tempo, reflete o estado inconsciente de cada sociedade.

Mas a infância não representa apenas esperança e desenvolvimento futuros. Em nível psicológico mais profundo, significa também capacidade de tolerar fraqueza, ansiedade, dependência, dor, necessidade e sentimentos ternos de amor e preocupação. O nascimento de uma criança é, portanto, o nascimento da luta constante, tanto no bebê quanto no genitor, para lidar com essas ansiedades e manter as funções continentes da mente. O abuso de crianças ocorre com frequência pela incapacidade de tolerar essas ansiedades primárias e a inundação, o desamparo, o ódio e a violência que muitas vezes provocam. O perpetrador ataca a criança enquanto representante do que não consegue tolerar em si. É a tentativa de "aniquilar a infância" aniquilando o bebê-na-criança-dentro-do-perpetrador.

Além disso, outra fantasia inconsciente comum no perpetrador é o ataque ao casal parental e à sua prole. Inveja primária e ciúme dirigidos à mãe interna, ao pai e à sua união são revertidos para a criança. Atacar a criança é, muitas vezes, atacar em fantasia o corpo da mãe, sua criatividade e a potência do pai. Ao violar a criança e as leis da natureza, o perpetrador, por assim dizer, exclui os adultos, os pais, do quarto da criança. Muitos perpetradores relatam ódio intenso aos pais reais. Tudo que se descreveu até aqui é projetado violentamente na vítima criança por meio do ato de abuso. A criança se torna o continente da ansiedade e da perversão do adulto.

Como resultado, a criança vítima de abuso sofre uma catástrofe interna em que os limites normais desmoronam. Confiança, esperança, crença em continência, continuidade e segurança são substituídos por violência e desespero. A criança internaliza, no cerne do seu *self* despedaçado, um objeto que não tolera nada que evoque infância. Noutras palavras, a vítima cresce como criança que se odeia e se ataca, ataca os outros e não acredita em limites, lei, continência, esperança, possibilidade de relação ou de mudança. A criança tenta bloquear sua mente (com frequência, tornando-se uma espécie de autômato que funciona de forma desmentalizada e com abuso de substâncias) e, assim, evitar a dor intolerável envolvida no reconhecimento da violência e do ódio que o adulto projetou para dentro dela. Por meio de uma cadeia de identificações malignas com o agressor,[3] transmite-se o abuso de modo transgeracional (Gampel, 1992, 1998) e se criam diversos círculos viciosos centrífugos e centrípetos em que abuso gera mais abuso de si e/ou de outros. Como as ocorrências de agressão à infância estão em ascensão ao redor do mundo, temos sérios motivos de preocupação.

As manifestações externas de abuso de crianças são abundantes e bem documentadas. Os processos internos envolvidos,

---

3 O mecanismo de identificação com o agressor tem sido amplamente descrito na literatura psicanalítica. A descrição do "complexo do vitimador" lida mais com as formações de conteúdos específicos de fantasias inconscientes, suas ansiedades subjacentes e sua influência na coesão do *self*. A principal diferença entre o complexo do vitimador e o abuso transgeracional é o nível anterior de diferenciação *self*-objeto envolvido e a natureza das ansiedades arcaicas mais primitivas incitadas, dando origem ao objeto vitimador.

118 O "COMPLEXO DO VITIMADOR" E SUAS VICISSITUDES...

contudo, ainda são um desafio para investigação e elucidação mais detalhadas. Esta apresentação pretende se concentrar no fenômeno interno que ocorre no abuso de crianças e que denomino "complexo do vitimador". Será descrito o resultado de trabalho psicanalítico feito em Israel por diversos colegas e por mim. Felizmente, em Israel, há muitos centros e instalações, a maior parte organizada e patrocinada pelo governo e pelo Sistema Nacional de Saúde, para detecção e tratamento de crianças vítimas de abuso, tanto jovens quanto adultos. Em muitos, o tratamento psicanalítico ainda é o modelo preferido de terapia.[4] Penso que a compreensão psicanalítica do que ocorre na mente da vítima (e também do perpetrador) pode contribuir para nossa compreensão dos diversos sintomas e da fenomenologia descritos pela pesquisa existente.

Desejo enfocar um possível fator, a relação interna com o perpetrador violento, abusivo ou negligente, que pode contribuir para a evolução e as manifestações de violência externa na vítima. Será demonstrada, por meio de material de caso extraído da análise de um jovem, a maneira desastrosa como a identificação com um "objeto vitimador" combinado – mescla destrutiva e confusa de perpetrador e vítima – pode apoderar-se de alguns processos de luto e conduzir a patologia grave e comportamento social aberrante. Assim, o

---

4 Há linhas telefônicas de emergência para crianças e adolescentes, abrigos abertos para as crianças irem e obterem tratamento com profissionais de saúde mental e ajuda legal, centros permanentes para tratamento grupal e individual das vítimas (e, às vezes, dos perpetradores) e equipes especiais de trabalho em escolas de Ensino Infantil e Fundamental para a detecção precoce de qualquer tipo de abuso. Nas escolas, há atividades especiais, em classe, que fazem parte do plano oficial de estudos, em que as crianças são encorajadas a discutir sentimentos, sonhos e fantasias, fazer desenhos etc., com a ideia de que a comunicação emocional franca facilita a confiança e o compartilhamento de "segredos". Outro achado interessante foi que o abuso frequentemente acontecia em lares nos quais a criança e seus pais não brincavam. Começaram a funcionar centros de recreação especiais para pais e crianças, com bons resultados.

complexo do vitimador é responsável por círculos centrífugos e centrípetos de influência levados para a sociedade e de volta para a vítima. O foco será como a identificação com o "objeto vitimador" pode conduzir a luto assassino. Isso acontece quando a elaboração fracassa em virtude da overdose de ansiedades-de-existir suscitadas por ameaças concretas à criança vindas do ambiente externo.

Joseph

Será apresentado material clínico que contém muitos temas discutidos até aqui. Joseph veio para terapia depois de terminar o serviço militar obrigatório. Estava constantemente drogado, envolvido em comportamento sexual compulsivo, violento, indiscriminado e aditivo e era assombrado por pesadelos e ansiedades. Ele se descrevia como vazio, entediado e apático, sem sentido nem direção na vida. Relatava comportamento cruel, às vezes sádico, com suas parceiras e seus cachorros e gatos de estimação. Quando criança, teve uma sucessão de cachorros que foram vítimas de descuido, acidentes aleatórios ou ferimentos causados por ele. Joseph e a irmã gêmea perderam os pais quando eram muito novos. Enquanto a irmã manteve os pais vivos em sua memória e sua preocupação, Joseph os apagou da mente consciente quando foi adotado por parentes. Chamava os pais adotivos de mamãe e papai, sem qualquer lembrança anterior da infância. Passou a vida no que denominou "piloto automático" e se descrevia com "morto-vivo, um zumbi". Ele cresceu de um jeito aparentemente bem-sucedido, em um rico subúrbio de Tel-Aviv. Aos 6 anos, os pais adotivos o encaminharam para terapia em virtude de enurese e masturbação compulsiva. A terapia durou um ano e terminou quando os sintomas desapareceram. A irmã gêmea mudou-se para um *kibutz* na puberdade e cortou os laços com a família adotiva, mas manteve contato com Joseph. Quando perguntei a Joseph o motivo, ele disse que não se lembrava. Pensava que fosse pelas brigas constantes da irmã com a mãe adotiva.

Aos 18 anos, Joseph foi recrutado por uma unidade de elite do exército israelense. A princípio, sentiu-se eufórico e poderoso por pertencer a essa unidade – reforçava seu senso de pertinência, coesão e determinação. Após um ano na Faixa de Gaza, no entanto, e de estar sujeito a inúmeros ataques letais seguidos por ações retaliatórias da sua unidade, ficou cada vez mais entorpecido. "Eu funcionava no piloto automático, como se fosse outra pessoa. O truque é não pensar muito, melhor nem pensar". Na época, começou a usar analgésicos e diversos narcóticos. Sentia-se "meio-morto", mas também achava que "isso endireitava as coisas novamente". Logo depois, começou a se sentir bem e "esqueceu tudo".

As sessões eram repetitivas, cansativas e parecia haver buracos na memória e na comunicação. Muitas vezes, Joseph esquecia as sessões ou chegava muito atrasado. A consciência de tempo e espaço era problemática. Queixava-se de "perder tempo", tinha muitas quedas e esbarrava nos objetos. Dizia muito pouco e me olhava friamente. As interpretações eram recebidas com um encolher de ombros e "sei lá". Notei, porém, que ficava muito alerta a cada movimento meu e, diversas vezes, comentou minha respiração lenta: "Quase não se ouve – você está vivo?". Ele se ressentia da minha proximidade e empurrava a cadeira para se distanciar de mim. Após cerca de um mês, sugeri que começássemos análise, esperando que o *setting* continente e a situação analítica permitissem que algo novo nascesse do frio mortal, da evitação e da paranoia que saturavam Joseph. Ele aceitou minha oferta com um encolher de ombros indiferente e um consentimento complacente: "Se isso faz você se sentir bem, então faça", ele disse. Interpretei essa reação inexpressiva à minha oferta dizendo que, provavelmente, ele sentia que eu lhe oferecia uma espécie de adoção e, novamente, não tinha escolha a não ser aceitar – funcionando no automático, sem pensar. Ele também imaginava que eu o usasse para minhas necessidades egoístas (para me sentir bem). Sugeri que, embora uma parte dele ansiasse por mudanças em sua situação mortífera, outra parte encolhia os ombros querendo dizer que não importava se ele estava morto ou vivo. Havia outra parte ainda que necessitava de ajuda, mas também precisava se esconder de mim.

E, assim, a análise começou. Aos poucos, Joseph começou a trazer histórias do tempo que servia como oficial nos territórios ocupados. Todas as histórias tratavam de matança, assassinato, abuso aos fracos e sadismo – em ambos os lados. Havia a ausência conspícua de medo ou culpa, ainda que muitas situações fossem extremamente perigosas, letais ou moralmente erradas. Joseph me contou algo que ele e os companheiros chamavam de "caça aos patos" (*duck-hunting*). Eles se escondiam em telhados, apontando para casas supostamente suspeitas de atividades terroristas, e atiravam nos transeuntes: homens, mulheres e crianças. "Eu estava fora de mim", ele contou, "Não sentia nem me importava com nada. Minha única emoção era o desejo de que desaparecessem da vista, que sua fraqueza e seu medo não me irritassem nem me fizessem querer vomitar". Em outra ocasião: "Não há nada como ver uma pessoa viva, respirando num instante e, depois que a bala esmaga sua cabeça, ela desaparece, como se nunca tivesse existido. É uma viagem poderosa. Você vira Deus". E então: "Nada é mais irritante que os choros histéricos de mães e seus filhos".

Ele contava essas histórias de horror e abuso ao mesmo tempo que eu, dentro de mim, lutava contra ondas de choque, náusea e hostilidade. Eu também me angustiava muito quanto ao destino da análise. Deveria denunciá-lo às autoridades?[5] (Como se eu quisesse

---

5 Segundo a lei israelense sobre psicoterapia, mantém-se total sigilo, a menos que se saiba de crimes que estejam para ser cometidos no futuro. A razão de a

secretamente que ele fosse tirado de mim e adotado pelo estado.) O que aconteceria se, algum dia, ele decidisse matar a mim ou a outros pacientes? Apesar dessas ações deliberadas e extremamente assassinas não terem sido denunciadas na ocasião por organizações israelenses ou internacionais de direitos humanos nem, com certeza, as levadas a cabo por unidades inteiras de combate, vi-me perdendo a capacidade de discriminar entre realidade e fantasia, entre minhas próprias reações e as induzidas por Joseph, entre Joseph e suas vítimas. Era muito difícil manter em mente a possibilidade de que fosse um esforço para me chocar com esses impulsos sádicos intoleráveis ou com sua ficção pós-traumática profundamente disfarçada. Foi necessário um esforço mental grande para me conectar com meus objetos internos bons e superar sentimentos contratransferenciais que tinham a ver com minhas próprias ideologia e história. Apesar de eu não ter servido em unidades de combates e a maior parte do meu serviço militar ter sido na inteligência israelense, precisei recordar que as Forças de Defesa de Israel, que eu conhecia, eram muito diferentes e geralmente bastante humanas. Além do mais, meus pensamentos eram desviados para argumentação política justapondo crenças de esquerda e de direita como possibilidade e justificativa para essas ações brutais. Eu sentia dentro de mim uma cisão interna que, muitas vezes, desmoronava para confusão geral. Enquanto ficava absorvido nesses pensamentos, sentia que Joseph e eu estávamos escapulindo do contato analítico. Eu percebia que Joseph tentava disparar em mim uma espécie de reação na transferência, que me entupiria e impediria que minha mente visse realmente o que acontecia dentro dele, ou o que acontecia nele para provocar esse tipo de comportamento. Eu sentia que ele me transformava em vítima confusa, assustada,

---

lei israelense proibir alertar as autoridades não é simplesmente pela natureza de sigilo ou confidencialidade, mas também porque se supõe que o que se escuta pode ser fato ou fantasia, ou um amálgama de ambos.

desamparada e desmentalizada das suas histórias; "caçando" (*duck--hunting*) minha mente e meus sentimentos ternos ou, alternativamente, arrastando-me para seus sentimentos assassinos onipotentes. Compartilhei com ele essa compreensão. Ele respondeu bem calmo: "Bem, com certeza. Acho que você pode lidar com isso. Ouvi falar do seu trabalho com crianças moribundas. Então, você, como eu, deve amar a morte. Somos dois do mesmo tipo". Essa tentativa de unir-nos a ambos com força mortal, sádica e destrutiva, enquanto denegria e esvaziava de significado tudo que me era caro, paralisava-me ainda mais. Antes do atendimento, eu descrevia o que sentia como "rumo ao abuso", eu ficando apenas sentado lá e deixando-o fazer comigo o que bem quisesse.

Naquela época, aos poucos, tomei consciência do que se transformaria em atividade mental concomitante, dentro de mim, durante a análise de Joseph. Cada vez mais, em nossas sessões, eu era arrastado para um tumulto interno em que uma multiplicidade de vozes, identificações e memórias inundavam meu pensamento, deixando-me confuso e, às vezes, quase desligado da presença ou das palavras de Joseph. Eu cresci numa cidade árabe-israelense e passei o início da minha infância em meio à população árabe. Eu alternava, com bastante intensidade, entre minha identificação com o *ethos* israelense e as boas memórias de infância das famílias árabes da minha vizinhança, amigos e colegas dos meus pais. Às vezes, eu reagia às histórias de Joseph (uma história recorrente era de como, num posto de controle, ele tinha separado, de forma cruel, uma grávida do seu marido enquanto os outros filhos choravam) com ódio e horror – como se ele estivesse matando minha própria mãe (a psicanálise) ou pai, atacando a união deles, transformando-os em monstros agressivos e destruindo a possibilidade de criar qualquer coisa nova, comigo como testemunha criança desamparada e desesperançada. Percebi que era a agressão total a todos os meus objetos internos bons.

Num determinado dia, enquanto me contava como, em certa ocasião, focalizara seu alvo numa criança que jogava pedras nos soldados, vi-me pensando naquela criança que, praticamente, estava dentro dele, aterrorizada de morrer. Escutei-me dizendo a Joseph: "Estou me perguntando, Joseph, que criança você tenta esconder do meu alvo aqui. Que criança, bem dentro de você, está com medo, aterrorizada, sentindo-se fraca e ameaçada porque durante anos outra parte sua tentava matá-la". Então, acrescentei: "Mas a criança se recusa a morrer. Ela continua jogando pedras, mesmo sabendo que não tem chance. Talvez, apesar de tudo, ela ainda tenha uma tênue esperança de que chegue alguém para ajudá-la". A reação dele à minha interpretação foi dramática. Começou a chorar e vomitou. Estava em estado de choque evidente; tentei acalmá-lo enquanto limpava o divã sem pressa e oferecia minha ajuda. Ao final da sessão, Joseph fugiu correndo da clínica e eu fiquei confuso.

Após essa sessão, um período pouco característico de trabalho produtivo revelou o que ele tentava esconder, uma criança ansiosa, em pânico, que perdera seu mundo. Essa criança encontrara uma solução ao excindir toda fraqueza, necessidade ou dependência e tentara aniquilá-las. Esses ataques o levaram a um estado em que ele vivia como robô ou alienígena, em estado de congelamento, como se, na realidade, ele não existisse, cercado por um ambiente em que se sentia tanto perseguidor e perigoso quanto desprezível. Joseph, aos poucos, começou a fazer o luto dos pais biológicos, por si e pelas vítimas que imaginava ter matado. Ao mesmo tempo, surgiram novas memórias.

A princípio, eram imagens fugidias, devaneios ou quase-alucinações. Mas, com o tempo, tornaram-se cada vez mais reais. Ele se via na cama da mãe adotiva, sem a irmã, imprensado contra seus seios e sentindo a mão dela acariciando-o entre as pernas. Ele a ouvia respirar pesadamente e a voz dela dizendo: "Veja, não é agradável e calmante?". Ele se lembrou também de que ele e a irmã se aconchegavam na cama tentando consolar-se, acariciando-se mutuamente e fazendo sexo oral. Enquanto o significado dessas memórias era evidente para mim, do ponto de vista cognitivo, ele permanecia emocionalmente indiferente e remoto. No entanto, ele reuniu força e motivação suficientes para conversar com a irmã, que corroborou as memórias dele com as dela.

Nesse momento, ele começou a trazer muitos sonhos para a análise. Descreverei alguns, na mesma sequência em que ele os sonhou, juntamente com minhas principais interpretações.[6]

No primeiro sonho, ele vinha ao centro comunitário onde havia um ginásio com um relógio grande na parede. O ginásio virou uma piscina. Algumas pessoas preparavam uma dança, mas ele não conhecia os passos. Estava de pé com roupa de natação e óculos de mergulho, olhando inexpressivamente para a piscina, que parecia um buraco escuro, com medo de se afogar.

No segundo sonho, ele andava na rua. Viu homens musculosos vestindo fraldas e estuprando uma menina. Quando se aproximou, viu a menina sendo estuprada com um bebê que os homens estavam segurando. Não ficava claro para ele quem estava sendo estuprado – o bebê ou a menina. No meio disso, a menina se transformou em boneca de borracha e todo o ar dela escapou. Ele participava sem participar.

---

6 Explico em detalhes os sonhos de Joseph não só por sua importância óbvia na metodologia e no tratamento psicanalítico, mas também porque, muitas vezes, sonhos são a via de acesso para as crianças vitimadas recordarem, repetirem e elaborarem o trauma. Os sonhos e o brincar são testemunhos iniciais. Tanto que, em recente decisão inovadora da Suprema Corte de Justiça de Israel, no caso de uma mulher que sofreu abuso sexual do pai quando criança, os juízes aceitaram como evidência válida, dentre uma matriz mais ampla de evidências materiais coligidas, a documentação dos seus sonhos de infância que ressurgiram durante a psicoterapia.

No terceiro sonho, Joseph estava dentro de uma mansão enorme, vendo tudo a partir do ponto de vista de uma criança. De repente, um homem gordo e nojento chegou, um tipo autodestrutivo, em uniforme militar, fumando. Esse homem queria brincar com as crianças, mas, na verdade, interferia na brincadeira deles e as assustava.

Interpretei que, nesses sonhos, Joseph expressou seu desejo de prantear, juntamente com seu pavor de vivenciar perda e dor, que ele transforma usando defesas maníacas numa vivência perversa, sádica e abusiva. A análise é percebida, primeiro, como uma espécie de ginásio, que poderia torná-lo forte e resiliente. Deveria proporcionar-lhe um senso de continuidade, muscularidade e realidade, simbolizado pelo relógio grande na parede (como o da minha clínica). No entanto, essas conexões à realidade de tempo, transigência, morte, espaço e corpo o assustam, pois ele prefere "não saber os passos". Ele prefere esvaziar sua mente. Se ligar-se à piscina das suas memórias inconscientes, ele se afogará no que percebe como o buraco escuro dentro. Nesse estágio, ainda sou vivido como a piscina ameaçadora, que poderia fazê-lo se liquefazer. Essa liquefação, derramamento ou dissolução aconteceu-lhe três vezes: primeiro, ao perder os pais. Segundo, quando sofreu abuso da mãe adotiva. Joseph, então, disse que esse sentimento "aquoso" também se associava em sua mente ao prazer que sentia culposamente quando se masturbava ou tinha atividade sexual com a irmã. "Eu a machucaria depois e a mim também para fazer isso desaparecer". Além do mais, ele lembra que uma vez se apaixonou por uma menina, na escola, mas esse "apaixonamento" o fez se sentir invertebrado e fraco e ele o resolveu tornando-se tão extremamente sádico com a menina que ela precisou mudar de escola.

O rápido vislumbre que ele teve dessa ansiedade muito primitiva de dissolver e perder a forma foi rapidamente deixado de lado e encoberto por agressividade e tentativas fracassadas de cisão. Ele então prossegue, no segundo sonho, a me contar as sensações anteriores, tanto como bebê estuprado quanto gangue de estupradores. Nesse caso, sua tendência assassina assume uma forma consciente deliberada. Ele exibe duas das principais defesas do luto assassino, ou seja, erotização inadequada como forma de solidificar o *self* despedaçado e vitória sádica desdenhosa sobre o objeto perdido abusado indefeso. Ao mesmo tempo, descreve suas fantasias inconscientes a respeito de ser um bebê estuprador monstruoso, que anseia entrar dentro de mim mas teme a possibilidade de me esvaziar de todo o conteúdo e me transformar de sujeito em objeto. Aqui, é possível ver culpa primária, embora dirigida por um superego assassino, em relação à mãe, que, conforme sente, ele matou. Simultaneamente, ele é a menina estuprada cujo interior está sendo invadido e aniquilado pelo casal parental abusivo (depois, ele pensou que havia dois estupradores). Sua solução inicial, que ele ainda mantém, é viver a vida "participando sem participar". Nesses dois primeiros sonhos, é possível ver a formação do complexo do vitimador.

No decorrer do seu desenvolvimento traumático, a partir de fragmentos excindidos, Joseph criou um objeto combinado que substituía o casal edípico primitivo. Esse objeto combinado monstruoso consistia em mãe fraca estuprada e pai destrutivo assassino que queria matar seus filhos (como no terceiro sonho). A relação de Joseph comigo era uma combinação dos dois. Às vezes, ele caçoava de mim, chamando-me de fraco e maricas. Ele conversava comigo e não obtinha qualquer resposta, como se eu não tivesse nada dentro ou, alternativamente, pudesse ser usado por ele como boneca sexual inflável. Ele me agredia com histórias intermináveis de assassinato, abuso, excrementos, sexo sem proteção com mulheres e homens, direção imprudente e perigoso abuso de drogas, quase suicida. Essa figura destrutiva se reforçou e legitimou assim que ele vestiu uniforme militar e começou a "brincar de soldado".

Na verdade, essa foi a perpetuação do seu abuso anterior em que, para ter paz e calma, ele precisou lutar e matar. Assim, a confusão entre bom e mau se repetiu, bem como a confusão que ele viveu, durante o abuso, entre consolo parental e excitação sexual abusiva.

Nesse período da análise, Joseph também estava aterrorizado comigo como continente e representante da morte abusiva (ele se referia a mim, com frequência, como "Sr. Morte", cujos pacientes, no fim, morriam todos), sentindo literalmente que a análise o mataria. Ele temia que eu o fizesse voltar para o berçário, para os momentos terríveis em que, aos três anos de idade, ele foi tomado por morte mental, personificada no homem gordo fumante, nojento e autodestrutivo. Em suas associações, ele ligou esse homem fumante ao uso de drogas e à letalidade. Contou-me que, a princípio, sentia que as drogas iriam "endireitar as coisas", mas, na verdade, elas se mostraram apenas mortíferas. A identificação com o objeto vitimador e a transformação em *performer* irracional do mal eram intensamente sedutoras, na medida em que prometiam uma espécie de "reparação negativa". Senti que ele me checava para ver se eu era suficientemente forte para lhe possibilitar reparação positiva verdadeira: uma vida interior não destrutiva em que pudesse se reunificar consigo próprio.

Então, Joseph trouxe o seguinte sonho, que foi um ponto de virada na análise. Ele caía de um avião, nu, com a pele descascando, perto de uma praça central de Tel-Aviv. Na realidade, essa praça já tinha sido um lugar moderno e atraente, mas, com o passar dos anos, deteriorara-se e se tornara lugar de decadência e crime. Em seu sonho, a praça estava em escombros, após ter sido pesadamente bombardeada. Ele se vê num skate, correndo desenfreadamente, sem controle nem freios, como numa montanha-russa. Ficou em pânico. Passou correndo por um estacionamento convertido em conjunto de cavernas e túneis subterrâneos. Descia rapidamente, quase incapaz de parar. De repente, sentiu uma espécie de presença atrás dele, como uma figura invisível que o apoiava e se inseria nele. No fundo do túnel, havia animais selvagens abatidos, mutilados e esquartejados. Ele quase não conseguiu reconhecê-los: um tigre, um leão e um urso. As bocas estavam escancaradas e, ao redor, havia rios de sangue. Alguém, talvez essa figura protetora atrás dele, explicou--lhe que não foi culpa dos animais. Outros skatistas, que passaram por ali antes, não conseguiram frear e mataram os animais. Joseph, de repente, notou os cadáveres de muitos skatistas.

Falei a Joseph que, nesse momento, talvez ele pudesse sentir minha presença atrás do divã não tão ameaçadora, finalmente estamos prontos para deparar com esses restos mutilados, destruídos. No sonho, ele pôde voltar ao momento assustador em que seu mundo se despedaçou (o desastre de avião) e ficou nu, com a pele descascando, a boca congelada em um grito escancarado. Nesse momento, talvez, em que ele permitiu a continência da análise, começamos a perceber a bela criança, forte e fantástica, que ele tinha sido. Como ele era antes de ter perdido o controle e ser invadido por um vazio subterrâneo – o buraco negro interior. E, principalmente, pudemos compreender sua culpa por coisas terríveis (todos os cadáveres), pelas quais deveria assumir a responsabilidade. Sugeri também que a solução que ele encontrara quando criança, ao sentir que perdera os freios e que, com sua perda, sua vida poderia acabar, tinha sido ser penetrado, de forma passiva, por um adulto abusivo como protetor e, assim, obter certa sensação de segurança. Todos os animais e os skatistas tinham morrido, mas ele, uma vez unido à morte a partir de trás, poderia continuar vivendo. No sonho, ele tentava cindir minha imagem em duas. Por um lado, sou a figura protetora que proporciona proteção e perdão (não foi culpa dos animais). Por outro, ainda sou o vitimador que afinal o mataria, como aos outros skatistas.

Durante esse período da análise, uma camada mais profunda de ansiedades veio à tona. Essas ansiedades só puderam surgir após Joseph ter certo *insight* sobre sua identificação com o vitimador interno. Essa identificação o protegera das ansiedades intoleráveis-de-ser. Joseph relatou sentimentos de queda, desmoronamento e perda de todo sentido, esvaziamento da vida e desintegração corporal. Ele não acreditava que as coisas mudassem. Perdera toda esperança de reparação interna ou externa. Atrasava-se ou perdia as sessões. Falava incessantemente, de modo difícil de seguir, ou deitava-se no divã, tremendo e chorando silenciosamente. Percebi-me pensando em qual seria o sentido de tudo isso, sentindo que as palavras tinham perdido o significado. Eu sentia frio, abraçava-me e, às vezes, imaginava que estava abraçando Joseph. Embora estivéssemos no meio de agosto e o calor fosse sufocante, Joseph se cobria com um cobertor, tremendo, como se só isso pudesse mantê-lo coeso.

Três anos e meio após o começo da análise, Joseph decidiu parar. Nesse meio tempo, ele encontrou o caminho para uma nova forma de reparação por meio de uma atividade artística intensa e um pouco maníaca, com um grupo de israelenses e palestinos que excursionavam pelo país e pela Europa. Tive sentimentos complexos. Por um lado, percebi que ele precisava ir embora antes de a análise alcançar a idade em que ficara órfão e, subsequentemente, fora abusado. Era como se ele quisesse salvar a si e a mim do que ele considerava seu destino mortífero. Por outro, senti como se fosse um fracasso total. Percebi que eu fazia o luto por Joseph e pela perda da análise. Talvez esse fosse o objetivo – ver-me enlutado enquanto ele ainda estava vivo, ou talvez abusar de mim, me matar e me trazer de volta à vida. Essa forma de reparação maníaca, mágica e obsessiva seria válida?

Poucos anos depois, Joseph voltou à análise. Parecia mais velho e mais triste: "É bom ver você", ele disse ao entrar na sala, e acrescentou, um pouco ameaçador: "Bom ver que você ainda está aqui, vivo e bem e que sua sala parece exatamente a mesma". Contou-me que vivia com a namorada e esperavam o primeiro filho. Dessa vez, estava atormentado por ansiedades de morte relativas a si, a seu filho e à mãe da criança. A culpa inconsciente e o medo eram muito intensos. Suas atividades reparatórias maníacas tinham diminuído e eram substituídas aos poucos por sofrimento psíquico, remorso e tristeza. Senti que algo dentro dele mudara, como se tivesse sido aliviado de um fardo intolerável. Respondendo aos meus pensamentos silenciosos, Joseph disse: "Você me ajudou com meu passado. Agora preciso que me ajude com meu futuro". Retomamos nosso trabalho.

Conclusões

Quando uma criança sofre abuso, ocorrem simultaneamente diversos processos internos inter-relacionados:

1. Há a ruptura da confiança e de limites, corporais e mentais, resultando em estado de choque confusional. A confusão é entre continente e contido, adulto e criança (já que a criança pode vivenciar a si própria como receptáculo concreto das necessidades e dos desejos do adulto), *self* e objeto, dentro e fora, mente e corpo, certo e errado, verdadeiro e falso. Há confusão entre dor, prazer, relacionamento, acompanhada de culpa e vergonha consciente e inconsciente. O paciente sente a confusão de forma aguda como desrealização e despersonalização. O analista também pode senti-la na contratransferência como confusão, incredulidade e desligamento.

2. A criança vivencia esse colapso como inundação de estímulos, pois o objeto de confiança, regulador e responsável (o seio e sua união com o pênis), transforma-se em

objeto agressor-excitante, incapaz de se regular e conter. Além disso, há a destruição dos objetos internos bons, que deixa um buraco ou vazio. Há também o rompimento dos limites adulto-criança sentido como traição e como mentira. A crença da criança na verdade emocional e relacional se despedaça.

3. No abuso de crianças, o vínculo corporal primário com o corpo da mãe, responsável por proximidade, continuidade, tempo, espaço e experiência emocional (Horowitz, 2009/2016) é pervertido e estilhaçado. Isso é verdadeiro mesmo nos casos de o adulto ser do sexo masculino.

4. A criança tenta se defender com a ajuda de cisão maciça e identificação projetiva, repressão e dissociação que falham repetidamente.

5. O fracasso da cisão traz à tona ansiedades-de-ser mais profundas e arcaicas relativas aos sentimentos de existência ameaçados como entidade vinculada e diferenciada. Essas ansiedades antecedem e substituem as ansiedades esquizo-paranoides. Incluem: derramar, dissolver, liquefazer, despedaçar, perder a pele, congelar, queimar, perder a orientação e cair (Winnicott, 1965; Tustin, 1972). Os analistas podem vivenciar todas essas ansiedades impensáveis em certos momentos da análise. Além disso, trabalhar nessas áreas requer uma técnica adequada que não se baseie principalmente em interpretações verbais, mas em presença sintonizada e não intrusiva.

6. O vazio interno criado pela destruição dos objetos bons e da relação da criança com eles cria um vácuo. O vácuo dá origem a terror e angústia sem nome. Estes são rapidamente substituídos por um objeto abusivo-mortífero para evitar fragmentação. As ansiedades de morte são, então,

mitigadas pela identificação com o abusador. O indivíduo, em fantasia inconsciente, é inoculado e se fusiona com um objeto combinado que consiste na mistura confusa de partes infantis destruídas e um objeto violento que promete nutrição e cuidado. Esse vitimador onipotente idealizado promete aniquilar o sofrimento psíquico, a culpa e a vergonha. Torna-se idealizado, servindo como núcleo gravitacional dentro do *self*. A criança se sente incapaz de se separar ou se diferenciar desse vitimador.

7. Sempre que se perturba a organização patológica estabelecida com o vitimador, a criança é inundada por comportamentos e sentimentos assassinos opressivos. Esses comportamentos e sentimentos levam à tentativa de evacuar o objeto vitimador em outro objeto percebido tanto como fraco quanto como ameaçador, perigoso em seu desamparo. O objetivo é livrar-se de todos esses sentimentos infantis de desamparo enquanto, ao mesmo tempo, se identifica com o objeto-vitimador (Durban, 2010) triunfante, tirânico e protetor. Como tal, o estado de luto assassino que se descreve constitui uma organização patológica especial (Steiner, 1993). É composto de relações perversas de objeto com um perpetrador-vítima como objeto nuclear organizador, cujo objetivo é impedir, simultaneamente, a intensa dor psíquica envolvida em perda e luto (Joseph, 1989) e a desintegração. Tem o objetivo de destruir os sinais vitais infantis da vida, ou seja: sentimentos ternos de necessidade, dependência, preocupação, nostalgia e amor. A obliteração desses sentimentos leva à destruição da criatividade, do pensar e do teste da realidade. Manifesta-se clinicamente em sentimentos de vazio, de entorpecimento psíquico e de duplicação (Lifton, 1983) – alternados com ódio à realidade, idealização e desprezo maníacos, inveja intensa e autodestrutividade.

8. O objeto vitimador é projetado de forma cuidadosa e desmentalizada para dentro de objetos escolhidos por sua vulnerabilidade e o drama do abuso é reencenado por meio deles.

9. Sair do complexo do vitimador provoca culpa, vergonha e humilhação e desencadeia ansiedades primitivas. Ver, e ser visto por outros, causa muita dor psíquica, algo que, com frequência, empurra a criança de volta para a posição do vitimador.

Desejo ressaltar que pode haver diferenças entre vítimas dos sexos masculino e feminino. Nas vítimas crianças do sexo masculino, há mais manifestações atuadas da destrutividade do objeto pai-vitimador. As vítimas crianças do sexo feminino tendem a dirigir essas manifestações **contra si**. Além disso, elas sofrem muito mais de ódio contra a mãe vivenciada como fraca, passiva ou "mãe morta" (Green, 1983/1986). Com frequência, a menina sente que serve como "criança-preservativo" – impedindo que haja penetração do pai na mãe e tornando-se continente do ódio simultâneo de ambos os pais, um contra o outro, e dos desejos insatisfeitos deles. Esse ódio inconsciente da mãe e do seu corpo leva a ataques a produtividade, fertilidade, feminilidade, relações potenciais e maternidade das meninas.[7]

Da perspectiva do "complexo do vitimador", uma das tarefas fundamentais para a cicatrização do trauma do abuso é permitir a diferenciação entre o perpetrador e a vítima. Só então a separação do objeto vitimador se torna possível. Nesse caso, a psicanálise desempenha papel central. Pesquisas recentes mostram que, enquanto a terapia individual centrada no trauma ou comportamental é muito

---

7 Comunicação pessoal com Schumacher, B., em 2015.

útil para aliviar sintomas do TEPT (em comparação a intervenções grupais e outros modelos de tratamento), a terapia psicanalítica funciona melhor para estabilizar, em longo prazo e de forma ampla, resultados positivos e transformações profundas. A vítima fica livre para amar, trabalhar e criar.

Um fator fundamental para conseguir transformações na análise de vítimas de trauma na infância é a "função de testemunha do analista". A análise institui um espaço intrapessoal e interpessoal em que a vítima pode prestar testemunho do que ocorreu. Em artigo recente importante, "When language meets the traumatic lacuna" (Quando a linguagem vai ao encontro da lacuna traumática), a psicanalista israelense Dana Amir (2016) descreve modos diferentes de testemunho do trauma:

> *Experiências traumáticas com frequência ativam processos psíquicos de autoaniquilação. Sua "acidez" cria "buracos psíquicos" que absorvem as substâncias traumáticas intoleráveis juntamente com o sujeito que as contém, ao ponto do colapso total das barreiras internas. (p. 620)*

Esse colapso das barreiras deixa o sujeito aprisionado num território em que os conteúdos traumáticos não são digeridos nem elaborados, mas permanecem como "identificações rudimentares" (Roth, 2015). Como defesa contra a aniquilação, as memórias traumáticas permanecem "congeladas" e inacessíveis. "A única chance de recuperação dessa situação está na possibilidade de depositar as substâncias traumáticas em outro sujeito que elas não conseguem aniquilar. Esse é o cerne do testemunhar" (Amir, 2016, p. 620).

Amir traça três modos de testemunho traumático, que se distinguem uns dos outros pelo grau de motilidade psíquica que conseguem formar em relação às memórias traumáticas. O mais

136 O "COMPLEXO DO VITIMADOR" E SUAS VICISSITUDES...

desenvolvido, chamado modo "metafórico" de testemunho, imita o movimento análogo que as metáforas criam em linguagem, mantendo simultaneamente dois quadros de referência, o da vítima (o eu que vivencia) e o da testemunha (o eu narrador). Os outros dois modos, o "metonímico" (primeira pessoa apenas) e o "psicótico" (que ataca todos os vínculos entre o *self* e o trauma), diminuem aos poucos sua capacidade de manter em mente as memórias traumáticas de maneira que permitam transformação e cicatrização. O cerne da análise se baseia na tentativa de capacitar a mudança crucial dos modos metonímico e psicótico de testemunho para o metafórico, que é a única força passível de transformar a lacuna traumática em força criativa. A linguagem da psicanálise contém todos esses níveis diferentes e os transforma dentro da transferência em possibilidade de autorreflexão e metáforas. Quando essa transformação começa a ocorrer, com os sonhos desempenhando um papel vital, o paciente se liberta para fazer o luto.

Talvez o efeito mais grave do abuso de crianças, que impede o desenvolvimento e a saúde posteriores, seja a incapacidade de a vítima fazer o luto. Em crianças vítimas, encontra-se o luto assassino em que o ódio e a inflição de dor a si própria ou aos outros substituem a experiência de dor psíquica. Brendan McCarthy (1988) escreve:

Vítimas de incesto frequentemente exibem sentimentos muito intensos e até opressivos de ódio. Para elas, administrar esse ódio é a principal tarefa; o ódio pode dirigir-se ao ofensor ou à mãe que não percebeu. Pode ser generalizado e dirigido contra todos os homens (ou mulheres); e geralmente inclui as agências de proteção à criança que não protegeram. É proeminente na atitude da vítima as profissões que oferecem aconselhamento, terapia ou análise. Pode também ser projetado de forma massiva, e o paciente sente ódio de todos e, como consequência, vive uma vida restrita. (p. 113)

Muitas vezes, o analista também vive esse ódio.

O trabalho do luto é a tentativa de afastar esses ataques mortíferos à psique por meio da manutenção de um senso de existência enquanto tolera esse vazio, reencontra um continente psíquico seguro e restabelece o senso de sentido e confiança no *self* e no outro. Isso só pode ser conseguido quando houver a presença externa e interna de um outro vivo ou, nas palavras de Anne Alvarez, "uma companhia viva" (Alvarez, 1999). Isso está intimamente relacionado com a capacidade de sustentar e manter um objeto bom materno interno e a possibilidade de uma mãe e um pai amorosos reunidos. Diante disso, há um lugar inestimável para o analista e o processo analítico, que, simultaneamente, sustenta, contém e promove relações de objeto e, assim, circunda e limita o vazio, dá-lhe forma e o preenche de significado, possibilidade de relação e verdade. Essa múltipla função analítica expande os processos de reparação e permite a transformação do abuso e do desespero em possibilidade de um mundo para a criança no qual, afinal, possa haver preocupação, amor e esperança.

Referências

Alvarez, A. (1999). *Live company*. London: Routledge.

Amir, D. (2016). When language meets the traumatic lacuna: the metaphoric, the metonymic and the psychotic modes of testimony. *Psychoanalytic Inquiry, 36*(8), 620-632.

Brown, G., & Anderson, B. (1991). Psychiatric morbidity in adult inpatients with childhood histories of sexual and physical abuse. *American Journal of Psychiatry*, *148*, 55-61.

Cotgrove, A. J. & Kolvin, I. (1996, setembro). The long term effects of child sexual abuse. *Hospital Update*, 401-406.

Durban, J. (2010). Verganglichkeit und die inneren Bezichungen zum Todesobject. In M. Teising, G. Schneider, & C. Walker (Eds.), *Leben und Verganglichkeit in Zeiten der Beschleunigung* (pp. 279-304). Bad Homburg: DPV-Hersttagung.

Gampel, Y. (1992). Thoughts about the transmission of conscious and unconscious knowledge to the generation born after the Shoa. *Journal of Social Work and Policy in Israel*, *5/6* (Edição especial), 43-59.

Gampel, Y. (1998). Reflections on counter-transference in psychoanalytic work with child survivors of the Shoa. *Journal of the American Academy of Psychoanalysis*, *26*(3), 343-368.

Green, A. (1986). The dead mother. In A. Green, *On private madness* (pp. 142-173). London: Hogarth Press. (Trabalho original publicado em 1983).

Horowitz, M. (2016). Re-minding the body. *Psychanalyse et Psychose*, *9*, 53-68. (Trabalho original publicado em 2009).

Joseph, B. (1989). *Psychic equilibrium and psychic change: selected papers of Betty Joseph* (M. Feldman, & E. Bott Spillius, Eds.). London: Routledge.

Lifton, R. J. (1983). *The broken connection*. New York: Basic Books.

McCarthy, B. (1988). Are incest victims hated? *Psychoanalalytic Psychoteraphy*, *3*, 113-120.

McLeer, S. V. et al. (1992). Sexually abused children at high risk for post-traumatic stress disorder. *Journal of the American Academy of Child and Adolescent Psychiatry, 31*, 875-879

McLeer, S. V. et al. (1994). Psychiatric disorders in sexually abused children. *Journal of the American Academy of Child and Adolescent Psychiatry, 33*, 313-319.

Roth, M. (2015, no prelo). *Raw identification.*

Steiner, J. (1993). *Psychic retreats.* London: Routledge.

Trowell, J. et al. (2002). Psychotherapy for sexually abused girls: psychopathological outcome findings and patterns of change. *British Journal of Psychiatry, 180*(3), 234-247.

Tustin, F. (1972). *Autism and childhood psychosis.* London: Hogarth Press.

Winnicott, D. W. (1982). Ego integration in child development. In D. W. Winnicott, *The maturational processes and the facilitating environment* (pp. 56-64). London: Hogarth Press. (Trabalho original publicado em 1965).

World Health Organization (1999). *Report of the Consultation on child abuse and neglect prevention*, Genève, 29-31 mar.

Zanarini, M., Gunderson, J. G., & Marino, M. F. (1989). Childhood experiences of borderline patients. *Comprehensive Psychiatry, 30*, 18-25.

Bibliografia complementar

Freud, S. (1960). *Letters of Sigmund Freud* (E. L. Freud, Ed., T. Stern, & J. Stern, Trad.). New York: Basic Books.

Freud, S. (1976a). The Ego and the Id. In. S. Freud, *The standard edition of the complete psychological works of Sigmund Freud* (Vol. 19, pp. 1-66). London: Hogarth Press. (Trabalho original publicado em 1923).

Freud, S. (1976b). Mourning and melancholia. In S. Freud, *The standard edition of the complete psychological works of Sigmund Freud* (Vol. 14, pp. 243-258). London: Hogarth Press. (Trabalho original publicado em 1917).

Freud, S. (1976c). On narcissism: an introduction. In S. Freud, *The standard edition of the complete psychological works of Sigmund Freud* (Vol. 14, pp. 67-102). London: Hogarth Press. (Trabalho original publicado em 1914).

Freud, S. (1976d). Thoughts for the times on war and death. In S. Freud, *The standard edition of the complete psychological works of Sigmund Freud* (Vol. 14, pp. 275-300). London: Hogarth Press. (Trabalho publicado em 1915).

Klein, M. (1985a). Mourning and its relation to manic-depressive states. In M. Klein, *Love, guilt and reparation and other* works (The writings of Melanie Klein, Vol. 3, pp. 344-370). London: Hogarth Press. (Trabalho original publicado em 1940).

Klein, M. (1985b). On the sense of loneliness. In M. Klein, *Envy and gratitude and other works* (The writings of Melanie Klein, Vol. 3, pp. 300-314). London: Hogarth Press. (Trabalho original publicado em 1963).

8. Perversão materna: avaliação das habilidades parentais dos pais[1]

Estela V. Welldon

Tradução: Cristian B. Holovko

O reconhecimento de um ciclo de abuso em mulheres jovens, quando elas passam a ser mães, torna-se ainda mais dolorosamente aparente e importante quando são solicitados relatórios judiciais como evidência para a tomada de decisões sobre o futuro da família, especialmente de uma mãe e de um bebê. Em minha longa carreira profissional e apesar de meus próprios escritos e achados clínicos sobre a maternidade perversa (Welldon, 1988), eu fui bastante hábil em evitar escrever relatórios judiciais e/ou comparecer a tribunais como perita. Esta regalia terminou há alguns anos, quando, ao dar uma palestra sobre abusadores do sexo feminino, fui confrontada por uma colega sobre a covardia de recusar-me a oferecer à realidade toda a minha experiência clínica na avaliação de habilidades parentais. Nesse ponto, senti-me forçada a "crescer" antes de aposentar-me e, então, relutantemente, concordei em ser mais cooperativa e ativa na preparação de relatórios judiciais e na apresentação de provas. Contudo, esse é

---

1 Publicação original: Welldon, E. (2003). Risk taking in the assessment of maternal abilities. In E. Doctor (Ed.), *Dangerous patients: a psychodynamic approach to risk assessment and management* (pp. 97-106). London: Karnac.

um processo inacreditavelmente doloroso e terrivelmente difícil, tendo em conta a complexidade das decisões relativas ao futuro dos pais e dos bebês.

Eu mesma senti-me completamente imersa em um mundo interno de agonias e dominada por um tremendo senso de responsabilidade quando confrontada com uma mãe que realmente ama seu bebê e acredita que ela é a única que deveria cuidar dele, mas, simultaneamente, sabe que é incapaz de fazê-lo.

Em certa ocasião, senti-me tão emocionalmente aprisionada a uma situação particular que decidi ir a uma exposição de arte na tentativa de escapar daquelas tarefas profissionais dolorosas e libertar-me de minhas próprias agonias emocionais, que estavam permeando minha vida pessoal tão fortemente. O relatório do tribunal que eu estava preparando então era de uma mãe que estava profundamente ligada a seu filho, mas, por causa de circunstâncias difíceis em torno do nascimento do bebê, a adoção seria a recomendação provável.

Embora eu não estivesse contra a ideia de adoção, senti extrema pressão. Foi então que decidi ir à exposição Giacometti, em Londres. Porém, em pouco tempo, eu me vi inesperadamente em um estado de angústia, observando atentamente uma escultura de uma mulher com as mãos prontas para segurar um bebê que se tornou um "objeto invisível", não só metaforicamente, mas na realidade, como todas as mães que vemos cujos bebês foram ou estão prestes a ser levados. O rosto da mulher na escultura dava a impressão de ser superficialmente desprovido de sentimentos, embora, quando olhado em profundidade, parecia uma imagem congelada transmitindo uma dor psíquica tão insuportável que a sua experiência tinha de ser bloqueada.

A escultura estava enquadrada em uma cadeira rígida, o que pode simbolizar a necessidade de ser acolhida ou contida para sua própria segurança (ou a de outros) porque seu filho lhe foi levado. A peça é intitulada: "Mãos segurando o vazio" (o objeto invisível). Eu me perguntava por que será que, mesmo com tantas esculturas em exibição na exposição, meus olhos, coração, sentidos me levaram a essa peça em particular, tão relevante para o trabalho que realizava. Percebi a impossibilidade de escapar da experiência do rompimento dessa ligação mais profunda – a da mãe e do bebê. Eu estava muito emocionalmente envolvida com tudo para me permitir uma pausa. E essa é a natureza desse tipo de trabalho. Ele nos mantém permanentemente em suas garras.

Tentarei demonstrar, com um exemplo clínico, a penetrância do ciclo de abuso através do corpo materno e através das gerações na produção da maternidade inadequada e inapropriada.

O processo de avaliação das habilidades maternas – quando dedicamos atenção, monitoramento e cuidado demasiados – exerce muita pressão sobre a mãe e seu bebê "satélite". A resposta usual das mães é apresentar sua "melhor maternidade". O bebê representa a parte boa colocada dentro e fora do corpo da mãe; quando todas as pressões desaparecem e a mãe é deixada sozinha e sem ajuda profissional, o incentivo para demonstrar a "melhor mãe" desaparece. Assim que a pressão acaba, o ciclo de abuso é restabelecido; uma antiga e familiar sensação de ser negligenciada traz de volta a dor insuportável.

O conhecimento de sua incapacidade emocional anterior de criar bebês não atua como um impedimento para gravidezes futuras. O oposto é verdadeiro; às vezes, a procura de uma nova gravidez torna-se uma necessidade compulsiva. Essa repetição acontece não só em suas mentes, mas também em seus corpos, um triunfo sobre a temporalidade de gestações anteriores, um desejo onipotente de superar ou negar a perda de uma criança anterior com uma gravidez renovada. O luto é esquecido intermitentemente, e uma identificação completa e múltipla acontece; por exemplo, a mãe torna-se, ao mesmo tempo, não só o bebê perdido e o bebê novo, mas também o corpo materno que, simultaneamente, fornece uma realidade ilusória e concreta de produzir novas gravidezes. A ideia da "sempre-mãe" permanece viva.

Os bebês podem ser vistos inconscientemente como evidência de um corpo saudável e completo/inteiro (isso poderia estar presente em algumas jovens inseguras que poderiam usar a gravidez como a "evidência" de um todo, um corpo completo). Sentem a necessidade de engravidar, mas não de se tornarem mães, e estão prontas para dar seus bebês à adoção, já que o objetivo da gravidez foi alcançado.

Em outros casos, o bebê pode ser visto como um fetiche por meio do qual a mãe pode acreditar ser capaz de sempre estar no controle. Bebês também podem ser vistos como uma negação da separação e da morte, e a repetição das gestações, como uma tentativa de preservar o objeto perdido. Esse objetivo está condenado a falhar, uma vez que o objeto perdido é sua própria mãe interna sublimada.

Como tal, tanto seu corpo quanto o de seu bebê podem tornar-se o foco de seu desgosto não manifestado ou até mesmo do seu ódio pelo próprio corpo. Isso seria um sinal dos impulsos compulsivos que essas mulheres experimentam em relação a seus corpos, inconscientemente, fazendo com que funcionem como a ferramenta de tortura eficaz ao tornarem-se mãe. Em outros momentos, um parceiro é inconscientemente designado como o torturador. É importante levar isso em consideração na avaliação exata de casos de violência doméstica.

Foi-me pedido que avaliasse as capacidades maternas de B em virtude do nascimento iminente do seu quarto filho. B foi avaliada anteriormente por conta de seus três filhos mais velhos terem sido levados pelos Serviços Sociais em idade precoce por causa de violência doméstica. Esse bebê novo era produto de um relacionamento com um menino de 14 anos de idade cujos pais haviam levado B a tribunal por "assalto indecente a um menor". Ele, mais tarde, negou ser o pai. O novo bebê, Kylie, foi tirado de sua mãe ao nascer e recolocado em uma família adotiva. Desde o nascimento, B tinha três horas de acesso supervisionado, semanalmente, a Kylie.

B tem um histórico de abuso sexual por seu pai que começou quando tinha 12 anos, envolvendo masturbação, sexo oral e relação sexual completa. Ele costumava forçá-la a ter relações sexuais com ele quase todos os dias quando sua mãe estava longe de casa. Ela ficava extremamente assustada e frequentemente desejava que estivesse morta. B sempre se sentiu muito diferente do resto da família e sentia que seu pai sempre a provocava.

Essa situação piorou quando seu pai arranjou um pequeno apartamento, onde começou a operar como um "cafetão" usando seus serviços como prostituta para homens mais velhos, com quem ela tinha de executar todos os tipos de sexo *kinky* (perverso, sadomasoquista). Enquanto ela tinha relações sexuais com outros homens, seu pai assistia e a embriagava. B acredita que seu pai a fazia ter relações sexuais com outros homens não apenas por causa do dinheiro, mas também porque lhe dava muita satisfação sexual vê-la sofrer ao ser usada e abusada sexualmente. A primeira reação de sua mãe, quando ela revelou isso, foi bater nela. Depois, juntou-se ao marido nos atos de abuso sexual. Isso escalonou ainda mais quando o pai pôs anúncios nos jornais locais oferecendo os serviços de sua esposa e sua filha para fins pornográficos e de prostituição. Mais tarde, esses recortes foram usados como evidência durante o julgamento. Ambos os pais estavam envolvidos em uma espécie de *vínculo maligno*, tornando-se pais "unidos" neste ataque cruel e sádico contra sua filha. B teve de lutar contra desejos profundos de matar a si mesma ou ao seu pai.

B disse-me que passou a maior parte da infância "abrindo minhas pernas para homens diferentes para tornar meu pai e eles felizes. Eu, que combatia muito a situação no início, no final simplesmente desisti de lutar. Então, comecei a considerar o estupro uma coisa tão cotidiana quanto as outras tarefas de casa".

Enquanto tudo isso estava acontecendo, ela continuou a abusar do álcool, porque, de acordo com ela, quanto mais bêbada ficasse, menos dor sentia. Ela disse, "sempre fui muito boa em bloquear as piores partes" para que não tivesse de enfrentar a dor. Na escola, ela fingia que tudo em casa estava bem: "Aprendi a viver num mundo onde nada é o que parece. Tudo o que sinto ao meu redor é medo em silêncio. O meu ódio de mim só foi aumentando com o passar dos anos a ser estuprada. Eu sentia que havia algo de errado comigo."

Como adolescente, ela incorria em ações violentas, incluindo ataques a si mesma, progredindo para ataques ao mundo exterior. Costumava cortar-se nos braços e no rosto, às vezes exigindo muitos pontos, ainda visíveis.

Aos dezessete anos, ela saiu de casa junto com sua mãe, na esperança de uma relação melhor entre as duas. Isso falhou amargamente, pois, depois de alguns meses e muitas discussões, sua mãe a deixou. Essa frustração levou-a a ligar ao pai em uma necessidade compulsiva de continuar o abuso. Ele disse-lhe o quanto sentia remorso por tudo o que havia feito e conseguiu convencê-la a voltar para casa. Mas, assim que chegou, seu pai começou a violá-la e a espancá-la. Ele estava pior que nunca, pois estava muito zangado, não só porque tinha se atrevido a sair de casa, mas também porque ele a culpava pela partida de sua mãe.

Ela sentia-se enjaulada como uma prisioneira, ele não a deixava sair sozinha ou com qualquer um de seus irmãos. Ela ainda se lembrava vividamente da última vez que o pai a havia estuprado porque ele foi mais violento que o habitual e começou a espancá-la com uma faca. Ela "viu tudo vermelho" e decidiu sair de casa e denunciá-lo à polícia.

Ela descreveu o caso contra seu pai no tribunal como um grande pesadelo. "Eu não sabia o que ia ter de passar, era como uma faca atravessando meu coração. Meu pai me olhou e me disse: 'vou te matar'. O advogado do meu pai era muito desagradável comigo e disse que eu estava inventando tudo e que ele nunca tinha feito nada contra mim. Eu comecei a gritar com ele, dizendo que ele era doente da cabeça".

Como resultado da ida ao tribunal e da força das evidências apresentadas pela acusação, dos antigos anúncios nos jornais locais que ela cuidadosamente havia mantido, seu pai foi condenado à prisão por estupro, prostituição e incesto.

B continuou a nutrir violência contra a autoridade e, logo depois, começou a ser bastante promíscua, um resultado frequente para meninas que foram vítimas de incesto paternal. Ela começou um relacionamento com Patrick, um conhecido delinquente e viciado em drogas que já possuía um registro criminal. Ambos Patrick e B davam-se ao abuso de álcool e drogas. Patrick tornou-se o pai de seus três primeiros filhos. No início, ele era atencioso, mas, em um segundo momento, virou um homem muito desagradável e violento. Ele começou a espancá-la e quebrar coisas no apartamento que eles compartilhavam. Logo depois de ela engravidar de novo, ele foi enviado à prisão. "Quando o Patrick começa a me bater, sinto como se fosse o meu pai me batendo e que sou aquela criança outra vez. Fico muito assustada com o jeito que ele se comporta, como um louco. Mas, toda vez que digo ao Patrick que

148 PERVERSÃO MATERNA

terminamos, ele começa a agir como uma criança prestes a perder a mãe, então sinto muita pena e fico com ele".

Seu relacionamento com Patrick foi ficando cada vez pior e mais violento, mas isso não a impediu de ter outra gravidez. Nas muitas ocasiões em que ela havia tentado se livrar de Patrick, isso se revelou ineficaz por conta de suas próprias inconsistência e ambivalência. Nessa altura, ela havia se tornado "viciada" (sua própria palavra) em violência e brutalização. As crianças foram testemunhas da violência doméstica e, eventualmente, houve relatos de alguns vizinhos. Sentia-se muito chateada com os Serviços Sociais que levavam as suas crianças porque, na sua opinião, nunca tinham sido feridas. Essa resposta revelou seu grau de desassociação, sendo totalmente inconsciente das consequências de longo prazo que as crianças sofreriam por testemunharem as constantes brigas ferozes dos pais e pelo histórico dos seus espancamentos nas mãos de seu próprio pai.

Ela se sentia completamente isolada e incapaz de confiar em alguém, incluindo seus irmãos e suas irmãs, que estavam muito bravos com ela por causa do "envio" de seu pai à prisão. Após o tribunal, ela recebeu alguns aconselhamentos, mas os interrompeu, pois não podia tolerar olhar para as áreas do passado de dor tão intensa. Ela voltou a beber em excesso e ter overdoses. Ao falar sobre a a bebida, disse, "sem a bebida, eu provavelmente teria enlouquecido. Beber salvou minha vida de uma maneira engraçada".

Inesperadamente, ela soube que um de seus filhos, com 18 meses de idade, havia morrido em um acidente enquanto vivia com pais adotivos. Surpreendentemente, nunca expressou sentimentos de raiva contra as autoridades por causa disso. Muito pelo contrário, ela expressou sentimentos de culpa por não ter tido seu filho pequeno vivendo consigo naquele momento e sentiu uma necessidade urgente de substituição imediata para ele; um processo de luto patológico estava em pleno funcionamento. Fiquei espantada quando ela me disse que seus problemas "sérios" haviam começado quando o novo bebê, John, nasceu e que ela estava amargamente decepcionada porque ele não parecia nada com o pequeno Patrick. Ela se sentia completamente separada dele e incapaz de criar com ele qualquer ligação. Claramente, ela era cronicamente incapaz de chorar, e esse novo luto trouxera à tona todos os seus velhos e aparentemente dormentes episódios de dor. Ela tentou resolver essa perturbação materna decorrente da perda não elaborada de um filho com uma "criança substituta".

Talvez esse sentimento de estranhamento de seu novo bebê e seu desapego tenham lhe permitido não só dar o bebê à adoção, mas também terminar o seu relacionamento com Patrick. Ela começou a viver sozinha. Poucos meses depois, seu ex-parceiro Patrick foi encontrado morto por overdose. Ela me disse: "Minha primeira reação foi uma grande sensação de alívio em saber que eu não poderia mais ser viciada nele ou brutalizada por ele". Imediatamente depois, ela teve um período de promiscuidade e isso só terminou quando ela decidiu seduzir Denis, um menino de 14 anos de idade, de quem ela costumava ser babá. Ela o seduziu com a ideia de que se tornaria um pai bom e logo ficou grávida. Segundo ela, apesar de sua juventude, Denis era muito solidário, maduro e gentil com ela e ambos estavam muito felizes com a gravidez, que havia sido "planejada". O que parece ser um novo cenário é, em verdade, o velho virado de cabeça para baixo. Ela agora era a abusadora. Ela provavelmente achou que, finalmente, estaria no controle total de um relacionamento e envolvida com um jovem adolescente que só sentiria orgulho da conquista de se tornar um pai em tenra idade, ela sendo a parte responsável. Em vez disso, assim que a gravidez foi anunciada, tornou-se novamente uma vítima, com os pais de Denis levando-a a tribunal, acusada de ataque indecente a um menor. Ela foi sentenciada a dois anos de liberdade condicional. Logo depois, ela violou a ordem de distanciamento e aproximou-se de Denis por meio de cartas. Durante o processo, Denis negou ser o pai do bebê e ela foi muito ridicularizada por ele e seus pais. Ela nunca se sentiu capaz de reconhecer o grau de crueldade e o comportamento sádico de Denis em relação a ela.

Ela utilizou-se da negação e do autoengano defensivos ao afirmar que era capaz de ter um relacionamento bom e em termos iguais com Denis, cujas opiniões sobre como se tornar um pai não poderiam ter sido levadas a sério em qualquer sentido realista. Mais uma vez, seu autoengano, sua falta de maturidade emocional e sua incapacidade de aprender com experiências passadas estavam em evidência; ela foi pega de surpresa quando sua nova menina, Kylie, foi-lhe levada ao nascer. Nunca imaginara que isso pudesse acontecer.

A característica mais marcante, que apareceu durante quase todas as seis sessões com B (este é o padrão que eu uso para a avaliação das habilidades maternas quando um relatório me é solicitado pelo tribunal), foi um sorriso fixo, por meio do qual ela tentou muito transmitir a imagem de uma pessoa que resolveu todos os seus problemas anteriores, pronta para levar um tipo diferente de vida. Pareceu-me que seu sorriso fixo e sua prontidão contínua para rir de qualquer comentário que era feito continham uma negação intensa da dor e de sentimentos profundamente feridos.

O problema da divisão e da negação totais de seus sentimentos de frustração, raiva e dor é que todos eles podem surgir inesperadamente, seja em atos de autodestruição ou atos contra o mundo exterior. Eu sentia que era impossível prever se estes poderiam ser dirigidos contra a sua nova menina.

Até hoje, ela foi incapaz de alcançar um relacionamento positivo e significativo com alguém de sua faixa etária, o que não é de todo surpreendente, dado seu passado altamente traumatizante.

Claramente, Denis era a pessoa menos adequada para ser pai. Na verdade, ele tornou-se desagradável, simulado, negando sua paternidade e comportando-se como um menino de 14 anos, dependente dos julgamentos de seus pais. Ela correu vários riscos desnecessários, por exemplo, sendo presa por oito dias enquanto grávida por violar os termos de sua fiança ao se aproximar de Denis. Eu dificilmente chamaria isso de um comportamento atencioso e amoroso de uma mãe com o seu bebê em gestação.

Apesar de ter sido capaz de desembaraçar-se de uma forma muito corajosa do incesto, sua autodestrutividade continuou de uma maneira impiedosa, que incluiu episódios repetidos de autocorte, overdose e tentativas de suicídio. Estes foram provocados por sentimentos de raiva, desespero e isolamento e uma extrema incapacidade de confiar a alguém qualquer um desses sentimentos. Ela estava atuando (*acting out*) suas necessidades sadomasoquistas contra seu próprio corpo, protegendo todos os outros ao seu redor de sua própria raiva, sendo esta a única maneira de se fazer sentir melhor e em paz, concordando com as demandas de seu superego sádico. Mais tarde, em seu relacionamento com Patrick, ela tornou-se vítima de ataques violentos, e as tentativas que fazia para terminar o relacionamento estavam condenadas ao fracasso, pois ela convencia-se de que ele era uma pessoa carinhosa e amorosa e consistentemente facilitava que ficassem juntos.

Nesse caso, o efeito do abuso foi também estendido às outras crianças, e B estava totalmente inconsciente disso. No período em que era vítima dos ataques brutais de Patrick, ela havia se tornado severamente dissociada, ou seja, completamente indisponível ou incapaz de cuidar de si mesma ou de seus filhos, de modo que as crianças passaram a ser objeto de negligência como continuação e expansão da sua própria experiência de abuso.

Conflitos entre requisitos legais e avaliações psicodinâmicas

Há, frequentemente, conflitos entre requisitos legais e avaliações psicodinâmicas. Um dos desentendimentos mais encontrados é esta questão, colocada pelo sistema legal a essas jovens e aos seus avaliadores: *se elas são capazes de colocar as necessidades do bebê antes das suas próprias*. Uma jovem com uma história de vida tão traumatizante deve ser *bem aconselhada a cuidar de suas próprias necessidades* antes de poder cuidar de qualquer outra pessoa, especialmente de seus próprios filhos.

Outra área de discussão acirrada é se uma nova gravidez traz uma nova disposição ou uma melhoria das habilidades maternas em virtude de "mudanças". O problema, como sabemos, é que a repetição é, em si, a evidência da falta de mudanças internas. *Repetir é um obstáculo à mudança*. Por exemplo: ao explorar as ideias dessa jovem sobre o que gostaria de fazer da vida, ela respondeu como é esperado de pessoas que foram continuamente abusadas no início de suas vidas. Em outras palavras, ela expressou o desejo de ser uma enfermeira ou trabalhar em um lar de idosos. Esse desejo sugere um certo grau de reparação de seus próprios sentimentos de ser tão não merecedora, danificada e arruinada para sempre, sendo que a única maneira de prover algum cuidado para si é por procuração, ou seja, projetando em outros – considerados por ela "pessoas inocentes e vulneráveis" – suas próprias necessidades internas não reconhecidas por causa de seu intenso sentimento de culpa e vergonha.

Esses são os sentimentos habituais de pessoas que foram abusadas e essa é, em parte, a razão da constante recriação de situações insuportáveis para si. Elas acham difícil, senão impossível, estabelecer relações significativas.

A afirmação extraordinária feita pela maioria dessas jovens mulheres é que a única coisa que elas querem fazer na vida é continuar a ter mais filhos, se os mais novos foram-lhes levados pelas autoridades, ou trabalhar cuidando de outras crianças. Elas também expressam, muitas vezes, o desejo de estar com pessoas deficientes, pois estas precisam ser ensinadas e elas gostam de ensinar. É muito difícil para elas ver qualquer ligação entre as suas próprias áreas de necessidade, privação e negligência como crianças e *o seu desejo de cuidar das crianças de uma maneira que elas próprias gostariam de ter sido tratadas idealmente.*

Vale a pena notar que esse é, precisamente, o tipo de jovem que poderia ser facilmente empregada para trabalhar com crianças ou deficientes, com possíveis consequências graves. Devemos estar mais atentos à psicodinâmica envolvida na escolha por mulheres jovens de assumir um papel de assistência à criança.

Ser testemunha do que parece ser uma incipiente ligação positiva entre mãe e bebê, muitas vezes envolvendo uma jovem que, como essa, teve um começo de vida tão doloroso, faz com que sejamos tentados a dar-lhe mais uma chance, oferecer-lhe uma pequena recompensa por conseguir estar aparentemente melhor. Eu só temo que, uma vez acabada a novidade de ter este bebê, ela caia novamente em condições bizarras e precárias de cuidado de si e dele.

Eu não acredito, por mais tentador que seja ver uma jovem mãe e seu bebê juntos, que podemos quebrar o ciclo patológico oferecendo-lhe o seu bebê de volta. *Em vez disso, devemos oferecer a esta jovem, que é tão emocionalmente e mentalmente danificada, uma ajuda profissional para ela mesma.*

Pode-se facilmente ver e compreender o ciclo de abuso neste caso particular. Ela perpetuou seu papel como a criança abusada – abuso que começou da maneira mais brutal e cruel em sua infância, perpetrado por seu pai – da seguinte forma: em primeiro lugar, começou uma relação sadomasoquista com Patrick, o que alternava com o papel de autoabusadora, fazendo mal a si própria ao tomar álcool e drogas e ter várias crianças de um pai não confiável e delinquente. Então, ela se convenceu de ter escolhido um novo pai "maravilhoso" e "atencioso" para uma nova gravidez. Este é um menino de 14 anos. Embora um menino de 14 anos possa ter aparecido como o objeto desejado, dando a ela a chance de estar no controle completo, isso não ocorreu. Mesmo que, de acordo com ela, esse menino estivesse "emocionado" com a perspectiva de se tornar um pai e ver-se como um homem "de verdade", ele falhou perante ela da maneira mais brutal. No momento crucial, o do nascimento do bebê, ele repentinamente negou ser o pai. Não só isso, mas apoiado e até mesmo protegido por sua própria família, delatou-a à polícia como uma "abusadora de crianças". Então, mais uma vez e de uma forma muito trágica, ela tornou-se a parte abusada!

Esta jovem que, por espontânea vontade, torna-se novamente mãe, acreditando que, desta vez, sua autoestima aumentará por ser mãe em uma situação "ideal", mais uma vez depara com um amargo fracasso.

Espera-se, com este caso, tentar deixar claro que a única recomendação possível a ser feita é um plano psicoterapêutico são, eficaz e realista, a ser implementado no âmbito de psicoterapia analítica individual e/ou de grupo. Essa seria a única maneira de quebrar esse ciclo de abuso.

Referência

Welldon, E. V. (1988). *Mother, Madonna, whore, the idealization and denigration of motherhood.* London: Free Association Books.

9. Encontro terapêutico com mulheres refugiadas na Alemanha[1]

Gertraud Schlesinger-Kipp

Tradução: Cristian B. Holovko

Enquadre do trabalho voluntário

Após a conferência da Associação Psicanalítica Internacional (IPA) em Boston, 2015, durante a qual muito foi dito sobre os desafios da psicanálise neste mundo em transformação, volta-se agora para outra realidade que muda rapidamente. Após escapar do terror do Estado Islâmico (ISIS), não afogar-se no Mediterrâneo como tantas outras, fugir das cidades-acampamento no Líbano, na Jordânia, na Turquia aos milhões, caminhar ao redor de cercas de arame farpado na Hungria através da lama, elas acabaram aqui, conosco (1,1 milhão de refugiados em 2015, na Alemanha). As causas que levaram à fuga e à procura de refúgio no nosso mundo não existem apenas desde o verão passado, mas havia muito tempo que a miséria não ficava assim tão próxima e evidente.

Encontramo-nos em setembro de 2015 no Instituto Alexander--Mitscherlich de Psicanálise e Psicoterapia (um instituto

---

[1] Trabalho apresentado na Jornada do Comitê Mulheres e Psicanálise (COWAP) no Pré-Congresso da Federação Psicanalítica da América Latina (Fepal) – As Linguagens do Corpo: Gênero e Diversidade, nos dias 13 e 14 de setembro de 2016, em Cartagena, na Colômbia.

pertencente a uma sociedade da IPA) em Kassel, inicialmente apenas para compartilhar nossos sentimentos, medos e pensamentos, para não ficarmos sozinhos com eles. Naquela noite, trabalhamos na criação de um enquadre para uma "ajuda voluntária profissional", por não acreditarmos na existência de apenas *uma* solução, e concluímos que os refugiados ali têm de ser tratados com dignidade humana; e essa função é nossa: oferecer-lhes nosso conhecimento e nosso comprometimento. Nesses países de onde eles vêm, há muitos estados e experiências desumanizantes, não apenas na guerra, mas na trajetória do fugir, e agora também em nossas cercas na fronteira. Acreditamos que a psicanálise e nós, como pessoas, podemos abordar a questão e tentar compreender como esses processos desumanizantes afetam o indivíduo, agora e no longo prazo. Isso significa não nos desumanizarmos também.

Até hoje, 25 de nossos colegas já trataram, em oito (de dezesseis) campos de recepção e instalações no distrito de Kassel, mais de 500 refugiadas, com suas famílias ou sozinhas, muitas delas várias vezes, com cuidados psiquiátricos e psicoterapêuticos, incluindo 40 crianças e adolescentes. Acabamos por chamar nossa experiência de "suporte psicossocial", uma vez que a abordagem foi, muitas vezes, diferente da psicoterapia no senso restrito. O que mais encontramos foram transtornos de estresse pós-traumático (TEPT) em várias formas de manifestação. Muitos dos refugiados perderam parentes durante a fuga e/ou têm contato com membros da família que ainda sofrem risco de vida em seus países natais. Quase tão presentes eram os pacientes com depressão, ansiedade e pânico, cujos sintomas, às vezes, já existiam em seus países de origem e cujas causas remetiam normalmente a problemas familiares ou conjugais.

No outono, tivemos oito campos dentro e nos arredores de Kassel (uma cidade com 200 mil habitantes na região central da Alemanha). Por conta dos novos muros ao redor da Europa, menos refugiados iam para lá e muitos eram redirecionados aos grandes campos, enquanto pequenas instituições situadas em áreas residenciais, bem-integradas e com bons resultados, foram fechadas. É incerto se nosso trabalho voluntário nas grandes instituições ainda será possível ou mesmo promovido. Para cada um dos oito campos, nossos colegas do grupo ofereceram horas no consultório para trabalho voluntário (não remunerado). É proibido prestar-lhes quaisquer serviços em psicoterapia exceto em tratamentos emergenciais, mas o distrito local nos deu a permissão. A Cruz Vermelha (e outros serviços paramédicos), com médicos e muitos ajudantes, traz auxílio aos residentes carentes e organiza os intérpretes.

Figura 9.1

Figura 9.2

A Figura 9.1 mostra uma cama em um campo de refugiados, antes de serem subitamente transportados a outro campo. Uma criança desconhecida deixou o desenho mostrado em detalhe na Figura 9.2 na cama: à esquerda, um barco grande da polícia e um pequeno barco lotado de refugiados (exatamente como eles tentam cruzar o Mar Mediterrâneo) e, mais à direita, as fantasias idealizadas da criança sobre a Europa, com chuva e flores (em 2016, mais de cinco mil refugiados afogaram-se no Mar Mediterrâneo tentando chegar à Europa).

Segundo o Conselho de Psicanalistas Alemães, em torno de 40% dos refugiados estão traumatizados ou sofrem de doença mental; entretanto, acho esse tipo de declaração difícil e perigoso. Da psiquiatria intercultural, aprendemos o quão facilmente podemos julgar como doença algo considerado normal em outras culturas. Além disso, sintomas agudos de estresse em situação de fuga e de vida em campo de refugiados não podem ser classificados necessariamente como doença.

Uma segunda ideia nossa foi *supervisionar* os ajudantes e os intérpretes, que normalmente trabalham até a exaustão física e emocional. Quando resolvemos chamar essa ideia de "profilaxia de *burnout*" e o possível supervisor perguntou quem dentre os ajudantes gostaria de falar um pouco de si e de suas experiências, a oferta foi – com muito entusiasmo – amplamente aceita.

Os psicanalistas encontram-se regularmente, pois um intercâmbio permanente é essencial, e, sendo uma iniciativa vinda "de baixo", funcionamos com uma base democrática sem líder. Tivemos muita sorte no sentido de o oficial responsável do conselho regional ser um médico dedicado e solidário. Enquanto isso, nos grandes campos, não é claro se teremos a permissão de continuar trabalhando. Isto é uma espécie de relatório provisório. Nas últimas semanas, depois de alguns ataques e frenesis (*Amoklauf*) terroristas de pessoas mentalmente perturbadas (e também refugiados), o problema do tratamento psiquiátrico e psicoterapêutico tornou-se o tópico da vez.

Enquadre das sessões terapêuticas

Em geral, não trabalhamos em ambientes muito apropriados; muitas vezes são tendas e há muito barulho de fundo. Os intérpretes têm uma função-chave e também o maior impacto e o fardo mais pesado, pois é comum que tenham um histórico de migração em seu passado. Tanto terapeuta quanto "paciente" são totalmente dependentes e "rendidos" aos intérpretes, ambos *precisam* confiar neles! (Muito raramente uma refugiada recusou um intérprete.) Ambos não entendem o que é traduzido (uma longa narrativa na língua nativa pode se tornar uma frase em alemão). Esses tradutores, muitas vezes, têm um destino semelhante ao de quem traduzem e se identificam fortemente, lutando contra lágrimas, intervindo em acalmar, confortar e aconselhar, às vezes intuitivamente protegendo, às vezes até rápido demais, para protegerem a si mesmos... Não sabemos. A respeito dos papéis masculinos-femininos, o que frequentemente entra em questão direta ou indiretamente, eles mais ou menos se identificam.

Fuga e gênero

Um terço de todos os refugiados que, em janeiro de 2016, pediram asilo na Alemanha pela primeira vez são mulheres e crianças. Elas partem de suas terras pelos mesmos motivos que os homens: guerra, cidades bombardeadas, vilas sob o domínio do ISIS, falta de água, eletricidade, comida e futuro, vidas fraturadas e opressão política. Há também razões específicas de gênero para fugir: violência doméstica, casamentos forçados, mutilação genital feminina, mortes por honra. Para as mulheres, o escapar a pé, em barcos impróprios, em trens, é normalmente mais perigoso que para homens. Elas estão muito mais suscetíveis a violência física, psíquica e sexual. Mesmo nos campos de refugiados, muitas correm o risco de sofrer violência sexual de parceiros, residentes ou mesmo do *staff*. Enquanto os homens tentam manter-se em movimento, as mulheres quase nunca deixam suas acomodações, por medo e porque não era comum em seus países de origem que elas saíssem sozinhas pelas ruas.

Ser vítima de "perseguição relacionada ao gênero" é considerado razão legal para pedido de asilo desde 1951 (Convenção de Genebra), mas isso só foi reconhecido pelo Ato de Imigração na Alemanha em 2005. Na realidade, em 2015, de mais de 33 mil candidatos, apenas 624 foram reconhecidos como vítimas de "perseguição de gênero no país de origem", principalmente mulheres, mas também homens homossexuais. Muitas vezes, são requeridas provas de abuso que as mulheres não conseguem trazer.

Tentativa de conceitualização[2]

Iniciando a conversa: construindo a confiança

A situação da qual vieram as refugiadas, incluindo todo o processo de fugir, é razão mais que suficiente para suspeita e desconfiança. O terapeuta não fica isento dessa desconfiança. Além disso, as refugiadas não são familiarizadas com conceitos de psicoterapia e aconselhamento. Por essa razão, é muito importante que a

---

2 Referente a sessões individuais frequentes com mulheres refugiadas na recepção inicial do campo (ver Straker, 1990).

introdução seja feita por uma pessoa de confiança, neste caso, normalmente os intérpretes, que passam o tempo todo nas instalações e observam e percebem praticamente tudo. Ainda, deixamos claro o aspecto independente e voluntário dos encontros, incluindo a confidencialidade, uma vez que elas os queiram. É definitivamente importante enfatizar que não somos nomeados pelas autoridades, mas que trabalhamos livre e voluntariamente e somente se requisitado por elas (caso contrário, como ocorre frequentemente depois que os refugiados ficam mais tempo no campo, ficaríamos a ouvir apenas frases pré-montadas com o intuito de ganharem o direito de ficar na Alemanha).

Os terapeutas devem também – contrastando com a atitude normalmente necessária de abster-se do psicanalista – expressar sua solidariedade pessoal e política, sua opinião contra a violência e a guerra, já que um dos objetivos é transformar o sofrimento privado de uma vítima de violência em sofrimento público. A vítima precisa desprivatizar seu sofrimento. A violência terrorista e/ou governamental, frequentemente, significa que esses homens, mulheres e crianças adoeceram individualmente. Privatização é exatamente o objetivo dos opressores. A questão não é sair politizando o sofrimento individual, mas fazer uma consideração apropriada de questões pessoais e sociais na terapia ou tratamento.

Segue um exemplo de como pode ser difícil ganhar a confiança e como, no final, não a conseguimos.

Ava

Ava (os nomes e alguns detalhes foram mudados) veio do Afeganistão, tem entre 20 e 30 anos e foi registrada pelos paramédicos por hiperventilação induzida pelo estresse. Ela parece tímida, reservada, arrumada, bonita como as outras e um pouco desajeitada. Sobre sua sobrancelha, uma cicatriz notável. Ela empurra o carrinho com seu filho bebê até o quarto de bebês e sua filha de 5 anos vem junto a ela. A menina parece alegre e aberta, enquanto o bebê, chorando durante a conversa ao seu colo, parece infeliz de alguma maneira, tem uma expressão facial "envelhecida" e mexe – quando tento falar-lhe em "voz de nenê" – a boca de uma maneira que parece mais uma careta que um sorriso. Você não quer olhar aqueles olhos.

Após a intérprete nos apresentar e explicar a minha oferta, Ava fica desamparada e não sabe o que dizer. Menciono, então, o sintoma descrito pelos paramédicos. Isso já acontecia no Afeganistão e repetiu-se aqui quatro vezes. Ela não sabe por que ocorre e não consegue evitar. É seu único sintoma. Digo que ela provavelmente teve motivos muito fortes para fugir e que muitas coisas devem estar difíceis em geral. Então, ela me conta que há alguns anos houve um ataque direcionado à sua mãe, que havia se candidatado a um cargo político. E o que aconteceu com a mãe? Ela ainda está viva? Sim, seu pai estava naquele dia no carro, e não sua mãe. O pai havia morrido. Eu tinha de perguntar quase tudo. Expresso minha simpatia, que situação horrível. Ela se machucara? Sim. Ainda sente dor nas costas. Aponto para a cicatriz. Ela acena a cabeça. Pergunto se a hiperventilação começou nessa época. Sim, não no início, mas gradualmente. Isso foi antes do marido e dos filhos. Quando e com quem ela fugiu? Com marido e duas crianças. A mãe continua no Afeganistão? Ela quer ficar? Não, ela quer vir para cá também.

Explico que os sintomas podem estar relacionados à experiência ruim. Ela não quer pensar sobre isso, ela diz. Sim, eu entendo, isso é bastante normal, mas a sua alma não consegue esquecer isso tão facilmente e o corpo, muitas vezes, expressa essas "memórias-relâmpago". Descrevo até em diferentes versões, mas não tenho a impressão de que tenha alcançado Ava.

Pergunto se isso foi o pior que aconteceu. Ela não responde. Perguntamos por mais problemas. A intérprete diz-me em alemão que ela sente que há algo, mas que Ava não quer falar sobre. Digo a Ava que esta é a oportunidade de falar e que, algumas vezes, faz muito bem. Ela se recolhe, tímida e retraída. Ofereço para que conversemos quem sabe mais uma vez, se ela ainda estiver aqui. Ela apenas diz "A vida de uma mulher afegã é difícil"; ela o diz duas vezes, e mais nada.

Em seguida, vem uma torrente de palavras, mas apenas sobre o sintoma: durante o ataque, ela desmaia e, quando acorda, tudo já passou. No Afeganistão, ela tomava uma medicação que a ajudava. Pergunto-lhe se ela gostaria de falar com um psiquiatra para que este lhe desse a medicação. Sim. Também pergunto-lhe sobre métodos de respirar melhor, se os paramédicos a ensinaram algum? Não, ela não sabe. Eu e a intérprete ficamos um pouco surpresas, isso seria a primeira coisa a se fazer, pensamos.

Pergunto a ela como poderia ajudá-la, caso ela precisasse. Ela não diz nada. Ficamos um tanto perdidas, pois é óbvio que algo a oprime. Ela também confirmou o que outros falavam dela: que nunca a viam, qual era o seu problema? Estava sempre atrás das cortinas, na sua cama. Ver muitas pessoas era difícil para ela.

Trauma

Após discutirmos a catástrofe em geral, podemos investigar a história traumática individual de cada uma, dependendo da nossa avaliação e tendo sempre em vista se elas querem ou não falar sobre isso. Podemos perguntar, por exemplo, qual foi a pior parte da experiência. Ao mesmo tempo, temos de nos assegurar de que a refugiada não seja dominada por suas emoções, e nesse ponto os intérpretes ajudam. Já aconteceu de um intérprete dizer: "Essa pergunta eu não vou traduzir porque ela vai desmoronar". Isso pode funcionar como uma defesa conjunta, pois o trauma é um tabu extremo nos campos, mas pode ser muito útil nas conversas privadas, pois o intérprete vem de uma cultura similar e pode ter passado por situações semelhantes. Mais frequentemente, o tabu do trauma nas instituições é uma defesa comum. Trabalhadores e intérpretes dizem: "eles são todos traumatizados", mas ninguém fala sobre isso. Foi preciso que oferecêssemos conhecimentos básicos sobre traumas, por exemplo, que pode ser um alívio, mesmo nessa circunstância do campo, pôr algo para fora em um espaço protegido.

Respeitar o indizível: mesmo em uma área protegida, longe do lugar das experiências traumáticas, pode acontecer de vítima e terapeuta ambos perderem a capacidade de verbalizar as experiências se os terapeutas tornarem-se os portadores das emoções. Logo, é importante que os terapeutas não sejam (tenham sido) eles mesmos expostos a esse terror ou que não estejam em situação de perigo, tendo a consciência de que as dores físicas não devem ser compartilhadas. Nós experienciamos apenas um pequeno grau do choque. Mas é importante, na história de Ava e de mulheres que sofreram tantos abusos, respeitar os limites do medo de falar sobre algo.

Como terapeutas, provemos às refugiadas um abrigo pela presença e pelo suporte. Não podemos ser tomadas por emoções dolorosas. É importante que, como terapeutas, não permaneçamos frios, mas mostremos nossa compreensão sem sermos soterrados. A vida nos campos infecta todos que ali trabalham, mais ainda os que estão presentes todas as horas: o administrador, os ajudantes, os paramédicos e os intérpretes. E também nós, que estamos ali por pouco tempo, mas regularmente. O administrador expôs apropriadamente: "Se algo não vai bem dentro da gente – o *staff* e os paramédicos – ou se eu não estou de bom humor, aí algo acontece". Isso é certamente verdadeiro, como também o é em enfermarias

SEXUALIDADES E GÊNERO   165

psiquiátricas, mas, por outro lado, espelha os sentimentos de culpa de muitos refugiados.

Dari

Dari tem 33 anos e vem do Afeganistão. Encontrei uma jovem mulher delicada, bonita, com apenas um tecido leve sobre sua cabeça. A entrevista foi conduzida com a ajuda da intérprete Mariam.

Perguntamos a ela o que havia acontecido no outro campo. Só sabíamos que ela havia sido trazida aqui com seus filhos para separá-la do marido. Ela diz, quase sem emoções, que vivia em um quarto com a filha de 11 anos e o filho de 5, enquanto o marido vivia no quarto ao lado com o filho de 14 anos. Seu marido bebia e batia no filho. Ela ouviu barulhos no quarto ao lado e, em seguida, a polícia chegou. Pergunto se isso havia acontecido antes e ela responde que sim. Seu marido batia em seu filho com muita força, mesmo no Afeganistão. Ele usava cabos e tesouras – o filho tinha várias cicatrizes.

Ela nos diz, sem perguntarmos, que tinham uma relação péssima. O marido não a considerava sua mulher; ele seria mais como um pai. Perguntamos o que ela queria dizer com aquilo. Ela disse que se casou aos 10 anos de idade. Eu olho para ela incrédula – casada aos 10 anos? Ela diz que sim, que poderia me provar. Digo que acredito, que sabia que acontecia, mas que nunca havia conhecido ninguém que passara por isso pessoalmente. Ela corrige, diz que ficou noiva aos 10 e se casou aos 13. Ainda era uma criança. Ela estava brincando no jardim quando seus pais vieram e lhe disseram – agora você vai se casar com esse homem. Ele é 10 anos mais velho que ela. Ele nunca falou com ela ou a respeitou de maneira alguma, apenas dizia para fazer isso e aquilo. Era péssimo. Ela, então, diz que havia mentido para ele durante a fuga do país, dizendo que queria ficar com ele, mas não era verdade.

Pergunto a ela se quer se separar. Ela diz que não queria ter de viver com ele até o filho fazer 18 anos ou até as crianças crescerem, mas seria possível separar-se sem um divórcio? Aceno que sim. Ela tinha medo também porque um irmão do marido no Afeganistão era um pouco louco e poderia machucar os filhos e ela. Perguntei se seu marido bebia no Afeganistão. Ela disse que ele usava drogas lá, e aqui bebia. Ele saía com seus amigos e nunca se preocupava com ela e com os filhos. Ele também batia nela e nas outras crianças? Sim, na filha às vezes – ela não fala sobre si. Ele se interessava apenas pelos meninos, não se importava com ela e a filha. Perguntei-me o porquê de ele bater tanto em seu filho se este lhe era tão importante?

De fato, ela havia decidido deixar seu país para se separar do marido. Pela primeira vez, ela mostra suas emoções e chora um pouco. Pego um lenço no bolso. Não houve ao menos um dia de felicidade com ele. Outra vez, pergunto-lhe se ela realmente quer viver junto a esse homem com quem teve de se casar quando criança, que bate em seu próprio filho, que a maltratou – até o filho atingir a maioridade?! Mariam diz-me que havia estado no Departamento da Infância com a família, e é só isso que consigo descobrir. Dari não sabe onde está seu filho mais velho. Levaram-no para outro lugar. Ela gostaria de saber onde ele está e como ele tem passado. Ela não poderia ter essas informações, porque as crianças quando ligassem para o pai talvez contassem. Prometi que perguntaria ao administrador do campo.

Agora ela quer falar, decidiu que não moraria mais com seu marido. Ela o disse três vezes. Ela parece determinada, mas algo não parece certo. Depois da entrevista, Mariam fica impactada. Ela não sabia que existiam casamentos forçados com crianças.

Vou falar com a assistente social. Ela me diz que Dari foi ao departamento com sua família. "Ninguém entende nosso estatuto de proteção às crianças!", ela conta. O Serviço de Proteção à Criança tomou a custódia do menino de 14 anos. A mãe não pode entrar em contato com o marido, senão os outros filhos também terão de ser levados. Conto-lhe que tanto Dari quanto a intérprete obviamente não estão informadas sobre isso e que alguém precisa explicar tudo a ela urgentemente. Peço que ela o faça. E peço ao administrador para reportar ao outro campo de refugiados e dizer ou perguntar se o marido foi informado e onde o filho está morando atualmente.

Fico um pouco nervosa por não saber de tudo isso antes da entrevista. Bem, talvez tenha sido bom, pois quem sabe ela não teria se aberto da mesma maneira, a conversa poderia ter se focado na proibição do contato. Pelo menos, ela teve de pensar por si própria o que queria. Mas será que isso é verdade?

Descarga de vergonha e culpa

Muitas vítimas de guerra, trauma, tortura e fuga culpam-se subjetivamente pelas consequências do trauma. Uma mulher da Síria dizia repetidamente: "Eu não sou forte o suficiente". Um apaziguamento apressado, como dizer que ela nada poderia ter feito, não ajuda, e sim perguntar o que ela acha que poderia ter feito e falhou, em sua opinião. Só então ela consegue distinguir entre a interpretação subjetiva de sua culpa e as alternativas possíveis existentes. É claro que o contexto político é de grande importância e, muitas vezes, sabemos pouco ou de modo unilateral sobre ele. É importante não se comportar didaticamente, já que eles, em geral, conhecem a própria situação muito melhor, bem como os intérpretes.

A vergonha sobre a experiência de perda completa de identidade – da perda dos próprios valores e do ideal de ego, de ter se submetido sem contornos – não pode ser discutida e removida em uma situação de conversa normal. Cada pessoa tem seus próprios "níveis de vergonha": primeiro, surge algo que pode ser chamado de "perda de reputação" (*lost of face*, em inglês, aos moldes das culturas orientais), que é ter caído fora do contexto social natural. O próximo passo é a vergonha de não ter previsto a situação. Por último, aparece a vergonha do que foi mencionado aqui, o pânico--vergonha de ser "afogado" pela perda de identidade e pela submissão. A questão seria como é possível converter essa sensação básica de vergonha em sinais úteis para defender-nos de ser penetrados pela desastrosa desumanidade de nosso tempo?

Despatologização: os sintomas e as queixas são reações normais a experiências traumáticas anormais. Muitas acreditam que perderam a saúde mental por conta de seus sintomas, que estão ficando loucas, que ninguém mais pode ajudá-las. Saber-se ainda sã e que os sintomas vão desaparecer com o tempo é um grande alívio.

Hana

Hana tem 20 anos e está "gravidíssima". Ela cresceu principalmente no Sudão, em um campo de refugiados. Ela fugiu do Sudão e, na Líbia, caiu nas mãos dos rebeldes do Chade. Ela ficou detida em um acampamento. Os homens foram profundamente maltratados, as mulheres, estupradas. Ela também havia sido repetidamente estuprada e machucada. Enfim, ela conseguiu de alguma maneira angariar recursos e pegar um voo cruzando o Mediterrâneo.

Hana, no início, hesitava em falar sobre os incidentes. Dizia que sentia muita vergonha quando perguntavam sobre sua gravidez, onde estava o pai. Ela não sabe quem é o pai. Parece muito quieta, depressiva, ausente, muito calma e controlada. Dá dicas de que não sabe como conseguiria aceitar a criança. Ela nunca teve ninguém ao seu lado. Dormia muito mal, mas, fisicamente, não havia tido problemas com a gravidez.

Faço uma longa pausa e penso o que posso dizer a esta mulher humilhada e, ao mesmo tempo, tão amigável. Digo, enfim, que a vergonha não seria dela, e sim dos perpetradores dos abusos. Digo isso de modo firme, duas vezes: "você passou por experiências terríveis, mas agora ganhará um filho e isso te dará um futuro". Ela relaxa de alguma maneira e começa a descrever seus sentimentos de vergonha suprimidos. E diz: "eu vou começar a dizer que o pai ainda está no Sudão".

O intérprete disse que frequentemente a via sentada em algum canto parecendo estar totalmente ausente. Este é provavelmente o motivo pelo qual ela só me foi apresentada naquele momento, mesmo tendo vivido no campo por tantos meses – ela não atrai atenção.

Agora, Hana já deu a luz ao bebê. O parto foi uma cesárea com complicações. Quando ela voltou ao campo após 14 dias, todos estavam felizes e empolgados e fizeram uma festa. Ela conseguiu aceitar e cuidar do bebê e amamenta muito bem. Mas, assim que fica sozinha, o olhar vazio e perdido volta ao seu rosto. Ela foi transferida a outro setor, bastante longe, e o líder do campo e o intérprete a visitaram para o batismo da criança.

Fim da conversa

Neste ponto, é importante que a refugiada não seja abandonada ao desamparo e à derrota, mas que haja conversas sobre preocupações e problemas atuais, que assistências práticas sejam providas e o contato com parentes, restabelecido. Pode-se questionar se essa conversa de fato ajudou, o quanto outros (familiares, por exemplo) também se beneficiariam disso etc., enfatizar a importância da opinião própria de cada um e colocar o sofrimento num contexto maior. São também importantes as questões e os encorajamentos sobre o que você próprio pode fazer, quais são suas ideias.

Ativação de recursos: é importante mostrar à vítima que, a despeito das perseguições e da guerra, ela conseguiu sobreviver mentalmente e escapar; que, apesar da experiência de exposição à violência, ela foi capaz de rejeitar o papel de quem apenas sofre derrota e subjugação e, no lugar disso, passou a agir por conta própria.

Aisha

Este caso é de uma colega que pratica arteterapia, Mania Kramuschke, que gentilmente me cedeu seu relatório.

Aisha é uma menina de 16 anos, do Afeganistão, que fugiu do Irã com sua irmã (28), seu cunhado (30) e o sobrinho, um menino de 5 anos. A jovem mulher atraiu a atenção da assistente social por conta de seus desenhos livres de rostos, caretas e formas abstratas e seu afastamento depressivo crescente. Uma tensão estava aumentando dentro dela e ela aproveitou a oportunidade para pintar voluntariamente.

Quando Mania a viu pela primeira vez, percebeu sua aparência "meio de menino": o jeito de se vestir e seu cabelo curto, sem lenço. Ela sorria timidamente, mas sempre muito aberta, e agradeceu o tempo que demos a ela. Mostrou seus desenhos quando Mania os solicitou.

Aisha ficou muito aliviada por Mania não a ter achado louca ao ver seus "desenhos encriptados", pelo contrário, ela expressou seus pensamentos sobre eles e Aisha se sentiu muito compreendida. Com a irmã, e especialmente com o cunhado, ela se sentia muito incompreendida; ele sempre estava desvalorizando-a e acusando-a de coisas. Ela disse que essas imagens estavam dentro dela e que simplesmente "jorravam" para o papel. Isso a aliviava. E se não podia pintar, ela tirava fotos com seu celular e, como seus desenhos, elas expressavam estreitamento, vazio, prisão, repressão e invasão.

Figura 9.3

Aisha explicou o desenho da Figura 9.3. Ela é vista em um quarto com cortinas na janela. Na pintura, ela queria expressar o quão vazia se sentia – quase morta. Todos os machucados e as humilhações que experienciou ela tentou imprimir no rosto machucado e cheio de cicatrizes. Para ela, era insuportável ser vista apenas como uma mulher sem direitos. Uma mulher que poderia ser tomada e violada. Nenhum direito, nenhuma autodeterminação, apenas submissão.

Com a janela, Aisha expressou um grito de socorro. Seu desejo era que alguém olhasse por aquela janela, visse sua angústia e tentasse redimi-la ou libertá-la. O cálice sobre a mesa poderia ser um recipiente de esperança ou de veneno. É para ser visto como um copo de redenção em duas direções. De um lado, o copo convida uma pessoa a ficar, beber algo e ouvir (em sua cultura, a um visitante é oferecido chá para convidá-lo a ficar, e isso pode resultar em uma conversa). Ao mesmo tempo, o cálice é um copo de veneno que pode acabar com sua vida – se sua esperança de uma vida melhor não fosse cumprida.

Naquele tempo, Aisha disse que pensou frequentemente sobre terminar sua vida. Foi na segunda sessão que Aisha espontaneamente pintou este quadro.

Figura 9.4

Enquanto Aisha pintava, Mania percebeu que a jovem parecia cada vez mais sob pressão. As lágrimas rolavam pelo seu rosto, e palavras saíam dela de uma maneira que fez com que o intérprete tivesse dificuldade de seguir com a tradução. Ela estava desesperada com o papel e a posição das mulheres no Afeganistão e no Irã. Como mulher, você não teria direitos. Só teria de trabalhar e seria apenas um objeto sexual. Ela conta sobre ter sido tocada por seu tio quando tinha 8 anos. E que ele se deitou com ela na cama. Desde então, ela evitou estar perto dele. E começou a ter muito cuidado com os homens em geral. Ela esperava uma vida melhor aqui e desejava que pudesse aprender algo na Alemanha para retornar ao Afeganistão. Algo que lhe permitisse defender os direitos das mulheres.

Aisha contou que seus pais eram muito velhos e não podiam oferecer qualquer proteção. Eles estavam presos às velhas tradições. Era muito angustiante para ela compartilhar um quarto com a irmã e sua família, e sentia-se entregue à pressão e às censuras do cunhado, especialmente quando sua irmã não estava no quarto. Muito claramente, ela expressou o pedido de não viver junto com sua irmã nem seu cunhado no futuro.

Mania disse que se conectaria com a assistente social para discutir a situação atual do quarto e as possibilidades para a situação de habitação futura, e ela aceitou com gratidão. Ela também aconselhou Aisha a iniciar um diário de desenhos em que ela poderia gravar pensamentos e imagens a qualquer momento, sem ter que esperar por uma sessão de desenho.

O problema do quarto foi resolvido pelo assistente social dentro de alguns dias. Aisha conseguiu um quarto privado ao lado do quarto da irmã, que estava conectado por uma porta, fato que agradou tanto à irmã quanto ao cunhado. Um diário e canetas também foram providenciados.

Além disso, está prevista a oportunidade de viver num grupo habitacional de assistência a refugiados menores não acompanhados. Aisha expressa sua gratidão com lágrimas nos olhos. Antes da última sessão, havia tido a sensação de que não conseguiria mais suportar a pressão interna, ela estouraria e enlouqueceria; no entanto, durante a última sessão, ela pôde se libertar internamente. Ela nunca experimentou algo como o que a assistente social, o intérprete e Mania fizeram por ela. Estrangeiros fazendo tantos esforços por ela...

Ela mostra a Mania seu diário com orgulho: faz-lhe muito bem poder desenhar sempre que quiser. E ela se sente bem no novo quarto. No diário, ela mostra uma foto: mãos de um homem velho com uma bengala agarrando uma menina, as pernas presas no chão. Ela diz que seus pais eram muito idosos, sua mãe 52 anos e seu pai, 74. Sua mãe teria trabalhado muito em sua vida. Eles viviam no Irã em grande pobreza. Aisha nasceu no Irã e é a mais nova de oito crianças. Quando ela tinha dois dias de idade, seu pai tomou uma segunda esposa. Ele não seria visto pela família por três anos. Sua mãe e seus irmãos culparam Aisha pelo novo casamento e pela partida do pai. Ela era vista como uma espécie de criança amaldiçoada. Seria culpada por tudo, como se ela fosse um mau presságio. Recebia pouca atenção. Isso mudou um pouco depois que o pai voltou para a família. Ela não sabe o que aconteceu com a outra mulher. O pai era bastante indiferente, dava-lhe pouca proteção. Ele queria casá-la com um homem muito mais velho, mas isso não foi implementado. Ela não sabia o porquê, mas estava muito feliz com isso. Compreende o fato de que sua mãe permitiu que ela fosse para a Alemanha com a irmã e sua família como uma espécie de reparação. Sua mãe desejou que ela estivesse bem.

No Irã, ela não teria direitos como mulher afegã. Jovens mulheres afegãs eram tratadas por homens iranianos como presas e expostas a abusos permanentes. É por isso que ela tinha tentado tornar-se pouco atraente para os homens e vestir-se de forma infantil. Também não via perspectivas de ir à escola no Irã. Seus anos obrigatórios de frequência escolar haviam terminado, e o Irã não ajudaria os jovens afegãos, exceto por muito dinheiro.

Belwo (Figura 9.5) é outro quadro do diário de Aisha. É muito expressivo e tocante. Mostra muito bem como Aisha vê o papel das mulheres no Afeganistão.

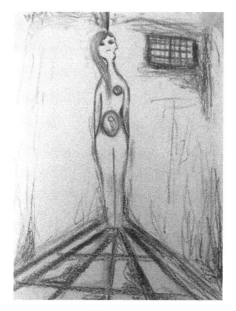

Figura 9.5

A ilustração mostra uma mulher grávida em um quarto estreito. O quarto lembra uma prisão. A mulher está em um canto. A linha escura sobre a cabeça da mulher parece uma corda de enforcamento. Nessa ilustração, Aisha queria mostrar que as mulheres por si mesmas têm pouquíssima liberdade de movimento. Uma mulher casada precisa obedecer ao marido – também na sexualidade. Mesmo depois de um aborto espontâneo e com o coração cheio de tristeza, a mulher tem de obedecer às investidas sexuais de seu marido. Não haveria respeito por suas emoções. Aisha tinha visto suas irmãs passando por isso. Ela expressou sua indignação em voz alta. O choque sobre isso ainda está presente nela.

Uma semana depois, a assistente social recebeu confirmação dos serviços sociais de que Aisha poderia viver em uma instituição no distrito de Kassel. Isso foi cuidadosamente planejado com Aisha, sua irmã e seu cunhado. Mania poderia continuar seu contato com

Aisha mesmo depois da transferência e diz que Aisha começa a ter mais confiança em si como menina e em seus desenhos.

Conclusão

Julia Kristeva, uma psicanalista francesa que é imigrante (da Bulgária), escreve em *Étrangers à nous-mêmes*:

> *Estrangeiro: a imagem do ódio e do outro, o estrangeiro não é nem a vítima romântica de nossa indolência familiar nem o intruso responsável por todas as transgressões. Nem a aproximação do apocalipse nem o adversário instantâneo a ser eliminado para apaziguar o grupo. Estranhamente, o estrangeiro vive dentro de nós: é o rosto oculto de nossa identidade.... Ao reconhecê-lo dentro de nós mesmos, somos poupados de detestá-lo em sua pele. (Kristeva, 1988, p. 9)*

No final da minha palestra em Kassel sobre a "presença" (Schlesinger-Kipp, 2015), mencionei os conceitos de "culpa de morte" e "culpa de vida" de Peskin: a "culpa de morte" se constrói a partir da compulsão à repetição da autodúvida, que duplica o passado no futuro; a "culpa de vida" tem o imperativo de fazer o futuro melhor, saber o que fazer e o que seria melhor não fazer. O *ethos* da "culpa de morte" de não fazer mal só leva ao desengajamento e à reprovação – tomando-se distância da injustiça –, a um discurso melancólico de culpa e ao afastamento da presença. A "culpa de vida", por outro lado, leva à intervenção e à relação, à responsabilidade de atuar no presente. Este projeto não é mais que uma tentativa de "culpa da vida", mas, também, nada menos.

Referências

Kristeva, J. (1988). *Étrangers á nous-mêmes*. Paris: Fayard.

Schlesinger-Kipp, G. (2015). About presence. Trabalho apresentado na Conferência DPV, *Proceedings Spring*, Kassel.

Straker, G. (1990). Permanent mental stress as traumatic syndrome – a unique therapeutic conversation. *Psyche, 44*(2), 144-162.

PARTE IV
Tolerância/intolerância diante da diversidade de gênero

10. Inveja diante dos atributos femininos, masculinos e andróginos[1]

Teresa Lartigue

Tradução: Ana Maria Rocca Rivarola

Conceito de inveja

A psicanálise é uma disciplina científica que tem como objeto de estudo os conflitos e as fantasias inconscientes (Leuzinger-Bohleber, 2015). O conflito central, segundo Freud (1920/1979), tem a ver com a luta cotidiana entre as pulsões de vida e de morte.[2] Dentre as últimas, a inveja, de acordo com Melanie Klein (1957/1971), é a "expressão pura da pulsão de morte" (p. 46).

---

1 Trabalho apresentado na Jornada do Comitê Mulheres e Psicanálise (COWAP) no Pré-Congresso da Federação Psicanalítica da América Latina (Fepal) – As Linguagens do Corpo: Gênero e Diversidade, nos dias 13 e 14 de setembro de 2016, em Cartagena, na Colômbia, uma versão reduzida foi apresentada no Painel do COWAP durante o 56º Congresso Nacional de Psicanálisis de la Asociación Psicoanalítica Mexicana, no dia 11 de novembro de 2016, em Zacatecas.

2 No *Diagnóstico Dinâmico Operacionalizado* (Grupo de Trabalho OPD, 2006/2008), os conflitos que se exploram são, em suas modalidades passiva ou ativa: individuação *versus* dependência, submissão *versus* controle, desejo de proteção e cuidado *versus* autarquia (autossuficiência), autovaloração, culpa edípica e identidade (de si mesmo, do *self*), dissonância de identidade.

O termo inveja "provém do latim, do verbo '*invideo*' que significa mirar com rancor, malignidade ou receio, também deriva de '*invedere*': ver com maus olhos" (Solís Garza, 1994/2000, p. 197). Essa emoção básica é um dos sete pecados capitais. No Dicionário Salvat, a inveja é

> *um afeto que se define como entristecer-se pelo bem alheio e alegrar-se pelo dano sofrido por outro. É o sentimento de animosidade contra aquele que possui alguma coisa que não possuímos ou não podemos conseguir e o desejo intenso de possuir algo que o outro tem. (citado por Vives, 1974/1991, p. 27)*

Para Klein (1957/1971), a inveja é "o sentimento hostil contra outra pessoa que possui ou goza de algo desejável e desperta o impulso invejoso de arrancá-lo do outro ou danificá-lo" (pp. 25-26). Segundo essa autora, a pessoa invejosa "se incomoda com a satisfação alheia. Somente se sente tranquila quando contempla a miséria de outros" (citada por Martínez Salazar, 1997, p. 195). Não se trata só de "querer o que o outro tem", mas de "querer que o outro não o tenha",[3] ou que o que tenha seja destruído, acabe-se, estrague-se... A satisfação do invejoso é ver como as posses ou o prestígio do semelhante se destroem ou se perdem (p. 195).

> *Freud, Jones e Reich esboçaram o retrato falado dos invejosos. Klein reconhece a inveja como uma parte importante do desenvolvimento do caráter e as defesas contra ela permanecem em algumas pessoas como características de suas relações de objeto. Hanna*

---

3 "A injustiça tem sua origem na inveja" (Martínez Salazar, 1997, p. 199).

Segal cunhou o termo: "caráter invejoso". (Solís Garza, 1994/2000, p. 198)

Solís Garza (1994/2000) distingue três tipos de caráter invejoso: o esquizoparanoide, o narcísico-maníaco e o depressivo--edípico. Schneider (1998) menciona, também, três constelações, observadas na clínica, que se encontram na interseção do desenvolvimento do ideal do ego e da inveja. As classificações desses dois autores se aplicam tanto aos heterossexuais quanto às pessoas da comunidade LGBTI (Lésbica, Gay, Bissexual, Transexual e Intersexual) ou LGBTQ (*Queer*). Glocer Fiorini (2015, p. 94) utiliza a denominação "migrações sexuais e de gênero" para se referir, metaforicamente, aos deslocamentos, ao nomadismo, ao fluxo e aos movimentos dos itinerários do desejo para além da norma heterossexual prefixada.

O mérito de Melanie Klein em *Inveja e gratidão* (1957/1971), segundo Vives (1974/1991), consiste em ter reconsiderado a inveja do pênis, retrocedendo para as fases mais iniciais do desenvolvimento ao recolocá-la em

sua fonte original: a inveja do seio nutridor da mãe em oposição à gratidão com relação a ele. Também expressa mais explicitamente a ideia de que, no homem, a inveja do seio pode se estender a outros atributos femininos, em particular, à capacidade procriativa (p. 33.)

Outra importante contribuição de Klein é "ter assinalado os mecanismos defensivos que emprega o ego perante o surgimento da inveja: a onipotência, a negação, a dissociação, a idealização, a exaltação do objeto e seus atributos e a confusão" (Vives, 1974/1991, p. 34), como também a identificação projetiva. Outras defesas

184   INVEJA DIANTE DOS ATRIBUTOS FEMININOS, MASCULINOS...

encontradas por ela são: a "fuga", por meio da qual o sujeito se afasta da mãe para dirigir-se a outras pessoas que são admiradas e idealizadas, com a finalidade de evitar os sentimentos hostis dirigidos a esse primeiro objeto mais importante e invejado, e também como uma forma de preservá-lo; a "desvalorização do objeto", pois dessa forma não precisa ser invejado; a "autodesvalorização", que ajuda a negar a inveja e, ao mesmo tempo, constitui um castigo por ela; o "provocar a inveja dos outros", por meio do sucesso pessoal; o "afastar-se das pessoas"; o *"acting out"*; a "reação terapêutica negativa" etc. E, finalmente, Klein especula, tanto quanto Freud, sobre "a base constitucional sobre a qual se assenta o sentimento de inveja" (citada por Vives, 1974/1991, p. 34).

Origem da inveja

Essa base constitucional e o fato de que se trate de uma inveja primária – pois está dirigida ao objeto primário que é o seio, tanto nos homens quanto nas mulheres – é um tema controvertido, que suscita uma série de questões na comunidade psicanalítica. Por exemplo, Etchegoyen e Rabih (1981) aceitam a teoria da inveja primária, mas questionam a pulsão de morte;[4] enfatizam que, embora a frustração do mundo exterior desempenhe um papel importante, à maneira de um evento traumático, não se deve negar a responsabilidade do sujeito invejoso. Santamaría (1997), seguindo a teoria do *self*, atribui a origem da inveja:

---

4 Etchegoyen e Rabih (1981) colocam as seguintes questões sobre a inveja: se ela é primária ou secundária, constitucional ou adquirida, endógena ou exógena, primordial ou composta. Assinalam que a inveja é constitucional, inata, e deve diferenciar-se dos termos: inveja primitiva e inveja adquirida, que têm criado uma enorme confusão, pois não se está falando desde o ponto de vista do desenvolvimento (ou epigenético).

a uma perturbação da identidade,[5] *vital para o sentimento de autocoesão e autoestima, que perturba, também, a ativação de talentos e habilidades e a aquisição de instrumentos cognitivos. Portanto, a prévia experiência de reafirmação de ser idêntico ou semelhante se fragmenta e se transforma em inveja. Essa experiência de inveja habitualmente inclui fantasias sobre o "outro que priva", o qual, ao deixar de ser percebido como um suporte restaurador, é vivenciado como inatingível. (p. 188)*

Tubert e Hernández de Tubert (1998), por sua parte, apoiados em Winnicott e Kohut, sustentam que a inveja não é primária, mas "surge mais tardiamente, como uma perturbação na relação entre o *self* do filho e a mãe como objeto diferenciado, por uma falha desta última em sua função de *self*/objeto, por uma capacidade insuficiente de empatia" (p. 47).[6] Martínez Salazar (1997) adota uma posição neutra quando assinala que "muitas vezes [a inveja] nasce junto com o homem e sua intensidade depende de fatores internos inatos mais que de fatores externos que a provoquem, [o que] confere à inveja o caráter de impulso constitucional" (p. 196).

É importante destacar que o objeto-seio ao qual se refere Klein não é o seio que alimenta o(a) irmão(ã) – tema enfocado pela clínica psicanalítica num importante número de casos e que a

---

5 "Terceira linha do desenvolvimento do *self* nuclear: a alteregoica/gemelaridade; alterego refere-se à semelhança entre o indivíduo e seu grupo, e gemelaridade alude à semelhança entre ambos os membros do par" (Santamaría, 1997, p. 187).

6 Coincidem com Etchegoyen e Rabih (1981) sobre a essência da inveja destrutiva ser o paradoxal ataque ao objeto e uma manifestação de uma qualidade interna do sujeito. É o resultado da internalização de experiências iniciais de relação, não como representações dos conteúdos, mas como deficiências dessa.

tradição judaico-cristã sustenta com o relato bíblico de Caim e Abel, ao qual Laverde (1998) dedica um ensaio –, refere-se ao seio que alimenta o próprio sujeito.

Diversos autores sugerem diferenciar a inveja do ódio, da voracidade, dos ciúmes e do ressentimento. Por exemplo, Alizade (1990), além de sustentar que a inveja provém do instinto de morte, assinala que é um afeto ao qual todo sujeito está exposto, em maior ou menor medida, enquanto o ódio, seu correlato, é constitutivo do ser humano.

Melanie Klein (1957/1971) enfatizou a importância de não confundir a voracidade com a inveja: "A inveja é projetiva e a voracidade é introjetiva e, sem dúvida, é uma poderosa manobra negadora" (p. 27).[7] Também assinala que "a inveja é diádica e os ciúmes triádicos, embora em ambas condições o vínculo instintivo e afetivo é com um objeto bom" (citada por Solís Garza, 1994/2000, pp. 204-205). No entanto, Sopena (1985) e Laverde (1998) assinalam que a inveja é triangular em virtude da representação do objeto idealizado que funciona como o terceiro.

Kancyper (1988) considera que o ressentimento e a inveja são manifestações diferentes da pulsão de morte.[8]

7　A idealização fantasiada seria: se o seio não existe, porque eu o suguei, o que fica para ser invejado no mundo externo? A voracidade maligna dos analistas exemplifica-se na cobrança exagerada de honorários, na exigência do pagamento imediato (às vezes, adiantado), na grande quantidade de pacientes, na exploração deles por motivos sociais, financeiros, políticos, sexuais etc. (Etchegoyen & Rabih, 1981).

8　"Não são caras da mesma moeda, mas também não se contrapõem…. O impulso invejoso tende a destruir o objeto em sua capacidade criadora e de gozo. O ressentimento e a inveja apresentam fantasias básicas e mecanismos de identificação projetiva diferentes… o primeiro utiliza uma forma menos destrutiva da identificação projetiva" (Kancyper, 1988, p. 968).

O sujeito invejoso persegue, como único fim, atacar o que o objeto tem de valioso, inclusive sua capacidade de dar. O sujeito ressentido, pelo contrário, sustenta que o objeto, embora mau em muitos aspectos, conserva o bom para si, em virtude de uma retentiva capacidade de dar. O bom, do qual ele foi injustamente privado, deveria lhe ser devolvido legalmente após um castigo reivindicatório. (p. 968)[9]

Proposta

Com relação à inveja dos atributos masculinos, femininos e andróginos, não se entrará em detalhes por uma limitação de tempo, mas se pretende expor, com base no Modelo Modular Transformacional de Hugo Bleichmar (1997, 1999), minha maneira de compreender os diversos processos de subjetivação das pessoas, sempre em relação com um outro. Esse modelo ainda está incompleto e inacabado (Lartigue, 1996).

Bleichmar (1997)[10] entende a psicopatologia (e se poderia acrescentar o desenvolvimento psíquico) como

---

9 "O afã de colecionar e de reter de maneira compulsiva são derivados invejosos" (Solís Garza, 1994/2000, p. 205).

10 Baseia-se principalmente nos conceitos do pensamento de Morin, de "modulação" de Chomsky e de Rousillon quando se refere ao aparelho psíquico como "um conjunto de processos de transformação (no sentido de Bion) de dados, de informação, de energias provenientes tanto de fora como de dentro, do atual como do passado" (Bleichmar, 1997, p. 25). Também, Stern e Lichtenberg se referem ao funcionamento psíquico como articulado por diversos sistemas de motivações que podem ter uma relação de complementaridade/integração ou de oposição/conflito.

> *o resultado da articulação* de processos, do encade-
> amento de sequências, *do encontro de componentes,*
> *cada um com sua história evolutiva e, principalmente,*
> das transformações *destes componentes no processo de*
> *articulação, de entrelaçamento de uns sobre outros e da*
> *criação de propriedades emergentes em que a articula-*
> *ção origina algo que não estava previamente em nenhum*
> *dos modelos componentes. (p. 25, grifos do autor)*[11]

Assim, um dos módulos se refere à *identidade psicossexual* –
postulada por Freud (1905/1983) nos *Três ensaios sobre a teoria da
sexualidade* e em outros escritos e enriquecida por Abraham
(1924/1959) com a distinção das fases oral, anal e fálica –, também
denominada organização genital infantil, latência e fase genital
propriamente dita, a partir da adolescência.

Outro módulo se refere à *identidade de gênero* proposta por Stoller (1964), que distingue três fases: a primeira é o núcleo da identidade de gênero; a segunda, o papel de gênero e a terceira, a escolha
do(a) companheiro(a) ou orientação sexual. Além dessa concepção
individual de gênero, é importante considerar a concepção holística,
global ou trans-subjetiva que estuda os sistemas sexo/gênero desde
diferentes perspectivas teóricas: a divisão social do trabalho e a organização do poder, tanto como sistema de *status* e prestígio social
quanto sistema de representações mentais. E também desde a perspectiva intermediária que considera o gênero como rede de crenças,
traços de personalidade, atitudes, sentimentos, valores, condutas e
atividades que diferenciam os homens das mulheres mediante um
processo de construção social (De Barbieri, 1996).

---

11 A esse respeito, ver também Bleichmar (1999).

O seguinte é o módulo da *identidade primordial*, desenvolvido por Mariam Alizade. Graciela Cardó (2017) diz que uma das principais contribuições de Alizade é "o conceito de 'núcleo de pedra', um espaço interno descarnado, sem sexo, centro de gravidade que sustenta o psiquismo. A autora, imaginariamente, nos remete à ideia de suporte, de esqueleto, de armação que dá unidade ao ser" (p. 217). Considera que

> *antes de ser varão ou mulher se é um ser humano. Introduz o conceito de "identidade humana" enquanto identidade que antecede o gênero e que está presente ao longo da vida como um universal da existência. O "núcleo de pedra" nos remete ao "objeto bom" descrito por Klein, que conforma o núcleo do ego, sustenta a mente no trânsito da vida. O "núcleo de pedra", "objeto bom" kleiniano, ao se instalar gradualmente na mente, dá lugar a profundas transformações. (Cardó, 2017, p. 217)*

O módulo da *identidade generativa*, formulado por mim e por Vives em 1994, refere-se à parentalidade, à maternidade e à paternidade. Baseia-se principalmente nas ideias de Grete Bibring e Dinora Pines. Ao enfocar esse tema, enfatizamos que o transcurso e a resolução de uma gestação dependem de uma série de fatores. Entre esses fatores, encontram-se

> *as características específicas da relação do casal (quando existe); a presença ou ausência do desejo de maternidade que se manifesta através do desejo ou não de engravidar, ou de ter um filho vivo; o tipo de fantasias conscientes e inconscientes associadas ao filho que vai nascer; o momento e amplitude em que se desenca-*

> *deiam as condutas maternas específicas (por exemplo, a resposta da mulher grávida ao perceber os movimentos fetais); a inter-relação das identificações da mulher grávida com sua própria mãe interna; a intensidade dos afetos de desprazer, ansiedade e depressão; e a intensidade dos conflitos inconscientes. (p. 31)*

Posteriormente, incorporamos os conceitos de Lebovici sobre a parentalidade, citados por Solis Pontón (2002/2004), que introduzem a tripla diferença: a diferença eu-não eu, a diferença de sexo e a diferença das gerações.

Finalizando, o módulo da *identidade subjetiva*, proposto por Leticia Glocer Fiorini (2015), poderia englobar e integrar todas as identidades anteriores. Ela assinala que

> *diante das novas formas de subjetivação e das ambiguidades e incertezas que marcam os processos de produção subjetiva,... é necessário ir além da lógica binária, além da polaridade masculino-feminino... Trabalhar com o paradigma da complexidade... da diferença sexual, com os binarismos e as diversidades sexuais... Esta via não elimina os dualismos, que já estão incluídos na linguagem, mas os inclui em organizações hipercomplexas. (pp. 101-102)*

Assinala também que, na produção de subjetividade – em termos de conjuntos heterogêneos em interseção –, temos de considerar a seguinte concepção tripartite:

> *a) A heterogeneidade anatômica dos corpos sexuados que sempre é significada... b) A pluralidade de identi-*

ficações (com relação ao projeto identificatório e ao desejo dos pais). Inclui, também, a identidade de gênero e suas possíveis ambiguidades. c) A sexualidade e o desejo inconsciente, que sempre atuam em excesso e vão além do já constituído. Por isso a eleição de objeto sempre é contingente, mas não arbitrária. (Glocer Fiorini, 2015, p. 102, grifo no original)

Também cita que "nenhuma das variedades mencionadas está fora das normas da cultura que atribuem significados a cada um desses planos e, portanto, são historiáveis. Isso ocorre num contexto de intrincadas determinações individuais, familiares e culturais" (Glocer Fiorini, 2015, p. 102).

À maneira de conclusão, com relação à inveja dos atributos femininos, cabe mencionar que Freud destacou, em diversas publicações, que a inveja do pênis, ou inveja fálica, nas mulheres é uma força primária ou motor do desenvolvimento da psicossexualidade feminina.[12]

Pergunto o que ocorre com os módulos, já mencionados, das diferentes identidades e com os outros sistemas motivacionais postulados por Hugo Bleichmar (1997) e Emilce Dio Bleichmar (2005): da sensualidade/sexualidade, do apego, do narcisismo, da regulação emocional e da hétero/autoconservação, todos eles ligados às pulsões de vida.

---

12 Esse tem sido um dos conceitos mais controvertidos do criador da psicanálise sobre o qual mais tem se escrito. Diversos autores, com os quais concordo, falam de uma "feminidade primária"; Mayer (1985) ilustra o caso da pequena Emily, de 20 meses de idade, que assume que "todo mundo deve ser como eu" (*everybody must be just like me*); modificando a hipótese da primazia que deu Freud ao pênis/falo.

192 INVEJA DIANTE DOS ATRIBUTOS FEMININOS, MASCULINOS...

Seria necessário continuar trabalhando no sistema motivacional da inveja como expressão das pulsões de morte, ou "do programa geneticamente determinado para a morte... [e repensar] os conceitos de agressão, de agressão fria, de perversidade ou tendência ao mal, como também de certas formas de destrutividade" (Vives, 2013, p. 406). Do mesmo modo, explorar suas diferenças não só com relação aos homens, mas também com relação ao interior das mulheres e ao interior dos homens.

Como se pode ver, o estudo da inveja é um tema muito amplo. Ainda fica por determinar o papel desse afeto em relação aos atributos femininos[13] e aos atributos andróginos.[14] Na clínica psicanalítica, pode-se observar que os motivos da inveja são infinitos e esta sempre deve ser interpretada (Etchegoyen, López, & Rabih, 1985), nunca de maneira prematura nem unilateral. É preciso apoiar-se em *Eros* para elaborar o intenso sofrimento que provoca o sentimento invejoso (Solís Garza, 1994) e estar atento às representações inconscientes e aos preconceitos de gênero (Lartigue, 1998).

Nessa mesma linha, é importante relacionar o conceito de inveja com o de carência e com a clínica do vazio e, também, articular sua relação com a genealogia da violência contra as mulheres e as crianças.

Referências

Abraham, K. (1959). Un breve estudio de la evolución de la libido, considerada a la luz de los trastornos mentales. Parte II. In K.

---

13 A esse respeito, ver os trabalhos de Van Leeuwen (1966), Moreno Corzo (1965) e Prado Huante (1965).
14 Ver Heilbrun (1964/1982) e Bem (1974).

Abraham, *Psicoanálisis clínico* (pp. 365-381). Buenos Aires: Hormé. (Trabalho original publicado em 1924).

Alizade, M. (1990). Caminos de la envidia desde los aportes de Melanie Klein. *Revista de Psicoanálisis, 47*(2), 266-273.

Bem, S. L. (1974). The measurement of psychological androgyny. *Journal of Consulting and Clinical Psychology, 42*(2), 155-162.

Bleichmar, H. (1997). *Avances en psicoterapia psicoanalítica: hacia una técnica de intervenciones específicas.* Barcelona: Paidós.

Bleichmar, H. (1999). Fundamentos y aplicaciones del enfoque modular transformacional. *Aperturas psicoanalíticas: Revista Internacional de Psicoanálisis, 1.* Recuperado de http://www.aperturas.org/articulos.php?id=0000052&a=Fundamentos-y--aplicaciones-del-enfoque-modular-transformacional.

Cardó, G. (2017). Alcira Mariam Alizade. In C. S. Holovko, & F. Thomson-Salo (Eds.), *Changing sexualities and parental functions in the twenty-first century* (pp. 211-224). London: Karnac.

De Barbieri, T. (1996). Certezas y malos entendidos sobre la categoría género. In S. Guzmán, & L. G. Pacheco (Comps.), *Estudios básicos de derechos humanos IV* (pp. 47-84). San José, Costa Rica: Instituto Interamericano de Derechos Humanos, Comisión de la Unión Europea.

Dio Bleichmar, E. (2005). *Manual de psicoterapia de la relación padres e hijos.* Barcelona: Paidós.

Etchegoyen, H., & Rabih, M. (1981). Las teorías psicoanalíticas de la envidia. *Psicoanálisis, 3*(2/3), 359-384.

Etchegoyen, H., López, B., & Rabih, M. (1985). De la interpretación de la envidia. *Psicoanálisis, 42*(5), 1019-1041.

Freud, S. (1920). Más allá del principio del placer. In S. Freud, *Obras completas* (L. Etcheverry, Trad., Vol. 18, pp. 1-62). Buenos Aires: Amorrortu. (Trabalho original publicado em 1920).

Freud, S. (1983). Tres ensayos de teoría sexual. In S. Freud, *Obras completas* (J. L. Etcheverry, Trad., Vol. 7., pp. 109-224). Buenos Aires: Amorrortu. (Trabalho original publicado em 1905).

Glocer Fiorini, L. (2015). *La diferencia sexual en debate: cuerpos, deseos y ficciones.* Buenos Aires: Lugar Editorial.

Grupo de Trabalho OPD (2008). *Diagnóstico dinámico operacionalizado* (OPD-2). Barcelona: Herder. (Trabalho original publicado em 2006).

Heilbrun, C. (1982). *Toward a recognition of androgyny.* New York, London: Norton. (Trabalho original publicado em 1964).

Kancyper, L. (1988). Sobre el resentimiento y la envidia en la sexualidad. *Revista de Psicoanálisis, 46*(6), 967-980.

Klein, M. (1971). *Envidia y gratitud: emociones básicas del hombre.* Buenos Aires: Hormé. (Trabalho original publicado em 1957).

Lartigue, T. (1996). Salud reproductiva: una aproximación desde el psicoanálisis y el postestructuralismo. *Perinatología y reproducción humana, 10*(2), 132-142.

Lartigue, T. (1998). Reacciones inconscientes de género: su influencia en la contratransferencia. *Cuadernos de Psicoanálisis, 31*(1/2), 23-41.

Laverde, E. (1998). La envidia: el complejo de Caín. *Revista de la Sociedad Colombiana de Psicoanálisis, 23*(4), 510-522.

Leunzinger-Bohleber, M. (2015). Development of a plurality during the one hundred year old history of research of Psychoanalysis. In M. Leunzinger-Bohlever, & H. Kachele (Eds.), *An open door review of outcome and process studies in psychoanalysis (ODRIII)* (3a ed., pp. 18-36). London: International Psychoanalytical Association.

Martínez Salazar, F. (1997). La envidia: un mal de nuestro tiempo. *Cuadernos de Psicoanálisis, 30(3/4)*, 193-202.

Mayer, H. (1985). "Everybody must be just like me": observations on female castration anxiety. *International Journal of Psychoanalysis, 66*, 331-347.

Moreno Corzo, L. (1965). Envidia de la matriz: la magia (La couvade). *Cuadernos de Psicoanálisis, 1(4)*, 329-335.

Prado Huante, H. (1965). La envidia de la matriz (La génesis en la mitología japonesa). *Cuadernos de Psicoanálisis, 1(4)*, 337-341.

Santamaría, A. (1997). El origen selfico de la envidia. *Cuadernos de Psicoanálisis, 30(3/4)*, 186-192.

Schneider, M. (1998). Envidia primaria y la creación del ideal del yo. *Libro Anual de Psicoanálisis, 4*, 157-166.

Solís Garza, H. (2000). El carácter envidioso: vigencia de Melanie Klein. In H. Solís Garza, *Los que se creen dioses: estudios sobre el narcisismo* (pp. 197-213). Cidade do México: ARPAC, Plaza y Valdés. (Trabalho original publicado em 1994).

Solís Pontón, L. (2004). *La parentalidad, desafío para el tercer milenio: un homenaje a Serge Lebovici.* Cidade do México: El Manual Moderno. (Trabalho original publicado em 2002).

Sopena, C. (1985). Amadeus: reflexiones acerca de la envidia. *Revista de Psicoanálisis de Madrid, 2*, 75-88.

Tubert, J., & Hernández de Tubert, R. (1998). Envidia y creatividad. *Cuadernos de Psicoanálisis, 31*(1/2), 43-54.

Van Leeuwen, K. (1966). Pregnancy envy in the male. *International Journal of Psychoanalysis, 47*, 319-324.

Vives, J. (1991). El carácter envidioso. In J. Vives, *Estrategias psicoterapéuticas* (pp. 27-37). Cidade do México: Editorial Pax. (Trabalho original publicado em 1974).

Vives, J. (2013). *La muerte y su pulsión: una perspectiva freudiana.* Cidade do México: Paidós.

Vives, J., & Lartigue, T. (1994). *Manual de psicoterapia breve durante el embarazo y la lactancia.* Cidade do México: Universidad Iberoamericana.

11. Continência do analista diante da diversidade[1]

Cristina Maria Cortezzi

O tema da diversidade sexual, que tem sido tão amplamente discutido nos últimos tempos, não pode ser debatido desvinculado da cultura, pois é algo que vem gerando sentimentos de exclusão, vergonha, culpa, baixa autoestima, sendo visto como algo que desqualifica, como um demérito.

Sabe-se que essa condição existe há séculos como se vê em fatos reportados na história. Os guerreiros espartanos levavam jovens consigo nas batalhas como aprendizes e para que servissem para suas necessidades sexuais. E isso era natural e legitimado. Mas até bem pouco tempo atrás, 1990, a homossexualidade era catalogada como doença no Código Internacional de Doenças (CID).

E onde entra a psicanálise?

---

1 Trabalho apresentado na Jornada do Comitê Mulheres e Psicanálise (COWAP) no Pré-Congresso da Federação Psicanalítica da América Latina (Fepal) – As Linguagens do Corpo: Gênero e Diversidade, nos dias 13 e 14 de setembro de 2016, em Cartagena, na Colômbia.

nas relações da psicanálise com a homossexualidade, não se trata tanto de construir um corpus de saber sobre a origem e o funcionamento da homossexualidade, mas de analisar a hostilidade teórica, clínica, contratransferencial e subjetiva provocada por esta escolha de objeto.[2]

Há não muito tempo, termos chulos eram usados para referir-se aos "homo", des-subjetivando-os. De uns tempos para cá, importou-se o nome "gay", que universaliza o homoerotismo masculino colocando-o num outro *status*.

Hoje, constata-se uma mudança cultural, uma maior aceitação social, legitimando as uniões e os casamentos entre pessoas do mesmo sexo, possibilitando a adoção de crianças e reconhecendo essa realidade, antes negada ou deixada junto aos excluídos.

Os meios de comunicação têm favorecido essa revisão de conceitos e preconceitos, na medida em que procuram colocar e até exageram, nas novelas, situações com as quais deparamos no cotidiano.

A clínica põe o analista em contato com essas questões, possibilitando reflexões sobre como se pensa e como se sente diante dessas novas configurações que se apresentam.

Somos parte dessa cultura, desses valores, e, embora tenhamos a oportunidade de refletir sobre o nosso trabalho, somos também afetados.

Mesmo nos dias atuais, depara-se com a preocupação por parte dos pais, principalmente com relação ao filho, no sentido de ter de fazer dele outro homem quanto ao gênero, mobilizando esses pais a colocar seus meninos em esportes de grupo e lutas, como futebol, judô, karatê, para estimular a masculinidade (como se isso fosse

---

2 Comunicação pessoal com Ayouch, T.

possível). É comum o pai tentar reprimir no menino o que possa representar uma ameaça de se fazer uma escolha pelo mesmo sexo.

Se um menino quer segurar uma boneca, isso lhe é retirado até com certa aspereza. Já com relação à menina, se ela quiser brincar com coisas "de meninos", ou participar de jogos mais violentos, isso não representa um risco que afete o gênero. Ou seja, embora isso esteja mudando, muitos pais não aceitam as opções, condições e orientações dos filhos. Isso tem sido tratado como algo que possa ser evitado pelos pais, ou curado pelos analistas.

Também se apresenta uma contrarreação, ou seja, pais estimulando os filhos a viverem o que quiserem, podendo usar "coisas de menina", pois eles é que vão se decidir no futuro. Pais ficam tão preocupados que acabam sendo liberais a ponto de atrapalhar o processo natural de identificação com os próprios pais, criando o "gênero neutro". Esse termo merece mais considerações, somando--se aqui o que Green e outros autores têm a contribuir.

A situação de pretender que uma criança seja "neutra" pode ser tão danosa quanto querer reprimir interesses ou tendências para outro gênero que não o biológico. É natural que a criança imite tanto o pai como a mãe, bem como outros adultos do seu convívio.

Da infância até a puberdade, contatos homoeróticos podem representar uma experimentação, uma brincadeira (de médico, troca-troca). Isso não significa que seja uma escolha de objeto, mas uma curiosidade de conhecer o corpo e as sensações que esse contato desperta, seja com o mesmo sexo ou com o oposto. A escolha de objeto acontece em geral na puberdade, que é um momento de tumulto e mudanças importantes.

Apresentam-se, aqui, alguns exemplos da clínica que podem contribuir para essas reflexões.

Exemplo 1

Juliana tinha um ressentimento da mãe e raramente a procurava, embora sentisse falta dela. Tiveram pouco contato, mesmo físico, ficando a menina mais com o pai ou a avó. A mãe tentava restabelecer o vínculo, mas sem muita insistência. Doce e meiga, nos seus 13 anos, vivia com o pai, pois a mãe havia se casado novamente e não havia espaço para ela na casa (embora fossem relativamente "bem de vida"). Seu corpo já era de moça, e ela se vestia com roupas muito básicas, sem evidenciar suas formas, algo neutro. Faltou a ela um investimento afetivo que pudesse deixar marcas identificatórias. O pai me procurou pelo fato de ela não querer sair do quarto, fazendo ali mesmo suas refeições. Ela ia à escola mesmo sem ter muito interesse. Juliana contou-me, com muita naturalidade, que ela e a irmã foram a uma festa e que viu a irmã mais velha "ficando" com outra menina. E ela resolveu fazer o mesmo, porque sentiu vontade. Acredito que não foi somente para imitar a irmã, mas havia uma busca pelo feminino. Embora ela não demonstrasse muito interesse pelos meninos que se aproximavam dela, nem as meninas a interessavam de fato. Apenas "ficava" com o que surgisse. Juliana gostava mesmo era ficar sozinha no seu quarto, ouvindo música ou na internet. Ela me contava suas experimentações, um pouco para me testar, para ver se eu a aceitava ou rejeitava, se ficava chocada, se aprovava, e eu interpretava seu desejo de ver a minha reação diante de seus relatos. Pensava comigo mesma que era uma necessidade de buscar no corpo de outra mulher algo do feminino, como dito anteriormente, que a ajudasse a constituir-se como mulher por meio de outra mulher. Faltou, na realidade, um investimento por parte de ambos os pais, acredito.

O fato de eu poder compreendê-la, e não censurá-la, como ela temia, possibilitou a Juliana falar dos seus sentimentos de culpa pelo que estava fazendo com a sua vida e sentir tristeza por isso. Sua postura desafiadora e provocativa foi sendo aos poucos substituída por um alívio de poder entrar em contato com os sentimentos que de fato a estavam afetando e fazendo-a sofrer. Na realidade, sua condição era bem mais complexa do que está sendo descrito aqui.

Mas nem sempre um jovem tem a possibilidade de repensar suas experiências, principalmente junto a alguém que possa estar acompanhando esses bruscos movimentos dos adolescentes.

Como diz Outeiral (2001, p. 101), "nesta era da pós-modernidade, parece que estamos na era do descartável, do efêmero", ao mencionar características como a dessubjetivação, a desistoricização e a banalização. Diz ele ainda que:

> "hoje" mais do que "ontem", nos deparamos com adolescentes "atuadores";... a cadeia impulso-pensamento cede lugar à supressão do pensamento que demanda elaboração,... baixa tolerância à frustração, dificuldades em postergar a realização de desejos e necessidade de descarga imediata. (Outeiral, 2001, p. 101)

O que se vê hoje é que não existe mais tanta necessidade por definições nas questões de gênero, como já houve em tempos atrás. Os jovens, em geral, não querem definições. E as escolas estão dando atenção ao assunto. As mudanças vêm ocorrendo numa velocidade difícil de acompanhar. Se, de um lado, parece haver até uma banalização por parte dos jovens, ou mesmo um movimento para criar o gênero neutro, ocorre também um movimento de aceitação, até de radicalização, chegando-se ao ponto de ter preconceito contra quem tem preconceito.

Exemplo 2

Em 40 anos de clínica, uma única vez recebi um rapaz nos seus 20 anos, muito angustiado, que dizia, chorando: "Eu não quero ser gay. Isso seria muito pesado e vergonhoso para mim, eu não suportaria, nem assumiria diante dos meus pais, parentes e amigos. Mas eu tentei ficar com meninas e não senti nada". A maioria que vem em busca de análise não traz a homossexualidade como algo a ser pensado. Joyce McDougall (1988) traz uma contribuição: "o homossexual encara sua vida erótica como seu bem próprio e parte integrante de sua identidade e ele se sente ameaçado que isso lhe seja tirado" (p. 183).

Existem equívocos com relação à identidade de gênero: a dificuldade que um homem encontra em ter relações sexuais com uma mulher não significa que sua escolha de objeto seja homossexual. Mas, nesse caso, ele negava as evidências de que sua identidade de gênero estava se apresentando, definindo-se para ele. Suas angústias foram ouvidas e elaboradas, possibilitando que aceitasse sua condição.

Exemplo 3

Lembrei-me de Paulo, homem feito nos seus 33 anos, que veio ao consultório pois não sabia se queria continuar com a namorada, estava confuso quanto aos seus sentimentos. Gostava dela, estavam juntos há cerca de dois anos, davam-se muito bem sexualmente, segundo ele, mas já não sentia o mesmo interesse de antes.

Com muita dificuldade, após alguns meses de trabalho, ele me relatou que, de vez em quando, saía com um rapaz e que isso lhe agradava, ao mesmo tempo que trazia intensos sentimentos de culpa. "Eu fico muito mal depois, mas não consigo resistir. Não é um namoro, nem quero ficar com ele, a gente quase nem se fala, mas, quando ele me procura, eu vou. Preciso dizer que eu também o procuro. Mas fica nisso. Eu não quero isso para minha vida, não aceito isso em mim, eu quero viver com uma mulher, constituir família, ter filhos, mas como vou contar isso para uma namorada? Mesmo que eu consiga parar com isso, não posso esconder esse passado dela, não seria certo. E se eu contar, que mulher ficaria comigo?" Ele vivia a bissexualidade com muito conflito, com sofrimento. "Meu pai nem imagina isso de mim, do filho dele. Ele morreria se soubesse." A bissexualidade acaba sendo uma condição que muitos sustentam sem se revelar. Outros, como nesse caso, vivem um intenso conflito. Paulo se via sem saída, e essa era sua maior angústia. Sentia-se prisioneiro dessa condição.

Silvia Bleichmar (2006), uma psicanalista que vem estudando questões de gênero, escreveu um livro intitulado *Paradoxos da sexualidade masculina*, no qual escreve que "a fantasia de penetração entre homens não necessariamente revela uma homossexualidade, mas, paradoxalmente, um desejo de masculinização por meio da fantasia de incorporação do pênis paterno" (p. 19). Essa fantasia, inclusive, pode estar abrindo caminho para a heterossexualidade. Diz ela também que seria impossível uma identificação com o pênis paterno (ou substituto) "sem um enlace de amor com ele" (Bleichmar, 2006, p. 30).

Graças à bissexualidade comum a ambos os sexos, um menino também pode ter uma atitude passiva, feminina em relação ao pai, e até hostil com a mãe e vice-versa. Um menino pode também ter características mais "femininas", no seu jeito de falar, vestir, e não gostar de futebol. Isso pode diferenciá-lo da maioria dos meninos, mas não necessariamente ele vai ter no futuro uma preferência pelo mesmo sexo.

A bissexualidade, comum nos dias de hoje, nem sempre é motivo de conflito. Muitos convivem com ela, inclusive perguntando quando começam a namorar: "sou bissexual, tudo bem para você?". Na realidade, o nosso trabalho não tem o foco nessa questão, nem a olha como um sintoma, como se pensava em outros tempos.

Roughton (1999) afirma que conhecer a orientação sexual de uma pessoa não nos diz nada acerca de sua saúde ou sua maturidade psíquica, nem acerca do seu caráter, dos seus conflitos íntimos ou de sua integridade: "um paciente homossexual limítrofe terá muito mais em comum com um paciente heterossexual limítrofe que com uma pessoa homossexual psicologicamente saudável" (p. 1291).

Exemplo 4

Roberta, mulher dos seus quarenta anos, muito bem cuidada nos detalhes de brinco, anéis, maquiagem e cabelo, demorou a me dizer que tinha uma namorada de muitos anos, mas que, por ela morar longe, em outro país, elas se viam pouco. Roberta, profissional bem-sucedida, estava pensando em largar tudo para ir morar com essa namorada.

Mas não foi fácil para ela me contar tudo isso, ela que tinha uma posição social privilegiada e era conhecida nos meios de comunicação. Sentia imensa vergonha e era como se contar-me fosse uma concessão à revelia de si mesma.

Roberta, terceira filha depois de dois irmãos, ressentia-se da preferência que a mãe tinha pelos filhos homens. Referia-se a ela como submissa ao pai e muito sofrida. O pai, dominador, tratava muito mal as mulheres da casa. Roberta dizia que jamais se casaria, pois não queria ser como a mãe, nem queria um homem que pudesse ser como o pai. Ela se colocava como o "bom homem" para a mãe.

Florence Guignard (2001) afirma que "certas formas de homossexualidade feminina podem ser consideradas como a expressão mais evidente desse desejo de retorno ao útero materno" (p. 232). No caso de Roberta, ela era "a boa mãe e o bom marido para a mãe".

Já Joyce McDougall (1988) sustenta que a homossexualidade feminina pode ser vista como "uma tentativa de manter um equilíbrio narcísico, escapando à identificação simbiótica e perigosa, reclamada pela imago materna, e conservando, ao mesmo tempo, a identificação inconsciente com o pai, elemento essencial para essa frágil estrutura" (p. 227).

De acordo com essa autora, a menina identifica-se com sua mãe, mas as identificações com o pai também são necessárias para uma vida adulta equilibrada. Roberta queria ter a certeza de que seria aceita. Na realidade, estava dividida, pois nem ela mesma aceitava sua condição e não se via assumindo-a publicamente.

A aceitação de si mesmo, bem como sentir-se aceito pelos familiares, é uma questão comum. O que a trouxe para a análise foi a dificuldade em assumir essa condição para a família e os amigos, pois não aguentava mais esconder, vivia em conflito e pressionada pela namorada para que se revelasse a todos. Namorada esta que a deixou subitamente, provocando um sofrimento maior ainda. Muitas vezes, o analista acaba sendo também continente para as angústias dos pais, pois nem sempre os pais aceitam, como veremos no próximo exemplo.

Exemplo 5

Renato, um belo rapaz de jeito másculo, voz firme e grave, nos seus 25 anos, veio me procurar, pois queria romper um namoro de quatro anos com um homem que tinha o dobro da sua idade. "As coisas esfriaram", dizia ele, "e não sei como dizer isso a ele, que é apaixonado por mim. Eu estou sofrendo muito para fazer esse rompimento. Conheci outro homem, também bem mais velho (só gosto de grisalhos), e quero ficar com ele, com quem venho me encontrando, mas não me sinto bem fazendo isso."

Chamava-me a atenção o ressentimento que ele tinha da ausência do pai, ficando somente com a mãe e os irmãos.

Renato vinha procurando homens que poderiam ser seu pai. E ele não podia se dar conta de um possível equívoco, pois em nenhum momento se questionou, parecendo ser um assunto intocável. Ele teve uma namorada, na adolescência, mas não tinha interesse em mulheres. Adorava as amigas.

Um dia, chegou me dizendo que sua mãe, que morava em outro país, viera visitá-lo e insistia em querer me conhecer, conversar comigo. Relutei, mas, em virtude da sua insistência, agendamos o encontro em outro horário que não o das nossas sessões de análise. E pedi que ele viesse junto. Entrou na sala uma elegante senhora de meia-idade e logo começou a dizer que estava contente por seu filho estar se tratando, pois ele havia se declarado a ela como sendo... "Como posso dizer... Bem... Ele me disse que era..." Retruca ele, "Gay, mãe, gay".

Ela começa, então, a chorar dizendo que até o pai aceita-o com esse defeito, mas ela não consegue. E que tinha muita esperança de que eu o curasse disso, dessas ideias que ele pôs na cabeça. A mãe possuía bom nível cultural, o que não quer dizer nada quanto a ter condições para abrigar afetivamente o filho e suas escolhas. Os irmãos o aceitavam e davam todo apoio a ele. Conversamos bastante, e ele pôde se colocar abertamente diante da mãe, dizendo que sentia muito dar esse desgosto a ela. Renato levantou-se e abraçou a mãe, emocionado. Eu também me emocionei.

Essa situação me remeteu a uma carta de Freud, de 19 de abril de 1935:

Minha querida senhora:

Lendo a sua carta, deduzo que o seu filho é homossexual. Chamou fortemente a minha atenção o fato de a senhora não mencionar este termo na informação que acerca dele me enviou.

Poderia lhe perguntar por que razão? Não tenho dúvidas de que a homossexualidade não representa uma vantagem. No entanto, também não existem motivos para se envergonhar dela, já que isso não supõe vício nem degradação alguma.

Não pode ser qualificada como uma doença e nós a consideramos uma variante da função sexual. Muitos homens de grande respeito da Antiguidade e da atualidade foram homossexuais, dentre eles alguns dos personagens de maior destaque na história, como Platão, Michelangelo, Leonardo Da Vinci.

É uma grande injustiça e também uma crueldade perseguir a homossexualidade como se fosse um delito....

Ao perguntar se eu posso lhe oferecer a minha ajuda, imagino que isso seja uma tentativa de indagar acerca da minha posição em relação à abolição da homossexualidade visando substituí-la por uma sexualidade normal.

A minha resposta é que, em termos gerais, nada parecido podemos prometer....

> *A análise pode fazer outra coisa pelo seu filho. Se ele estiver experimentando descontentamento por causa de milhares de conflitos e inibição em relação à vida social, a análise poderá lhe proporcionar tranquilidade, paz psíquica e plena eficiência, independentemente de continuar sendo homossexual ou de mudar sua condição. (Freud, 1935/1963, p. 470)*

Quando encontrei essa carta, que veio ao encontro do que eu havia vivido com Renato e sua mãe, admirei a maneira como Freud tão bem colocou essa questão. E, para minha surpresa, o colega lá no início do livro também a encontrou e utilizou para ilustrar esse assunto.

Referências

Bleichmar, S. (2006). *Paradojas de la sexualidad masculina*. Buenos Aires: Paidós.

Freud, S. (1963). *Epistolário: 1873-1939*. Madrid: Biblioteca Nueva.

Guignard, F. (2001). Materno ou Feminino? *Revista Brasileira de Psicanálise, 8*(2), 225-238.

McDougall, J. (1988). A homossexualidade feminina. In J. Chasseguet-Smirgel, *Sexualidade feminina: uma abordagem psicanalítica contemporânea* (pp. 183-227). Porto Alegre: Artes Médicas.

Outeiral, J. (2001). Adultos modernos e adolescentes pós-modernos. In C. Weinberg (Org.), *Geração delivery* (pp. 97-114). São Paulo: Sá.

Roughton, R. (1999). La cure psychanalytique des homosexuels hommes et femmes. *Revue Française de Psychanalyse, 63*(4), 1281-1301.

Bibliografia complementar

Colling, L. (n.d.). *Mais definições em trânsito: teoria Queer*. Disponível em http://www.cult.ufba.br/maisdefinicoes/TEORIA-QUEER.pdf.

Costa, G. P. (2016). *Considerações psicanalíticas sobre sexualidade e gênero*. Recuperado de http://gleypcosta.com.br/images/pdf/sexualidade_genero.pdf.

Freud, S. (1976a). A psicogênese de um caso de homossexualismo numa mulher. In S. Freud, *Edição standard brasileira das obras psicológicas completas de Sigmund Freud* (Vol. 18, pp. 185-212). (Trabalho original publicado em 1920).

Freud, S. (1976b). Três ensaios sobre a teoria da sexualidade. In S. Freud, *Edição standard brasileira das obras psicológicas completas de Sigmund Freud* (Vol. 7, pp. 135-252). Rio de Janeiro: Imago. (Trabalho original publicado em 1905).

Leite, O. F. (2016, junho). *Aspectos da sexualidade humana e os psicanalistas*. Trabalho apresentado no XII Diálogo Latino-Americano Intergeracional entre Homens e Mulheres, São Paulo.

12. Aspectos da sexualidade humana e os psicanalistas[1]

Oswaldo Ferreira Leite Netto

Homo sum: humani nihil a me alienum puto.[2]

Terêncio

Sinto-me honrado em escrever neste livro sobre este tema: "psicossexualidades". Esse termo introduzido por Freud (1910/ 2013), "enfatizando que o elemento psíquico da vida sexual não deve ser esquecido nem subestimado" (p. 327), expressa também a verdadeira revolução que Freud operou, uma ruptura teórica, epistemológica, estendendo a noção de sexualidade a uma disposição psíquica universal e extirpando-a de seu fundamento biológico, anatômico e genital, fazendo da sexualidade a essência da atividade humana.

Pessoalmente, considero que o grande desafio proposto à psicanálise pela contemporaneidade no tocante à sua função

---

1 Trabalho apresentado no XII Diálogo Latino-Americano Intergeracional entre Homens e Mulheres – Desafios da Psicanálise frente às Novas Configurações Sexuais e Familiares, nos dias 3 e 4 de junho de 2016, na Sociedade Brasileira de Psicanálise de São Paulo (SBPSP).

2 Sou humano e nada reputo alheio a mim do que é humano.

normatizadora e patologizante – que caracteriza, a meu ver, um desvio – são a oportunidade e a clareza com que se pode efetuar a retomada da psicanálise como instrumento de contestação permanente das normas.

Emancipação dos sujeitos e atenção à singularidade é a especificidade desse campo de conhecimento e instrumento de investigação do mental humano. E o que caracteriza e possibilita essa atividade clínica, que, nascida no seio da medicina, em função de necessidades médicas, rompe radicalmente com ela?

Já em 1905, a partir de *Três ensaios sobre a teoria da sexualidade* (Freud, 1905/1972), pode-se dizer que um novo estatuto é dado às chamadas perversões, ao fetichismo, ao sadomasoquismo e à homossexualidade.

Coordenando um grupo de estudos da diretoria científica, em nossa Sociedade Brasileira de Psicanálise de São Paulo (SBPSP), que tem se ocupado da questão homossexual, tem-se constatado que, no próprio movimento psicanalítico, não há unanimidade de opiniões e posicionamentos e que a homofobia persiste, velada às vezes, explícita em algumas falas.

A criação do grupo mobilizou muitos colegas interessados e estamos funcionando há quatro anos, o que tem permitido um aprofundamento no tema, sobretudo nas questões epistemológicas, ideológicas e políticas suscitadas por ele. Como a psicanálise pode contribuir para se pensar a diversidade sexual, as novas configurações sexuais? Considero a psicanálise um instrumento que permite ir além de normal e patológico, adequado ou inadequado, numa clínica emancipadora de pessoas, para enxergar e fazer enxergar a vida como ela é.

Homossexualidade é assunto controvertido. Colegas me procuraram: não hostis, muito pelo contrário – cuidadosos e amigáveis, mas sugerindo discrição e mudança de nome do grupo de estudos, preocupados que eu começasse a criar problemas onde não existiam. Houve momentos de perplexidade também diante de alguns que se mostraram hesitantes em vir às reuniões do grupo: não queriam ser considerados eles mesmos homossexuais – postura surpreendente para herdeiros de Freud e, portanto, não leigos em se tratando de moralismos religiosos e patologizações medicalizantes.

Quer queiramos, quer não, no mundo em que vivemos, surgem outras formas de relação entre os sexos, novas modalidades de aliança e filiação, visíveis e legalizadas. Homoerotismo, homoafetividade e homoparentalidade estão aí e dirigem várias perguntas a nós e a nossos modelos. Pessoas do mesmo sexo podem casar-se, e casais homoafetivos podem adotar crianças. O mundo se transforma e se organiza. Como analistas podem oferecer ajuda e contribuições psicanalíticas às pessoas que os procuram – pessoas querendo atenção, afeto, consideração pessoal, envolvimento, implicação (demanda psicanalítica) e vivendo escolhas afetivas e eróticas satisfatórias fora do modelo da família conjugal, já legalizadas por providências da sociedade?

Sustentar uma posição psicanalítica não é coisa fácil. Nunca foi. Estar na contracorrente nos é familiar e próprio da psicanálise desde o seu início. Para Freud, foi fonte de preocupações, demandando muito trabalho, muita competência e seriedade para permanecer no campo científico com a especificidade própria. Jean Laplanche (2001/2003) chama de "descaminhos" certas apropriações, aplicações e desenvolvimentos que a obra de Freud toma, exigindo dos analistas que voltem sempre ao que é fundamental, ao que define primordialmente a psicanálise e que dá o caráter singular da descoberta freudiana.

Nos *Três ensaios sobre a teoria da sexualidade*, Freud esclarece que não há uma sexualidade humana determinada, sendo ela

214 ASPECTOS DA SEXUALIDADE HUMANA E OS PSICANALISTAS

sempre polimorfa, e que a homossexualidade é apenas uma de suas nuances. Cita-se aqui sua famosa nota de rodapé da edição de 1915:

> todos os seres humanos são capazes de fazer uma escolha de objeto homossexual, e que na realidade o fizeram em seu inconsciente. Realmente as ligações libidinais com pessoas do mesmo sexo desempenham um papel tão importante como fator na vida psíquica normal, e mais importante como causa da doença, quanto ligações idênticas com o sexo oposto. Ao contrário, a psicanálise considera que a escolha de um objeto, independentemente de seu sexo – que recai igualmente em objetos femininos e masculinos – tal como ocorre na infância, nos estágios primitivos da sociedade e nos primeiros períodos da história, é a base original da qual, como consequência da restrição num ou outro sentido, se desenvolvem tanto os tipos normais como os invertidos.
>
> Assim, do ponto de vista da psicanálise, o interesse sexual exclusivo de homens por mulheres também constitui um problema que precisa ser elucidado, pois não é fato evidente em si mesmo, baseado em uma atração, afinal de natureza química. (Freud, 1905/1972, p. 132)

Minha posição é que, frente as transformações do mundo contemporâneo e diante do que ousada e revolucionariamente foi postulado por Freud desde o início, não se sustentam patologizações fundadas na psicanálise e muito menos esforços normatizadores. E essas posições são antianalíticas, constituindo desvios importantes na psicanálise. Portanto, os desafios se colocam, sobretudo, aos psicanalistas. Referidos a Freud, os analistas, de posse desse método de investigação, não estão autorizados a avaliar comportamentos de pessoas, muito menos sua vida sexual e suas escolhas eróticas.

Os analistas, fiéis ao seu campo e a essa prática emancipadora, por meio da valorização das singularidades, dificilmente oferecem convincentes teorias explicativas, etiopatogênicas, como a medicina tem feito e faz com muito mais propriedade. O psicanalista oferece um método de observação e se ocupa de problemas de desenvolvimento de seu analisando, contribuindo para mudanças perceptivas dele. Os resultados não se encontram na área da tranquilização, do bem-estar, da felicidade, do bom comportamento; isso até pode ocorrer, mas o objetivo é o *insight*: adquirir um maior conhecimento da riqueza e da complexidade de nossa vida mental, conflituosa. Trata-se de buscar um conhecimento vivencial, experiencial, muito diferente de racionalizações ou intelectualizações, do tipo "Freud explica". Previsões e prescrições não cabem. É um conhecimento que pode gerar sofrimento, pela dor e pelos novos conflitos que aparecem. Melanie Klein (1935/1996), em seu trabalho "Uma contribuição à psicogênese dos estados maníacos depressivos", afirma: "O Ego adquire maior percepção da realidade psíquica e isso o expõe a conflitos terríveis" (p. 307).

A grande contribuição de Freud, sua grande inovação e ruptura em relação à medicina, ao tentar compreender a constituição da condição humana, foi chamar a atenção para o fato de que ela se caracteriza essencialmente por apresentar uma mente, ou psiquismo, ou aparelho psíquico – como se queira chamar. Tendo chegado, por meio das histéricas, à sexualidade como fator comum na origem das neuroses, ele mostrou que o que nos torna humanos é que rompemos com a biologia. O instinto trocado pela pulsão nos deixa "sem bula", à deriva. Nossa sexualidade, diferentemente da dos animais, não se vincula à reprodução. Não é natural. É aí que Freud se opõe à moral, à religião, ao senso comum e inaugura uma

216 ASPECTOS DA SEXUALIDADE HUMANA E OS PSICANALISTAS

possibilidade de examinar a sexualidade como algo que escapa a qualquer tentativa de normalização. Supostamente, o objetivo seria a procriação, mas nós humanos buscamos o prazer por meio da sexualidade: subvertemos e pervertemos o objetivo natural. Cada um constrói – do mesmo modo que suas características gerais do psiquismo – sua sexualidade por um processo que envolve diversos fatores. Não há exatamente um lugar certo para dirigir o desejo.

O termo "perversão" conserva uma carga negativa. Mas, a partir de Freud, perversão não é mais considerada traço de caráter nem doença. A barreira entre normal e patológico, em Freud, fica desfeita. A perversão em psicanálise é uma característica da própria sexualidade e também uma escolha inconsciente do indivíduo em lidar com a castração. Tudo que difere do coito genital, a essência de nossa vida erótica, todos os jogos e as práticas sexuais são perversos, mas não patológicos.

Os desafios estão lançados aos psicanalistas e à psicanálise, bem como a suas instituições. Pessoalmente, valorizo a psicanálise, Freud e a missão civilizadora e emancipadora que ela tem desde sua origem; porém, enquanto psicanalista, não me sinto autorizado a prescrever condições de subjetivação nem a afirmar categoricamente que, para o desenvolvimento, é necessária uma família com determinada estrutura. A psicanálise questiona e libera; não pode comprometer-se com posições conservadoras ou normativas. Trabalha-se para o paciente, não para a ordem social.

Diante de questões sociais e sexuais, o psicanalista abstém-se. Como analista, não se tem nada a dizer.

Assuntos como a admissão de homossexuais para formação psicanalítica, por exemplo, e a homofobia dos psicanalistas merecem tratamento psicanalítico, pois é frequente a deformação ou a radicalização de posturas do próprio Freud – retiradas de seu contexto histórico, certas posições freudianas se tornam mais hesitantes.

A relação da psicanálise com a homossexualidade, que é objeto de nosso grupo de estudos, é mais a de analisar a hostilidade teórica, clínica, contratransferencial e subjetiva provocada por essa escolha de objeto que a de especular e teorizar sobre sua origem e seu funcionamento. Penso que a psicanálise pode interrogar também os processos normativos, sobretudo os inspirados e mobilizados pela medicina, o quanto esta é dominada por arrogância e onipotência, que desembocam no *furor curandis* – um desvio frequente.

Um relato de Ernest Jones (1952/1989):

> *No final da década de 30, teve amplo curso nos Estados Unidos um boato – de modo bastante estranho foi dito que ele era de responsabilidade de analistas europeus estabelecidos na América – segundo o qual Freud havia mudado radicalmente os pontos de vista que emitira tão claramente em seu livro sobre análise leiga e agora em sua opinião a prática da psicanálise deveria restringir-se estritamente em todos os países a membros da classe médica. Apresentamos a seguir sua resposta ao pedido que lhe foi feito para que dissesse se havia alguma verdade no boato.*

> *5 de julho de 1938*

> *Caro Sr. Schnier:*

> *Não posso imaginar como se originou o disparatado boato de que eu teria mudado meus pontos de vista sobre o problema da análise leiga. O fato é que nunca repudiei esses pontos de vista e insisto neles de modo ainda mais intenso do que antes em face da óbvia ten-*

dência americana a transformar a psicanálise em uma simples empregada doméstica da psiquiatria.

Sinceramente, Sigm Freud (p. 300)

Minha perplexidade é verificar que "os pastores de almas profanos", comprometidos a princípio com a liberação de pessoas, facilmente e com certa frequência assumem uma posição conservadora e normalizadora. Ainda é comum, por parte de alguns psicanalistas, considerar o sujeito homossexual e a diferença sexual pelo viés da perversão e pelo paradigma da diferença anatômica entre os sexos. Abordar as relações entre psicanálise e homossexualidade implica constatar a dimensão irredutivelmente política, ideológica e social da psicanálise. O desafio é como manter uma dimensão propriamente psicanalítica para o discurso e o pensamento psicanalítico. Pergunta Thamy Ayouch:

> *Continuariam vigentes modelos que foram bastante utilizados como o "narcisismo patológico do homossexual", a "recusa da diferença dos sexos", a "fixação e identificação ao primeiro objeto", o "caráter arcaico da sexualidade homossexual", o "Édipo substituído pela lógica narcísica", os "perigos" apresentados por pais do mesmo sexo sobre o equilíbrio psíquico de "crianças simbolicamente modificadas"?*[3]

São modelos psicanalíticos?

A psicanálise precisa ser mantida e defendida em sua especificidade radical. O exame das questões trazidas pela homossexualidade

---

3 Texto inédito, que serviu de base para apresentações no Grupo de Estudos da Diretoria Científica, da SBPSP, que coordeno.

oferece uma oportunidade. A instrumentalização da psicanálise a serviço de moralismos parece inaceitável e deve ser combatida. Não somos guardiões da moral e dos bons costumes!

Apresento uma ilustração da impregnação do profissional por atitude preconceituosa em relação à preferência sexual de seu paciente. Trata-se de trecho de uma entrevista concedida por Jacques André, conhecido psicanalista francês, publicada no *Jornal de Psicanálise* em 2009. À seguinte questão formulada pelo periódico:

> *Qual sua visão sobre a exposição de psicanalistas com relação à própria orientação sexual? Há analistas que vêm se apresentando como gays. Como já comentamos, observamos que na adolescência a homossexualidade está se expressando mais, está ficando mais visível. Também dentro da instituição psicanalítica algumas expressões de sexualidade que pareciam ocultas estão emergindo. Essa maior exposição teria algum efeito na instituição psicanalítica?*

Jacques André responde:

> *Se considerarmos as sociedades da IPA [Sociedade Psicanalítica Internacional], aí o problema se coloca. Os analistas que se apresentam como homossexuais me embaraçam, assim também como os analistas que se apresentam como heterossexuais. O que é essencial no trabalho do psicanalista é que ele esteja livre para perder sua identidade, para poder trabalhar em todas as posições exigidas e necessárias ao paciente. Penso que o problema é declarar a identidade. Você precisa viver como analista em diferentes condições. Ser uma mu-*

*lher feminina, narcisista ou não narcisista, passiva –
diferentes relações e posições, ou seja, liberar-se, liberar-se no exercício da psicanálise de sua sexualidade
homossexual ou heterossexual. E seria outra questão
parecida também ao se esconder. São os extremos.*

*Tem-se a ideia de que um psicanalista homossexual po-
deria entender melhor um paciente homossexual. É
como se dissesse que só uma mulher pode analisar uma
mulher, só um homem poderia analisar um homem.
Seria a negação da função de psicanalista.* Quando a
identidade do psicanalista aparece na sessão, penso
que se trata de algo contratransferencial, de uma defesa do analista. *Lembro-me de uma passagem de uma
longa análise com um paciente homossexual...*

*Com esse paciente, em uma sessão, eu disse: "Como
seu amigo Michel". Então, o paciente respondeu: "Por
que como seu amigo Michel e não como Michel?".*

*Dizendo seu amigo Michel, no lugar de simplesmente
usar o nome Michel, o analista introduz um distanciamento,* que evidencia a sua própria defesa contra a
homossexualidade.

*Penso que aí surgiu uma questão contratransferencial
minha e o paciente percebeu.* Cada vez que a identidade sexual volta, estamos em alguma reação defensiva,
contratransferencial.

*Acredito que qualquer analista deveria dispor de uma
plasticidade psíquica que lhe permitisse transitar em*

> *posições completamente diversas. Eis a questão. (André,*
> *2009, pp. 19-20, itálicos nossos)*

Foucault (2003/2006) pode nos ajudar: ele disponibiliza em seus livros, como afirmou, por meio de seu pensamento, "pequenas caixas de ferramentas" que permitem investigar e quebrar os mecanismos disciplinares envolvidos no poder e no controle de pessoas.

Aos herdeiros de Freud, cumpre desvincular a psicanálise do que Foucault identificou e denominou *função psi*, que, a seu ver, surge como organização dos substitutos disciplinares da família – função psiquiátrica, psicopatológica, psicossociológica, psicocriminológica –, presente não só nos discursos, mas nas instituições e nos profissionais, e também, portanto, nos psicanalistas, detectável nas sessões, inconscientemente, por meio das reações contratransferenciais, como relata Jacques André.

A função psi, segundo Foucault (2003/2006), nasce no âmbito da psiquiatria, no início do século XIX, como uma espécie de par da família; segundo a interessante descrição e análise que Foucault efetua em *O poder psiquiátrico*, a função psi mantém, até os dias de hoje, essa identidade de soberania e controle disciplinar sobre pessoas. A psicanálise não pode se impregnar dessa função, sob pena de perder sua originalidade e sua especificidade em salvaguardar as singularidades e a emancipação dos indivíduos, que não estão atrelados a instintos como os animais.

Referências

André, J. (2009). Entrevista com Jacques André: a vida de hoje e a sexualidade de sempre. *Jornal de Psicanálise, 42*(77), 13-22.

Foucault, M. (2006). *O poder psiquiátrico* (E. Brandão, Trad.). São Paulo: Martins Fontes. (Trabalho original publicado em 2003).

Freud, S. (1972). Três ensaios sobre a teoria da sexualidade. In S. Freud, *Edição standard brasileira das obras psicológicas completas de Sigmund Freud* (Vol. 7, pp. 121-252). Rio de Janeiro: Imago. (Trabalho original publicado em 1905).

Freud, S. (2013). Sobre psicanálise "selvagem". In S. Freud, *Obras completas* (P. C. de Souza, Trad., Vol. 9, pp. 324-333). São Paulo: Companhia das Letras. (Trabalho original publicado em 1910).

Jones, E. (1989). *A vida e a obra de Sigmund Freud* (J. C. Guimarães, Trad.). Rio de Janeiro: Imago. (Trabalho original publicado em 1952).

Klein, M. (1996). Uma contribuição à psicogênese dos estados maníaco-depressivos. In M. Klein, *Amor, culpa e reparação e outros trabalhos (1921-1945)* (A. Cardoso, Trad., pp. 301-329). Rio de Janeiro: Imago. (Trabalho original publicado em 1935).

Laplanche, J. (2003). Contracorrente. In A. Green (Org.), *Psicanálise contemporânea: Revista Francesa de Psicanálise* (A. Cabral, Trad., pp. 357-370). Rio de Janeiro: Imago. (Trabalho original publicado em 2001).

13. Caminhando no limite[1]

Julia Lauzon

Tradução: Edoarda Paron

Introdução

Na tentativa de validar, por meio da análise de um adulto, a riqueza clínica que se obtém quando se aprofunda e se descobre, por meio do psiquismo precoce, os fatos esquecidos na primeira infância, oferecemos este material para refletirmos.

Nas chamadas "novas patologias", a partir de um diálogo coloquial psicanalítico, a psicopatologia aparece como um desafio para a psicanálise clínica.

O desenvolvimento do processo analítico com Carlos me permitiu diferenciar o "sentimento de vazio", referente a estados de ânimo, do conceito teórico "vazio mental estrutural", definido em termos gerais como o hiato produzido no psiquismo entre a relação simbiótica e a estrutura narcísica (Lutenberg, 1995 citado por

---

1 Trabalho apresentado no XII Diálogo Latino-Americano Intergeracional entre Homens e Mulheres – Desafios da Psicanálise frente às Novas Configurações Sexuais e Familiares, nos dias 3 e 4 de junho de 2016, na Sociedade Brasileira de Psicanálise de São Paulo (SBPSP).

Lutenberg, 2007). Essa estrutura psíquica virtual se converte em real, mostrando evidência clínica quando, no mundo interno do indivíduo, produz-se uma crise de separação nos vínculos simbióticos preexistentes. Manifesta-se em terrores com e sem nome, ausência da angústia sinal, crises de pânico, explosões psicossomáticas equivalentes a crises psicóticas agudas e transitórias, adicções por drogas, neossexualidades e personalidades denominadas *borderline* (Kenberg, 1975).

As mortes súbitas, como as de origem cardiovascular, evidenciam a invisível equação "separação = morte", que subjaz no núcleo dos vínculos simbióticos defensivos (simbiose secundária). Esses pacientes não se dão conta do "risco de vida" que implica a sua patologia. Ameaçam o analista com urgências vinculares mediante a encenação de grotescas e bizarras passagens "ao ato". Trata-se de uma real alucinação negativa do perigo (Lutenberg, 1996 citado por Lutenberg, 2007).

O vazio mental apresenta-se como uma configuração defensiva primária da mente, autogerada no primeiro ano de vida, e se estrutura assim que o bebê sobrevive a graves eventos traumáticos não registrados psiquicamente que costumam ter uma tripla origem: física, psíquica e sociofamiliar.

Abre-se a perspectiva técnica de gestar uma "edição transferencial" (Lutenberg, 1996 citado por Lutenberg, 2007) como processo de elaboração para transformar as experiências emocionais que o paciente vive sem poder significar (Bion, 1967-1970).

Material clínico

Carlos, um jovem profissional dedicado à área de publicidade, estudou com uma bolsa de estudos na Europa desde os 18 anos. Ao voltar, por recomendação de uma amiga de infância, psicóloga, procurou-me para uma consulta há alguns anos.

Tinha 25 anos. Era alto, bonito, com rosto risonho, porém estava tenso e parecia deprimido. Apresentou-se de maneira muito formal em sua atitude e sua forma de vestir, dizendo que não havia pensado em tratar-se, mas que sua amiga havia sido muito convincente ao predizer que tudo o que ele havia conseguido na vida agora poderia perder. Ficou muito preocupado e resolveu me procurar. Temia se "desorganizar" em um ambiente desconhecido para ele e muito hostil com respeito à sua homossexualidade, bem como seu retorno à vida familiar.

Comentou sobre sua relação interrompida com E com certa angústia. Pensava que havia sido um erro abandoná-lo para terminar uma pós-graduação. Sentia-se tranquilo, pois tinham tido uma relação boa e com muito humor, "riam sem necessidade de consumir nenhuma substância". Pensou que ele o esperaria, mas, quando voltou, o encontrou com outro. Não o recriminava por isso, entendeu o seu envolvimento com E. Era como uma obsessão.

Carlos não conhecia as pessoas do grupo que E frequentava. Ele era muito popular no ambiente gay de nível econômico alto que frequentavam. Carlos encontrou E desgastado e observou que bebia muito, até ficar bêbado, e que se deixava maltratar por seu namorado.

Encontrou um "ambiente repulsivo", promíscuo, em que todos sabem tudo de todos. Percebeu que não se "encaixava". Sentia-se mais culto, discreto e refinado que os demais. Eram carinhosos, mas não sentia confiança neles. Começou a beber muito vinho, tentando adaptar-se e imitar o estilo de vida desses ambientes mais permissivos e de relações superficiais.

Naquele tempo, seu quarto era um "desastre". Cuidava da sua aparência e da sua roupa; seus estudos e seu notebook eram somente para a universidade. Eram frequentes as bebedeiras e o consumo de múltiplas substâncias nos fins de semana. Carlos dominava três idiomas, além do espanhol, e obtinha dinheiro realizando tarefas e traduções para amigos ricos e que tinham acesso a diferentes drogas como maconha, cogumelos, *ayahuasca*, ácido lisérgico e sintéticos. Em poucas ocasiões, cocaína.

Consumia apenas para "divertir-se". Não havia dúvida de que se controlava "caminhando no limite" (gíria que surgiu no primeiro tempo de sua terapia). Era muito aplicado nos seus estudos e tinha êxito na sua profissão, o que lhe permitia sentir-se organizado.

Sua família paterna era economicamente estável por seu trabalho e de bom nível social. Não havia perdido seus bens, mas havia empobrecido nos negócios por desacordos familiares. Admirava seus avós, que o visitavam e cuidavam dele desde criança. Especialmente o avô, que o iniciou na leitura, transformando-o no neto preferido. Amava o pai e "aprendeu a reconhecer durante a análise" que era um profissional responsável e honesto. Trabalhava para uma empresa estrangeira viajando com frequência para fora do país, elevando, assim, sua hipertensão controlada.

A família materna com avós separados há muito tempo por situações políticas, de classe média, sem bens e sem interesses intelectuais, era descrita como próxima, amorosa e preconceituosa e sua mãe, como perseverante e muito organizada, sempre presente, interessada, porém pouco carinhosa e que, às vezes, chamava a atenção de todos por sentir-se frustrada. Carlos considerava "sua vida chata". Tinha uma profissão técnica bem remunerada na área da saúde.

Sendo o único homem e o mais novo, tinha irmãs que não eram carinhosas com ele, "talvez por ciúmes". Dormiu na mesma cama com sua mãe até os 14-15 anos nas ausências do pai. Quando pequeno, dormia com ambos. Às vezes, o pai levava-o ao quarto e ficava com ele. Se não viajava, podia dormir até mais tarde e levava-o para dormir com ele, quando a mãe saía para trabalhar.

Penso que, a princípio, necessitava da terapia para recuperar o controle obsessivo que o defendia das dores da sua separação e o ajudava a manter onipotente a ideia de que ele dirigia sua vida, negando a dependência que mantinha de um tipo de relação homossexual de "agarrar-se", sem penetração por impotência e sem ser penetrado por temor à dor, com homens fortes, mais velhos que ele, desejando apaixonar-se como aconteceu com E, ao modelo de aconchego materno.

Inicia sua análise com três sessões, para passar a quatro em seis meses.

No primeiro ano, preocupava-se com a pena e a curiosidade que sentia por E e o namorado, os sucessos familiares referentes à atitude de distanciamento com seus pais e a luta para se afastar do grupo que "vivia em festas e o tentava em qualquer noite da semana".

Os antigos companheiros do colégio o recordam como "um chato que sabe tudo, inteligente, bom para sair e generoso com as tarefas". Essas atitudes o incomodavam. Suas recordações de infância e dos familiares eram pobres.

Contava muito sobre o que acontecia em seu ambiente gay. Era observador. Trabalhamos o desejo dele de falar comigo o que não podia falar com ninguém sobre o grupo que frequentava: o desprezo pelos gays afeminados e de classe alta que se "achavam". Seu desejo era manter-me entretida ou seduzida com sua capacidade de descoberta desses atos ocultos e, sobretudo, sentir-se escutado. Eu tinha a impressão de que tinha de esperar a evolução desse processo.

Aparece uma atitude "respondona", como se eu representasse a homofobia, e foi possível elaborar sua confusão e seu temor de um futuro de solidão como os "velhos que envelhecem" sem família e sem filhos. Traz o assunto da discriminação e o interesse pelas patologias homossexuais. Vai diminuindo sua obsessão por E e, em outro âmbito dissociado, começa a pensar com seriedade em desenvolver-se criativamente sem perder sua autonomia econômica.

Quando se preparava para optar entre duas bolsas de estudos, nas quais havia sido aprovado, sua mãe não consentiu. Porém, Carlos conseguiu escolher e o pai o acompanhou na mudança, insistindo que ele tinha de ver a mãe. Surgiu a ideia de "culpa" que dividiam por deixá-la sozinha.

Quando sinalizo que eles também ficavam sozinhos e que esse espaço e tempo era ocupado por algo para tolerar a separação e a ausência, conta que, depois do colégio, via muitos filmes e lia vários jornais chilenos e estrangeiros e, nos finais de semana, também preparava o seu café da manhã. Sua mãe se esforçava para acompanhá-lo a eventos teatrais, a livrarias ou a atividades do colégio. Era fanático por política e, com o correr do tempo, foi diminuindo sua posição ideológica. Para ele, doía muito a injustiça, a inequidade e a xenofobia.

Soube, pelas empregadas, que sua mãe tinha um amante. Nunca se interessou em perguntar, talvez por "vergonha ou por discrição". Por essa via, chegamos a falar da cumplicidade com sua mãe para enganar o pai sem que surgisse a ideia de traí-lo. Ao contrário do pai, que ele pensava ser incapaz de levar uma vida paralela ou mentir.

Quando criança, não sentiu estar usurpando o lugar do pai ao dormir na cama de seus pais nem quando o pai regressava ao lar. Demorei muito para entender o quão complacentes eram todos com Carlos, que ocupava um privilegiado lugar junto à sua mãe e se sentia sozinho.

Vinhetas clínicas: terceiro ano de análise

Sessão 1

Em uma ocasião, sua mãe perguntou: "Você é bissexual?". Como ele demorou em responder, ela se adiantou e falou: "Na verdade, não importa". Carlos fala na sessão, como que pensando em voz alta:

C – Eu não falo de seus amantes para que você não se meta com os meus...

Analista – Parece que você está me propondo uma espécie de pacto implícito de silêncio sobre algo que ambos deveríamos falar e que se mantém oculto agora...

C – (Silêncio.) Não parece bom...

Sessão 2

C – Tive de chegar aqui para entender que tudo de que eu me orgulhava não era próprio de uma criança. Aqui, senti saudades de brincar, neste lugar da minha infância que hoje ocupo para trabalhar e também penso que tenho de ir a uma academia.

À medida que a análise progride, resgata recordações da infância e da adolescência relacionadas com outros membros da família. Atua mais livremente na sessão acomodando as almofadas do divã ou mudando de posição.

É permeável às interpretações que permitem elaborar como, nas noites ao dormir, era uma pequena criança que não crescia, mas, durante o dia, mostrava-se como se sempre tivesse sido grande. No começo de sua adolescência, sentia-se muito inquieto e não podia diferenciar se estava ansioso ou excitado. Dormir com sua mãe era algo muito natural.

Começa a compreender o prazer que lhe causava descobrir ideologias perversas não sexuais. Fascinantes ideologias da política como nas histórias épicas ou nos negócios, que não podiam ser mais sujas. Com o tribunal se sentia "revoltado" e havia lido muito sobre a ditadura.

Dá-se conta de como pode tornar-se agressivo e ácido nas discussões. Dono de uma estratégia verbal inteligente, divertia-se à custa de provocar mal-estar e logo se sentia mal consigo mesmo. Tenta responder a mensagens cálidas e trava, aparecem as dúvidas e se produzem desencontros.

Trabalhamos o que ele chama de "diálogos impossíveis com pessoas amadas", com as quais tentava uma reconciliação profunda, ainda que nunca tivessem brigado, como seu pai, a quem tinha tão "desvalorizado dentro de si, que não via como era de fora". Sentia-se mortificado.

Conta-me que sonhou que eu era seu pai em uma brincadeira, em que ele sai como criança. Resgata a imagem de "uma espécie de jogo de bola, em um círculo onde se compete em casais de pai e filho". Como ele estava sozinho, escolhe-me como pai. Outra criança, que está em um canto, fala: "Essa é mulher!". Parece que ele responde que sabe e que não importa, porque seu pai está chegando. Vê seu pai claramente caminhando com esse ritmo tão próprio e brincam juntos entre todos.

Nas suas associações, relata que o lugar era parecido com o jardim do quintal das suas irmãs, que nunca o mandavam embora. Vê seu pai como se fosse agora, e a mim também, com uma espécie de avental branco. Parecia uma educadora ou uma doutora.

Recorda-se de que era ruim com a bola, bem como em todo esporte. E quando o fazia bem era porque seu pai a jogava justo em suas mãos e ia aos poucos aprendendo.

A – Parece claro que aqui, como mulher, estou disposta a não o deixar sozinho e jogo seu jogo com paciência, como seu pai fazia com você quando era criança. Quando a educadora-doutora no sonho toma conta da criança, ocupando o lugar do pai, sente que eu dou permissão ao pai de se manifestar. Então, ele aparece "claro" no sonho e na sua mente como a lembrança infantil na qual o ajudava a se firmar nas suas emoções, quando podia tomar a bola ou quando aqui toma as minhas palavras.

C – É como se abrissem portas pelas quais aparecem imagens de quando era criança. Agora, não posso brincar com meu pai. Acho que o desprezava. Então, eu era como um "velho pequeno". Fora do tempo.

A – Ele seria desprezado como fazia consigo mesmo quando chegou a me ver. Quando sentia que não podia levantar a "cabeça de cima nem a cabeça de baixo", quando não podia sentir o que pensava e se defendia de se emocionar com situações que me relatava, como se fossem coisas banais.

C – Certo... Falar deste sonho me dá coisas...

A – Será que está sentindo algo que pode ser nomeado?

C – Sinto algo como pena. Não sinto ternura por meu pai. É tão real a expressão que vejo no sonho! Eu o vi tantas vezes e não o valorizei.

A – Quando seu pai vem, você cozinha para ele enquanto conversam, e sua mãe se irrita porque não pode tolerar a proximidade entre vocês quando a deixam de fora e você está bem com seu pai. Como quando ele estava fora, você era o pai e dormia com a sua mãe. Sempre você a dois, como se não pudesse vê-los juntos.

C – Bom... Estão juntos, mas não formam um casal.

É nos vínculos amorosos que se manifestam as dúvidas, aparecem defesas obsessivas com negação e grande angústia. Nesta época, Carlos sai com um grupo em que alguns são heterossexuais. Conhece um casal homossexual mais velho que o convida para fazer um trio. Conhece-os por seus sobrenomes. Depois dessa experiência, um deles, o mais ardente e sedutor, a quem chamarei de Rivera, mostrou-se muito interessado em manter contatos sociais e de trabalho com Carlos perante o rosto inexpressivo, com esse "sorriso desenhado para sempre", de Guzmán, que observa seu namorado em seus devaneios sedutores e exibicionistas.

Sessão 3

Encontraram-se na casa de Rivera, que não parava de falar da morte da sua mãe que foi cedo, das suas depressões, de uma breve convivência com uma mulher, "mil coisas". Ele ficava incomodado porque Guzmán os via e "estava esperto".

C – (Surpreso.) Uma mulher? Era um travesti? Que nojo! Com tetas e pinto. Com cheiro de homem, cara de homem e afeminado. Não pode ser. Essas loucas me divertem, é um teatro, mas bem longe.

Em uma balada em que eles se esbarraram, ele também "se deixou levar" e se sentiu muito mal, pior que nunca. Durante mais de duas horas, pensava de forma repetitiva: "overdose – suicídio – sou bom – sou mau – sou gay – não sou gay". Tinha dificuldade de respirar. Falou que se sentia assustado como uma criança.

A – Acho que já passou por isso.

C – (Silêncio.) Sim. Essa vez era tudo tão confuso. Lembra que a senhora me falou que "respirava justo para não morrer"? Foi uma vez que estava angustiado e tinha os braços cruzados no peito como preso, fechado. Eu lembrei e estive a ponto de ligar. Dei-me conta de que estava organizando meus pensamentos e me liberei, respirei, os arrumei.

Refere-se a sessões em que elaboramos, em parte, recordações de sua iniciação em jogos sexuais com um primo. Então, descartei violação e incesto. Entretanto, mantive a sensação de angústias de aniquilação quando o material me sugeria que era um sobrevivente apoiado em uma pseudomaturidade.

Seguiu dizendo que não podia voltar a ver esses tipos. Estão muito "acabados". Eu pensava que não se afastaria de tudo o que provinha desse grupo.

Fazia tempo que intuía que algo do qual não se lembrava ou que estava muito separado se manifestava, como estar submetido à ideologia de que tem poder, ao exercer a dominação sobre outros e sobre si mesmo. Havia um menino perdido dentro dele que não podíamos encontrar. Sentia-me desanimada.

A – Você se expõe pois morre de medo de sentir-se frágil. Tenta sentir-se como se fosse invulnerável, transitando na cosmovisão onipotente das drogas para não sentir-se aterrorizado como quando criança, espiando os filmes dos "grandes" que sua mãe via, assistindo com ela ou escondendo-se e fazendo de conta que estava dormindo.

Sessão 4

Após alguns meses desse episódio com bons resultados, em um trabalho conjunto, sem novo consumo de drogas, mas relacionando-se com Rivera, Carlos decide resolver "seus problemas" com uma atitude hipomaníaca. Almoça com E e comprova que já não lhe interessa mais. Sente-se bem com ele, mas nada além disso.

C – Conheci X, mais passivo que Jesus Cristo na cruz, não gosto mais. Fiz sexo anal com ele e cuspi. Outro que não verei mais. (Traz outro discurso.)

Rivera começa a ocupar espaço na sua mente, reconhece que gosta dele e que está se metendo em "areia movediça". Quando Carlos leva-o para sua casa, conta que terminou a relação que tinha e convida-o para comer. Ao descer do carro, Rivera olhou bem para os lados. Carlos falou: "Alguém te vigia, por acaso?". Eu sentia um clima de ameaça e não sabia como formular adequadamente.

A – Será que está se deixando seduzir por Rivera, que o está engolindo, e vai se meter em um filme de gente grande? Como quando era criança, e traz agora uma situação de novo complicada para ver se o susto passou. Parece que, antes de morrer de medo, prefere a morte.

C – Você me deu medo! Representou para mim um crime passional. Não é para tanto...

E segue falando sobre as vezes em que esse casal se separou.

Sessão 5

Carlos entra amável como sempre, acomoda as almofadas e diz:

C – Ah! Minha caminha! (Joga-se no divã.) Tanto tempo que venho e nunca falei. À noite, cheguei em casa e escrevi uma história de pseudoficção – pseudorreal – e fui dormir. Despertei desesperado, angustiado como quando criança. Sonhei que tinha vindo à terapia e Freddy, que não se via, passava-me uma caixinha com coca dizendo que, com isso, eu ia superar tudo. No caso, dentro do sonho, era para morrer e despertei muito assustado... para não morrer.

Por fim apareceu o medo, e me senti aliviada. Contou que, entre os filmes de terror que via, sua mãe gostava de Freddy Krueger, um assassino de crianças cujos pais o queimam e ele reaparece nos sonhos das crianças e as mata dentro do sonho para vingar-se.

C – Nessa época, o terror se apoderava de mim. Buscava-o na piscina, temia que se metesse em minha cama e, por isso, ia com minha mãe. Era como "entrar em outro ônibus", dormir e despertar sem susto.

A – Como sua mãe, "sua caminha" daqui, que me representa, é a que, por um lado, acalma seu terror e, por outro, o provê de imagens que o assustam tanto que teme não diferenciar o sonho da realidade, como quando criança não diferenciava a ficção da fantasia nem da realidade. E aqui, teme que se abram portas e veja coisas que o "assustam" muito. Uma porta que se abriu é a do sonhar. Agora, pode resgatar a criança dos seus terrores.

Também pensei que a angústia o despertou porque não aceitou o convite corrupto de Freddy-objeto interno-Rivera na sessão do sonho em que o tentou com a caixinha de coca. Acho que não soube como formulá-lo. Tanto E como Rivera têm características físicas que associa à mãe como a via em criança e como ela é. Alta, grande e forte funcionando de modo eficaz no cuidado com as coisas.

Então, vemos que a criança que vive dentro dele, e com a qual às vezes nos comunicamos, necessita de ajuda. Se está desperto, não recorda e, se sonha, teme morrer. O sonhar lhe traz imagens dele mesmo que não quer ou não pode recordar porque o terror o paralisa e ele se defende passando a outro filme. Já se deu conta de que a criança pede auxílio e que há uma função mental sua que dá poder a Freddy para que entre no sonho, e depois desperta angustiado. Abrem-se aspectos criminosos que tentam corromper e ameaçam o eu.

C – Fui à casa de Rivera depois da reunião de trabalho. Conversamos muito como sempre...

Já eram duas da manhã quando tocou uma campainha longamente. Rivera olhou pela janela e viu Guzmán, que tinha pulado o portão. Abriu para ele entrar e falou: "Tudo bem?". Carlos viu que ele estava com esse sorriso falso, mas dessa vez muito estranho. Sentiu-se gelado e pegou sua jaqueta enquanto Rivera lhe oferecia algo para tomar. Falou que tinha frio e já era tarde. Guzmán respondeu que "o frio era dessa casa" e ele se foi, tremendo e pensando no que falamos.

Ao chegar à sua casa, ligou para mim. Eu o escutei em suspense e muito tensa, como se me preparando para alguma tragédia que podia se desencadear neste trio.

A – Eu acho que você viu entrar a morte com Guzmán, que não aguentou a separação, e dessa vez você teve de ir, ficou fora quase morto de medo, apoiando-se no que falamos, e se foi.

C – Não nego. Senti-me como um sobrevivente como você me falou aqui. Aconteceu-me algo horrível quando me olhei no espelho, falei "estou azul". Achei que ia cair. Pensei, então, que sempre estive aterrorizado pelo medo de morrer. Tudo me fez "clic". Vimos tantas coisas aqui... Em que parte da minha cabeça louca estaria essa recordação de que nunca te falei? Não me lembro. Tinha dois meses quando me operaram. Contaram-me que eu ficava roxo, que tinha 13% de possibilidade de viver. Meu coração tinha um orifício e um problema em uma válvula. É possível que tenha ficado essa sensação de sufoco? Eu ficava azul, me faltava oxigênio... Estaria morrendo... (Correm suas lágrimas e as seca com o dedo.)

Senti-me muito comprometida nesse momento com o que me contava e com a experiência médica de colocar oxigênio a um bebê cianótico, azul, que se asfixia, para que "lhe voltem as cores". Essa recordação veio em meu auxílio para aliviar-me um pouco e falar da necessidade de nos preocuparmos com "esse bebê" que sente que continua aterrorizado, preso e longe da proteção de seus recursos mais saudáveis e maduros para cuidar dele e ajudá-lo a desenvolver-se com vitalidade, sem ocultar-se "fazendo-se o grande", falseando sua realidade interna.

Falou-me que lhe dava muito medo ser vulnerável e "andar chorando pelas esquinas". Por fim, podíamos nos entender. Por isso era frágil, não ia ao jardim, nem brincar com outras crianças, e a mãe levava-o para sua cama para "não perdê-lo de vista" e poder dormir tranquila para ir ao seu trabalho. O pai não protestava, venerava-a por seu sacrifício e trabalhava muito. "Tudo era tão falso, tão esquisito, não me dava conta... Sempre caminhando pela sarjeta", conclui Carlos. Havíamos encontrado um caminho que ocupou muitas sessões.

Referências

Bion, W. R. (1967). *Volviendo a pensar*. Buenos Aires: Hormé.

Bion, W. R. (1970). *Atención e Interpretación*. Buenos Aires: Paidós.

Kernberg, O. F. (1975). Further contributions to the treatment of narcissistic personalities: a reply to the discussion by Paul H. Ornstein. *International Journal of Psychonalysis, 56,* 245-247.

Lutenberg, J. (2007). *El vacío mental*. Lima: Siklos S.R.

Bibliografia complementar

Meltzer, D. (1994). *Claustrum: una investigación sobre los fenómenos claustrofóbicos.* Buenos Aires: Spatia. (Trabalho original publicado em 1992).

Meltzer, D. (1997). Sinceridad: un estudio en el clima de las relaciones humanas. In A. Hahn (Ed.), *Sinceridad y otros trabajos: obras escogidas de Donald Meltzer* (pp. 165-267). Buenos Aires: Spatia. (Trabalho original publicado em 1971).

PARTE V
Masculinidades e função paterna

14. Interiorização da função paterna e masculinidade na clínica psicanalítica[1]

Rui Aragão Oliveira

A função paterna necessita ainda ser definida com maior precisão, como um conceito metapsicanalítico. Só a partir de um melhor esclarecimento do que verdadeiramente constitui a abrangência dessa estrutura será possível discutir com rigor como ela se forma e desenvolve no mundo mental, que funções cumpre na dinâmica do funcionamento mental inconsciente e, por último, as implicações daí decorrentes de caráter técnico para a clínica psicanalítica.

Função paterna como construto intrapsíquico

A função paterna tem sido atribuída a elementos por vezes consideravelmente diferentes (Aragão Oliveira, 2015): será, porventura, uma função estruturante do mundo mental, que merece um extenso desenvolvimento? Essa função paterna não existe como coisa

---

1 Trabalho apresentado no XII Diálogo Latino-Americano Intergeracional entre Homens e Mulheres – Desafios da Psicanálise frente às Novas Configurações Sexuais e Familiares, nos dias 3 e 4 de junho de 2016, na Sociedade Brasileira de Psicanálise de São Paulo (SBPSP).

em si mesmo (Rosenfeld, 2006), é provavelmente um longo processo dialético sem fim, associado à criatividade e à aprendizagem.

A evolução desse construto constitui-se como objeto singular na organização do aparelho mental, condensando poder, proteção e admiração, mas está igualmente associada à angústia de castração, à autoridade, ao temor e à proibição. Recentemente, foi associada ao desenvolvimento da capacidade simbólica, com implicações clínica relevantes.

Da perda à criatividade

Nos primeiros textos de Freud (por exemplo, em *Totem e tabu*), o pai prevalece associado à ideia da perda (da mãe, da onipotência) e à ideia de submissão, para depois, gradualmente, constituir-se como determinante na impossibilidade de acesso ao objeto. Será, então, o desencadeador para que o sujeito, mais ou menos criativamente, passe a fazer algo com essa impossibilidade – determinante na estruturação da lei interna, na constituição do ideal do eu e na organização de mecanismos mentais mais evoluídos (nomeadamente a sublimação).

Inicialmente, para Freud, o que se denomina função paterna é essencialmente o pai como sujeito real, para depois, numa segunda fase, com a primeira tópica, passar a ser mediado pelo processo fantasmático. E finalmente, com o modelo estrutural da mente, "o pai" fica mais próximo de uma função, que pode ter desenvolvimentos diversos, construtivos e evolutivos ou absolutamente esmagadores e catastróficos para o mundo mental.

Seria a predominância de uma fase teórica que realça "os filhos perante o pai simbólico", como recentemente M. Diamond (2015) denominou esse primeiro momento explicativo.

Surge, depois, um segundo momento, também na expressão de M. Diamond (2015, p. 49) – "os filhos com as mãe e os pai reais", em que ganham outro lugar as ansiedades de separação e os processos de individuação.

Nesse âmbito, se forem consideradas as contribuições de Klein (1945), percebe-se que estas foram sempre mais centradas no investimento primário sobre o corpo materno – ao que, aliás, M. Klein denominou fase feminina do desenvolvimento infantil. E somente a frustração que o seio proporciona e o desejo de o reparar (associado às ansiedades depressivas) levariam a criança a voltar-se para o pênis do pai, concebido como conteúdo do corpo materno, acedendo, assim, à situação triangular edipiana. Se as ansiedades precoces de destruição do corpo materno não forem excessivas, deverá, então, ocorrer: no menino, a identificação com o pênis, introduzindo a heterossexualidade, enquanto a conceitualização do pênis do pai como objeto de desejo torna-se central na organização da homossexualidade; na menina, a identificação com o pênis do pai organiza a identidade homossexual, e o pênis como objeto de desejo, a configuração heterossexual.

É, no entanto, interessante observar como Klein supunha a possibilidade de o rapaz gerir com excessivas manifestações de masculinidade as suas angústias derivadas da referida posição feminina. Assim, tem-se que, desde o início, surgem representações do *self* e dos objetos (do corpo materno, do seio, do pênis etc.), e percebe-se que, à semelhança dessas experiências corporais, as vivências do mundo interno organizadoras da ideia de masculinidade e feminilidade iniciam-se também com o nascimento, bem antes de existir maturidade para observar e constatar a diferença entre os sexos, como Freud havia argumentado.

"Biologização" do aparelho mental

Paul Verhaeghe, no seu texto "Phallacies of binary reasoning: drive beyond gender" (2004), expõe de forma esclarecedora a falácia do pensamento binário, decorrente de uma biologização do aparelho mental, que, particularmente, faz-se sentir nas tradicionais abordagens sobre a sexualidade e o gênero.

Perante a especificidade da realidade psíquica, as representações do sujeito sobre gênero e sexo serão, na realidade, decorrentes das pulsões e dos objetos que lhes são inerentes (Verhaeghe, 2004), em que os movimentos psíquicos criados por Eros e Tânatos, na sua oposição, relacionam-se com a questão nuclear das origens – mais especificamente, as origens de formas de vida sexualmente distintas.

Dessa forma, a autonomia da pulsão impõe-se como algo muito mais relevante que a mera autonomia do gênero, que, na sua essência, organiza-se como uma consequência da primeira.

Por isso, a diferenciação dos gêneros é um item secundário que não deve ser interpretado de um modo binário. Pelo contrário, masculino e feminino estão sempre combinados, como Eros e Tânatos.

Masculinidade e feminilidade influenciam o sentido de pertinência do sujeito a um gênero e o seu comportamento sexual manifesto. Mas não é uma coisa preexistente em si, mas algo construído num movimento complexo e dinâmico de relações intrapsíquicas e interpsíquicas que se estabelecem entre conteúdos do seu mundo interno, com múltiplas expressões.

O pai como objeto do mundo interno

Num mundo contemporâneo, em que não mais é absolutamente necessária a presença do pai biológico para a concepção do ser humano e o número de famílias monoparentais aumentou extraordinariamente, a teoria psicanalítica assume uma posição diferenciadora e importante, demarcando também a natureza das particularidades do objeto de estudo em causa: o pai como objeto do mundo interno. No entanto, não é totalmente claro como essa representação se organiza, transforma-se e influencia a mente humana.

O britânico Fakhry Davids (2002), nitidamente influenciado pelas conceitualizações de Bion, defende que as funções exercidas pela mãe e pelo pai na mente humana são distintas e não devem ser reduzidas à mera complementaridade de estarem em relação, como quando surgem na problemática edipiana. No seu entender, essas funções existem, potencialmente, ainda antes da vivência plena do complexo de Édipo.

A experiência do encontro com o pai real, ou meramente o encontro com a representação interna do pai na cabeça da mãe, produziria a realização do conceito pai no mundo mental da criança.

Percebe-se, dessa forma, que a percepção do pai é elaborada desde os primeiros contatos diretos, mas igualmente por meio dos "olhos" da mãe. A expectativa e as fantasias conscientes e inconscientes da mãe sobre o papel do pai parecem assumir um papel determinante na constituição psíquica da criança e na organização da estrutura de relação de objeto interno. Constitui-se algo semelhante aos elementos β (na terminologia de Bion) como as experiências psíquicas básicas incompreensíveis, inúteis para a mente nesse formato, e que necessitam ser transformadas para se tornarem sentimentos, percepções, conceitos e pensamentos possíveis de serem pensados.

Num primeiro momento, esta função mental transformadora (função α, como proposto por Bion) tem de ser desempenhada por outra pessoa, e só mais tarde será internalizada pela criança no seu processo de desenvolvimento.

Interiorização da função paterna

Contudo, desejo salientar como a formulação kleiniana contrasta com a proposta de Freud e seus desenvolvimentos por autores mais atuais, como Green, Perelberg, Glocer Fiorini ou Aisenstein (ver debate no site da Associação Psicanalítica Internacional – IPA, 2014/2015), entre outros que se têm debruçado sobre o assunto: enquanto, para Klein, é a perda da mãe que está na origem do processo simbólico – o pai é uma espécie de apêndice apenas, em que o pênis se torna um substituto do seio –, para esses autores mais contemporâneos, à semelhança de Freud, o pai vale pela sua presença na cabeça da mãe, mesmo que inconscientemente, como terceiro elemento que institui a proibição do incesto e a fusionalidade no relacionamento com a mãe.

Dessa forma, a noção de pai como construto intrapsíquico é deslocada para a interiorização da sua função, tornando-se algo mais abstrato, que se encontra associado ao mistério da ligação deste perante a mãe ausente.

Será, então, o contato com a presença do pai no mundo interno da mãe, que o remete para as fantasias da cena primitiva, que introduzirá quase de forma brutal o espaço psíquico entre mãe e criança. Com isso, a criança vai organizando o desenvolvimento da capacidade simbólica, da subjetividade, para, assim, lidar com as exigências do mundo externo por meio de uma reorganização profunda do sentimento de onipotência. A ideia do "pai na cabeça da mãe" torna-se um elemento essencial, capaz de facilitar o contato com o "pai ainda-a-ser-conhecido" (*yet-to-be-known father*) (Ogden, 1992) e, posteriormente, com o objeto externo.

Este momento de transição interna, entre a presença da mãe pré-edipiana onipotente e a "mãe mulher-do-pai", assume-se como um sistema dinâmico, capaz de organizar primeiro a sexualidade e, por conseguinte, a identidade sexual.

Construção da masculinidade

A constituição da masculinidade emerge da introdução do terceiro, "pai", na condição de se oferecer como objeto de identificação. Essa introdução inicia-se no contato com o "pai na cabeça da mãe", mesmo antes desta se aperceber, quando se apresenta como "mãe mulher-do-pai".

Esse processo na construção da masculinidade tem sido tema de forte controvérsia, no que tange ao movimento de identificação com o universo masculino e, simultaneamente, num esforço no sentido da negação da identificação feminina primária. Greenson (1968) introduziu o fenômeno de desidentificação do menino com a mãe.

Mais tarde, alguns autores antropólogos (Herdt, 1997, citado por Sampaio, 2010) basearam-se nas contribuições de Greenson para explicar diversos ritos de iniciação em sociedades sem recurso à escrita: "Nessas sociedades, prevalece uma concepção de que a masculinidade não é um estado natural e que a excessiva presença feminina contamina o menino, impedindo-o de se tornar viril" (p. 95).

Diamond (2004a, 2004b, 2009, 2015) discorda da posição de Greenson sobre o processo de desidentificação da mãe pelo menino como vivência normativa desenvolvimental. Isso parece somente ocorrer de forma inevitável quando se confronta com uma dinâmica patológica, na qual a figura materna não permite ou dificulta a entrada de outras personagens na vida mental da criança, adotando um caráter intrusivo e opondo-se à quebra do vínculo primitivo. A ocorrência da desidentificação proposta por

Greenson constitui-se, na realidade, como uma defesa narcísica (Diamond, 2004a, 2004b), que, consequentemente, pode organizar um superego severo, com sentido de masculinidade rígido e empobrecedor da vivência relacional afetiva amorosa.

A principal crítica sobre a tese de desidentificação é que esta assenta-se claramente numa lógica binária, simplista e redutora, em que a masculinidade é definida em... não ser feminino (Diamond, 2009)! O movimento de separação do rapaz é transitório e essencial para auxiliá-lo a diferenciar-se e separar-se da mãe pré-edipiana, mas não tem de significar desidentificar-se dos seus objetos maternos internos.

Aliás, os estudos da vinculação têm demonstrado como o desenvolvimento da identidade masculina se encontra facilitado pela boa qualidade das relações precoces entre o rapaz e a mãe (Fonagy & Target, 1995), e não pela qualidade da separação. As identificações primárias do rapaz com ambos, mãe e pai, são significativas para o desenvolvimento da sua estrutura psíquica, bem como pela forma como este, mais tarde, será capaz de organizar relações de intimidade.

Mãe e pai na construção da masculinidade

No crescimento normal, deverá ocorrer uma diferenciação progressiva, diferente do sentimento de oposição. Assim, para o rapaz, deixa de ser fundamental renunciar à identificação materna para organizar a sua masculinidade. Torna-se, sim, essencial que se constitua uma relação afetiva sólida com ambos, mãe e pai. O processo de separação e individuação pode, assim, ser vivido de forma mais fluida, conseguindo o menino condensar os dois referenciais.

A introdução da relação com o pai traz como consequência a conceituação da "mãe genital" (mãe mulher-do-pai), que se encontra internamente em conflito com a mãe pré-genital.

Essa vivência remete a criança ao sentimento de perda de onipotência, bem como de perda precoce da ligação simbiótica com a mãe. Mas a intolerância à dor mental pode levar o rapaz a criar uma imagem fálica de si próprio na relação com o mundo, na busca do controle do objeto, que, agora, surge separado de si. O desejo paradoxal de descobrir um "novo" mundo, mas que contenha algumas das qualidades primitivas sem obstáculos, ou diferenças (Chasseguet-Smirgel, 1986), pode levar o sujeito a desenvolver soluções internas diversas, como as manifestas pelas qualidades de funcionamento mental perversas (Aragão Oliveira, 2008).

A relação com o pai deverá ser capaz de possibilitar a internalização da imago paterna, representando a masculinidade genital, em que as aspirações fálicas adaptativas se encontram integradas com as suas faculdades relacionais de ligação. As características fálicas tornam-se, assim, mais aptas, organizando-se em formas integradas do *self* que buscam relações completas, flexíveis e nas quais está presente o reconhecimento da sua incompletude e consequente necessidade do objeto.

Em psicanálise, o conceito de *phallus* remete, habitualmente, a aspectos simbólicos relacionados com a noção da falta na condição humana e da vivência de incompletude. Mas penso que é possível uma reorganização interna, que permita ao sujeito transformar o *desejo por* e o *desejo de posse* num instrumento mental precioso, a serviço de Eros, capaz de promover e criar ligações (externas e internas).

Função mental penis-as-link (pênis-como-ligação)

Foi nesse sentido que Dana Birksted-Breen (1996) propôs o conceito de *penis-as-link* como instrumento de Eros, contrapondo-o ao falo como instrumento de Tânatos. É a função mental do *penis-as-link* que permite o reconhecimento da relação parental, das diferenças de gerações e de sexos e de suas implicações para o funcionamento mental, ao contrário do *phallus*, que não reconhece tais diferenças.

Recentemente, Birksted-Breen (2016) esclarece sobre as semelhanças com a concepção de Freud, quando este fala das fases fálica e genital. *Penis-as-link* diferencia-se porque pressupõe que existe um conhecimento da relação sexual parental e da exclusão da criança e baseia-se fundamentalmente numa ideia de posição e não de estágio desenvolvimental. Já o *phallus* organiza-se ao longo de uma linha narcísica de forma rígida, que se aproxima do pensamento concreto.

É o vínculo libidinal com o objeto, com sua perda ou renúncia e a procura por um substituto, que promove o movimento interno para a simbolização e a sua internalização como função, permitindo, assim, suportar a separação e as novas ligações, desenvolver a capacidade simbólica e o pensar como instrumento genuíno de mudança interna.

Dessa forma, a identificação com o pênis do pai não é apenas estruturada como elemento intrusivo e penetrante – tem também a capacidade de representá-lo como função de ligação entre os dois progenitores – semelhante ao uso do pênis-genital, nas palavras de Diamond (2009) –, conceitualizando a figura combinada para a qual a masculinidade parece absolutamente necessária na elaboração da bissexualidade psíquica.

Vinheta clínica

Mário procura auxílio numa fase de grande inibição e sofrimento. Estuda longe da cidade natal, por opção, "para vir a ser grande" e maior que o pai, empresário de algum sucesso. Mas sente-se paralisado, em permanente avaliação depreciativa e num estado de profunda depressão. Tem dificuldades relacionais e sente-se muito só. Na sua relação amorosa, que se mantém desde a adolescência, tem uma vida sexual de insatisfação, com queixas de inibição do desejo.

No trabalho analítico, permite-se aproximar da figura paterna, manifestando, contudo, mais crescentemente o ódio *versus* admiração pelo pai, embora vividos com grande angústia e receio.

Teme a solidão e sofre terrivelmente. Será a presença paterna revivida transferencialmente na análise que lhe permitirá integrar os impulsos de ódio e de amor, em que descobrimos que a ansiedade de invasão é bem mais intensa que o receio da castração (Olmos de Paz, 2010). Ambas as ansiedades se encontram combinadas, com o receio de ficar simbolicamente castrado e submetido ao pênis frágil introjetado, num círculo de relações dominadoras-submissas infindável. A elaboração da fantasia "meu pai me quer", ou seja, *"my father wants me"* (Denis, 1993), pemite-lhe investir afetivamente na sua individualização, com reconhecimento profissional, e descobrir inesperadamente uma nova relação amorosa, em que a sexualidade é vivida na complementaridade de proximidade afetiva, que, mais tarde, descobre possível e gratificante: "Engraçado como a minha imagem de ter realmente pênis pequeno desapareceu!", contou mais tarde.

***

No mundo inconsciente, ambos *phallus* e *penis-as-link* podem coexistir, remetendo a funções simbólicas específicas, como também o seio e o pênis kleinianos representam diferentes funções a internalizar. E será da coexistência de ambos, na sua complexidade, que parece possível desenvolver uma verdadeira flexibilidade mental e uma maior capacidade de lidar com a realidade externa e interna de forma mais satisfatória e gratificante.

Interiorização da função paterna e desenvolvimento do espaço mental

Perante a autoridade cruel do pai castrador, a criança vê-se forçada a desistir dos desejos incestuosos, mas, disfarçando sentimentos de vingança contra o pai, pode procurar organizar-se numa espécie de refúgio psíquico. Isso impede o desenvolvimento de uma verdadeira autonomia emocional! John Steiner (1993/1997, 1999) propõe, então, uma alternativa, que se apresenta como a solução depressiva para a eventualidade do conflito edipiano.

A criança é forçada a reconhecer a realidade da relação parental (mãe e pai como objeto total e diferenciado), que tem implícita a aceitação da diferença de gerações e de sexos e a inevitável separação da mãe, que, assim, emerge como sujeito em si mesmo e se distancia da mãe pré-edipiana.

Mas Steiner (1999) também afirma que a solução não é fácil e tem os seus custos na dinâmica do mundo mental: só é possível quando a criança se torna capaz de ser determinantemente rebelde no mundo interno contra a autoridade parental e de diluir a agressividade proveniente do pai castrador por ambos, pai/mãe percebidos como casal (como objeto total e diferenciado).

Na realidade, o que se tem é a coexistência de ambas as soluções, constituídas em configurações mentais, com flutuações no crescimento. Flutuações e coexistência que sucedem igualmente no desenvolvimento do processo analítico.

Da díade à triangulação

A concepção metapsicológica de André Green (2004, 2009) salienta que o pai pré-genital, que, no limite, pode apenas estar presente na cabeça da mãe, encontra-se inevitavelmente bem efetivo por meio da particular posição de observador da díade – a posição antissexual, como a denominou –, constituindo-se como uma terceira e fundamental parte da cena.

Essa posição só aparentemente é não ativa e, na realidade, só pode ser apreendida pela criança intuitivamente. Suscita o sentir-se observado e lhe permite, mais tarde, aceder à capacidade de perceber a si próprio em interação, identificando-se com uma terceira posição (Britton, 2002), numa triangulação identificatória interna essencial para a capacidade de se observar e de refletir sobre si mesmo.

O contato com este terceiro, para além da díade, surge como primeiro movimento essencial capaz de possibilitar o contato reflexivo sobre a realidade interna. Dessa forma, a criança adquire a possibilidade de ser participante de uma relação, mas também observada por uma terceira pessoa, e ainda a de ser ela própria observadora da relação entre duas pessoas. A sua habilidade para imaginar a relação parental influencia, assim, determinantemente o desenvolvimento de um espaço fora do *self*, tornando-se capaz de ser observada e observadora, de ser pensada e de constituir-se como pensadora.

Tem-se, aqui, a origem da capacidade mental de vermos a nós mesmos em relação aos outros, concebendo pontos de vista diversos, mas simultaneamente continuarmos a ser nós próprios.

Essa terceira posição é, na realidade, a capacidade que se espera encontrar no contexto analítico, no analista e também no paciente, cada um sendo capaz de refletir, mas continuando a manter a autenticidade diferenciadora de si próprio, o que se tem traduzido de forma determinante na recente evolução da técnica clínica, implícita nas propostas evolutivas dos modelos interpretativos: do original arqueológico, passando pelo modelo kleiniano tradutor dos movimentos internos, até o modelo transformacional (Levine, 2014).

Vinheta clínica

André procura análise por se sentir profundamente só, numa contínua busca de relações esporádicas homossexuais. As cenas de relações esporádicas com desconhecidos, agidas mais intensamente nos três primeiros anos de análise, foram sendo associadas à presença das ansiedades confusionais e de abandono, nas quais o uso do pênis – do seu e dos múltiplos parceiros – surge como espécie de defesa última, demonstrando, assim, sua independência, sua diferenciação e sua masculinidade. Segundo André, ele se relaciona fundamental e compulsivamente com pênis, que trazem acoplados a si, inevitavelmente, uma pessoa, qualquer uma!

Sonha, então, que vem para a sessão e encontra o analista vestido com terno clássico e chapéu. Este, amavelmente, cumprimenta-o e o convida a deitar no divã. Mas aqui o divã era o próprio analista – associa o terno e o chapéu ao vestuário do pai falecido e que, por vezes, ele próprio usa em cerimônias. No sonho, deita-se no divã/analista, confortavelmente, com os braços do analista a envolvê-lo. Deitado, começa a sentir o pênis do analista ficando ereto. Fica primeiro excitado, mas, surpreendentemente, permanece tranquilo e só depois acorda. Após um breve silêncio, na sessão, comenta: "sinto essa ereção do analista não tanto como algo sexual, como tantas vezes temi no início, mas como se estivesse descobrindo a sua presença".

Apercebe-se que é por meio do movimento de transformação promovido pela análise que, agora, vai sendo possível dar continuidade à relação – "anteriormente, isso já teria acabado e lá estaria eu nas saunas e nas salas de relações casuais, a saltar de pênis em pênis!".

***

A evolução de André parece, assim, ilustrar o uso diferenciado do pênis, como objeto a conquistar ou como objeto de relacionamento. A possibilidade de organização de identificações com os objetos idealizados, permitindo um jogo complexo de movimentos fusionais e diferenciadores, só parece ser possível no contexto de uma relação terapêutica, em que o analista surge como figura compósita, com atributos maternos e paternos mesclados, permitindo a evolução definitiva de uma sexualidade pré-genital.

A internalização da figura paterna surge, então, com uma importante função de mediação capaz de se estruturar precocemente e promover o desenvolvimento mental, mediando primeiro a relação com a realidade diferente do mundo externo, mas depois, igualmente, a relação com o desconhecido que encontra dentro de si e que o contexto analítico promove.

Implicações clínicas

Por meio da atenção flutuante e do "trabalho do negativo", o analista dá vida ao dinamismo resultante dessas configurações, com expressões diferentes e ambivalentes. Pode, assim, tolerar ser colocado transferencialmente em ambos os lugares e fazer uso do ato interpretativo com o objetivo último não de produzir um *insight* direto, mas de facilitar o funcionamento psíquico no paciente que o auxilie no alcance do *insight*, criando associações e vencendo resistências.

No complexo trabalho de intimidade analítica, em que a internalização da função paterna pode ser revivida e recriada por meio da figura do analista, o sujeito parece renunciar às imagens parentais primitivas, sem, contudo, deixar de tomá-las como origens identificatórias, sendo capaz de desenvolver o seu próprio sentido de temporalidade e historicidade.

Talvez seja isso que M. Diamond propõe como a terceira vaga na abordagem teórica da masculinidade em psicanálise – conceber o filho em relação com a mãe, o pai e o casal parental enquanto objetos internos, debruçando-se sobre a forma como se ligam e combinam essas diferentes instâncias psíquicas.

Referências

Aragão Oliveira, R. (2008). O funcionamento perverso da mente. *Revista Brasileira de Psicanálise, 42*(2), 154-162.

Aragão Oliveira, R. (2015). O lugar do Pai na clínica psicanalítica: ontem e hoje. *Revista Portuguesa de Psicanálise, 35*(1), 45-52.

Birksted-Breen, D. (1996). Phallus, penis and mental space. *International Journal of Psychoanalysis, 77*, 649-657.

Birksted-Breen, D. (2016). *The work of psychoanalysis: sexuality, time and the psychoanalytic mind.* London: Routledge.

Britton, R. (2002). Forever father's daughter. In J. Trowell, & A. Etchegoyen (Eds.), *The importance of fathers: a psychoanalytical re-evaluation* (pp. 107-118). East Sussex: Brunner-Routledge.

Chasseguet-Smirgel, J. (1986). *Sexuality and mind: the role of the father and the mother in the psyche*. Karnac: London.

Davids, M. F. (2002). Fathers in the internal world: from boy to man to father. In J. Trowell, & A. Etchegoyen (Eds.). *The importance of fathers: a psychoanalytical re-evaluation* (pp. 67-92). East Sussex: Brunner-Routledge.

Denis, P. (1993). Fantasmes originaires et fantasme de la pédophilie paternelle. *Revue Française de Psychanalyse, 57*(2), 607-612.

Diamond, M. J. (2004a). Accessing the multitude within: a psychoanalytic perspective on the transformation of masculinity at midlife. *International Journal of Psychoanalysis, 85*(1), 45-64.

Diamond, M. J. (2004b). The shaping of masculinity: revisioning boys turning away from their mothers to construct male gender identity. *International Journal of Psychoanalysis, 85*(2), 359-380.

Diamond, M. J. (2009). Masculinity and its discontents: making room for the "mother" inside the male – an essential achievement for healthy male gender identity. In B. Reis, & R. Grossmark (Eds.), *Heterosexual masculinities: contemporary perspectives from psychoanalytic gender theory* (pp. 23-53). New York: Routledge.

Diamond, M. J. (2015). The elusiveness of masculinity: primordial vulnerability, lack, and the challenges of male development. *The Psychoanalytic Quarterly, 84*(1), 47-102.

Fonagy, P., & Target, M. (1995). Understanding the violent patient: the use of the body and the role of the father. *International Journal of Psychoanalysis, 76*, 487-502.

Green, A. (2004). Thirdness and psychoanalytic concepts. *The Psychoanalytic Quarterly, 73*(1), 99-135.

Green, A. (2009). The construction of the lost father. In L. J. Kalinich, & S. W. Taylor (Eds.), *The dead father: a psychoanalytic inquiry* (pp. 23-46). New York: Routledge.

Greenson, R. (1968). Disidentifying from mother: its special importance for the boy. *International Journal of Psychoanalysis, 49*, 370-374.

Klein, M. (1945). The Oedipus complex in the light of early anxieties. In M. Klein, *Love, guilt and reparation and other works: 1921-1945* (pp. 370-419). London: Hogarth Press.

Levine, H. (2014). Towards a two-track model for psychoanalysis. *Revista Portuguesa de Psicanálise, 34*(1), 7-14.

Ogden, T. (1992). *The primitive.* London: Karnac.

Olmos de Paz, T. (2010, março). *Male sexuality and its vicissitudes.* Trabalho apresentado na 23rd Conference of the European Psychoanalytical Federation, London.

Perelberg, R. J. (2009). The dead father and the sacrifice of sexuality. In L. J. Kalinich, & S. W. Taylor, *The dead father: a psychoanalytic inquiry* (pp. 121-131). New York: Routledge.

Rosenfeld, D. (2006) *The soul, the mind and the psychoanalyst: the creation of the psychoanalytic setting in patients with psychotic aspects.* London: Karnac.

Sampaio, R., & Garcia, C. (2010). Dissecando a masculinidade na encruzilhada entre a psicanálise e os estudos de gênero. *Psicologia em Revista*, Belo Horizonte, *16*(1), 81-102.

Steiner, J. (1997). *Refúgios psíquicos: organizações patológicas em pacientes psicóticos, neuróticos e fronteiriços*. Rio de Janeiro: Imago. (Trabalho original publicado em 1993).

Steiner, J. (1999). The struggle for dominance in the Oedipus situation. *Canadian Journal of Psychoanalysis, 7*(2), 161-178.

Stoller, R. (1968). *Sex and gender* (Vol. 1). London: Hogarth Press.

Verhaeghe, P. (2004). Phallacies of binary reasoning: drive beyond gender. In I. Matthis (Ed.), *Dialogues on sexuality, gender, and psychoanalysis* (pp. 53-66). Karnac: London.

Bibliografia complementar

Aragão Oliveira, R. (2013). Masculinity and the analytic relationship: transforming masculinity in the course of the analysis. In E. P. Mari, & F. Thomson-Salo, *Masculinity and femininity today* (pp. 101-116). London: Karnac.

Etchegoyen, A. (2002). Psychoanalytical ideas about fathers. In J. Trowell, & A. Etchegoyen, *The importance of fathers: a psychoanalytical re-evaluation* (pp. 20-41). East Sussex: Brunner-Routledge.

Herdt, G. (1997). Male birth-giving in the cultural imagination of the Sambia. *Psychoanalytic Review*, (84), 217-226.

Perelberg, R. J. (2015). *Murdered father, dead father: revisiting the Oedipus complex*. London: Routledge.

15. Vicissitudes da sexualidade masculina: exibicionismo e fantasias no espelho[1]

Cândida Sé Holovko

Introdução

A relação entre intimidade, sexualidade, identificações de gênero e determinações culturais é tão entrelaçada que não é possível desvincular umas das outras. A questão de gênero ligada a crenças, papéis, comportamentos e atitudes considerados apropriados ao homem ou à mulher, cultural e historicamente determinados, está presente e marca os primeiros cuidados que os adultos oferecem ao bebê na satisfação de suas necessidades básicas, e mesmo antes, nos sonhos e nas fantasias inconscientes que nutrem a respeito da criança que está para nascer.

Quanto mais me debruço sobre os conceitos de masculino e feminino e a relação indissociável entre eles, mais percebo a complexidade desse campo de estudo. Hoje em dia, definir o que é próprio do masculino e do feminino sem levar em conta considerações

---

1 Uma versão anterior deste artigo foi publicada com o título "Exibicionismo e fantasias no espelho: do enactment ao sonho", na Revista Portuguesa de Psicanálise, em 2015.

262 VICISSITUDES DA SEXUALIDADE MASCULINA

histórico-culturais tende a conduzir a concepções essencialistas que desconsideram o pluralismo próprio dos seres humanos. Sabe-se que homens e mulheres, apesar do sexo biológico, identificam-se em maior ou menor grau e em proporções variadas com o gênero masculino ou o feminino. Incontáveis são as combinações de masculino e feminino em ambos os sexos e a predominância de uma categoria ou de outra é consequência de uma complexidade de fatores (anatômicos, intrapsíquicos, intersubjetivos, socioculturais e históricos), assim, é pelo enfoque plural, pela variedade e pelo múltiplo que se devem orientar as questões da sexualidade humana.

As postulações de Freud sobre Édipo positivo e negativo, com as correspondentes identificações e desejos a ambos os progenitores, já apresentam a noção de uma bissexualidade psíquica constituinte dos sujeitos. Freud, em 1920, já alerta a respeito da diferença entre identificações sexuais ou de gênero e escolhas de objetos sexuais.

> *Um homem com qualidades predominantemente viris, e que exiba também um tipo masculino de vida amorosa, pode, com tudo isso, ser um invertido com relação ao objeto, amar só a homens, e não mulheres. Um homem em cujo caráter prevaleçam de maneira chamativa as qualidades femininas, e ainda que se porte no amor como uma mulher, em virtude desta atitude feminina deveria estar destinado a escolher outro homem como objeto de amor; não obstante, muito apesar disto, pode ser heterossexual e não mostrar em relação ao objeto uma inversão maior que uma pessoa normal média. (Freud, 1920/1969, p. 181)*

Desde Freud (1905/1972), vários autores se referiram à origem da psicossexualidade a partir de uma sexualidade inconsciente implantada pelo adulto no corpo apassivado da criança durante os primeiros cuidados da infância. Enfatizam a marca do fantasmático sobre o corpo, lembrando que a conformação dos órgãos genitais induz a diferentes fantasias. É sempre a fantasia que acompanha uma experiência sexual que determina se uma ação é masculina, feminina, bissexual, trans etc. Em psicanálise, sempre se está trabalhando com as representações do experienciado. Natureza, cultura e momento histórico estão em contínua interação e são indissociáveis na conformação do sujeito psíquico e de suas identificações sexuais.

Dana Birksted-Breen (1993/1998), em uma esclarecedora síntese, afirma que, quando alguém tenta captar a natureza da masculinidade e da feminilidade em psicanálise, necessita tolerar a falta de foco, pois a teoria freudiana com relação às identificações sexuais apresenta postulações contraditórias que estão ligadas à complexidade desse tema. "[Freud] ora volta-se para a biologia (a anatomia é o destino) e ora volta-se para o significado psíquico construído de masculinidade e feminilidade, relativamente independente do caminho biológico" (Breen, 1993/1998, p. 46).

Após a revolução sexual dos anos 1960 e depois dos avanços da tecnologia iniciados nos anos 1980 (fertilizações assistidas, ressignificação de gêneros etc.), homens, mulheres e toda a gama de gêneros que se pode presenciar hoje em dia puderam vir à luz com mais liberdade de expressão, liberdade de vivenciar maneiras de se apresentar sexualmente e fazer escolhas sexuais as mais diversas.

Como bem lembra Bleichmar (2006):

> *a sexualidade, tal como a concebemos em psicanálise, não se reduz ao ordenamento da identidade sexual nem à biologia do corpo, mas precisamente a esse*

> *"inter"* que o inconsciente estabelece entre o somático e a cultura, *"inter"* que é efeito da atividade que se origina no interior das relações com outro humano. (p. 81)

No seu livro *O erotismo*, Bataille (1957/2004) diz que a possibilidade erótica no ser humano está vinculada à escolha de objetos que respondam à vida interior dos sujeitos. Nesse sentido, o que está em jogo é sempre um aspecto inapreensível, e não uma qualidade objetiva do objeto, que, se não tivesse repercussão no interior do sujeito, não suscitaria a sua preferência.

> *O erotismo é um dos aspectos da vida interior do homem. Nós nos enganamos a seu respeito porque ele busca incessantemente fora um objeto de desejo. Mas esse objeto responde à interioridade do desejo... a escolha humana... diz respeito a essa mobilidade interior, infinitamente complexa, que é o próprio homem. (Bataille, 1957/2004, p. 45)*

Nos últimos 20 anos, os psicanalistas que têm se dedicado ao estudo da sexualidade masculina vêm reconhecendo a complexidade da identidade masculina, diferentemente do que acreditava Freud. Para este, a angústia de castração conduziria à resolução do complexo de Édipo sem maiores complicações quando comparado ao desenvolvimento da psicossexualidade da mulher. A maior compreensão da bissexualidade e da importância, tanto no menino como na menina, da relação inicial com a mãe e com o pai pré-genitais criou, além da simplicidade aparente, uma compreensão muito mais complexa e diferenciada da sexualidade masculina.

A relação do menino com a mãe, diferentemente do que pensava Freud, pode ser também fortemente agressiva. Alguns autores têm posições contraditórias a respeito da facilidade maior ou menor do menino de enfrentar a difícil tarefa de mudar e lidar com os anseios passivos iniciais em relação à mãe e ao pai em direção a uma atitude mais ativa em relação a ela e ao mundo.

Melanie Klein já havia descrito que não é apenas o medo do pai, mas o amor por ele que, em grande parte, contribui para o desenvolvimento do complexo de Édipo positivo e sua resolução no menino.

Como muitos psicanalistas, também acredito que a relação positiva do menino/homem com o pai, tanto o pai pré-genital como do complexo de Édipo negativo e positivo, é extremamente importante no desenvolvimento da sexualidade masculina e do desejo de ter filhos.

Nesse sentido, concordo com Silvia Bleichmar que, em seu livro *Paradojas de la sexualidad masculina* (2006), fala das vicissitudes do complexo de Édipo negativo masculino e da importância fundamental para o menino de fazer uma identificação amorosa e erótica com o pai. Bleichmar (2006) alerta para o perigo de considerar a constituição da sexualidade masculina de maneira simplista – o menino e o homem manteriam a mesma zona sexual e o mesmo objeto ao longo da vida – e as fantasias femininas no homem como sendo alheias à sua masculinidade "quando a maioria (dessas fantasias) corresponde à tentativa de busca de apropriação e resolução da masculinidade a partir da incorporação do atributo genital de outro homem que outorgue potência e virilidade" (p. 73).

Sua perspectiva coloca ênfase em um movimento feminino passivo de incorporação de atributos paternos na base da identificação com o pai. O investimento amoroso e erótico do menino ao pai pré-genital e edípico pavimenta, assim, o caminho da identificação masculina, o que torna a masculinidade ligada a um fantasma paradoxal feminino.

O reconhecimento do papel e da importância da identificação feminina na sexualidade masculina e no desenvolvimento masculino, tanto como ameaça à masculinidade quanto como positiva para o equilíbrio intrapsíquico e interrelacional, tem sido a linha de desenvolvimento fundamental nas últimas décadas, sem esquecer a importância real e simbólica atribuída pelos homens ao seu pênis e a sua relação com o corpo e o desejo pelas mulheres e pelos homens. Danon-Boileau et al. (2015) discorrem sobre a especificidade da sexualidade masculina:

> *de partida a bissexualidade no fundamento da sexualidade própria a cada sexo, logo a especificidade no homem da relação ao pênis, enfim o interesse suscitado neles pelo sexo da mulher (o qual organiza o desenrolar de sua parte feminina e não irá se reduzir somente à dimensão da possessão erótica). (p. 2)*

Dignas de nota são também as angústias de homens em relação ao desejo de mulheres que encaram como insaciáveis, capazes de despertar fantasias de engolfamento, de fusão, de perda de autonomia, de ameaça à virilidade. Fantasias de criar (gestar bebês) com pai e mãe, possuir seios e poder engravidar também fazem parte do universo masculino.

A descrição e a reflexão de alguns dos momentos de uma psicanálise, nos quais intensos afetos na transferência e na contratransferência conduziram a uma expansão da subjetividade e da sexualidade masculina em um analisando com sérias perturbações narcísicas, são a intenção maior desta escrita. O desenrolar do processo analítico – com um enquadre que favorece experiências de estabilidade, confiança e intimidade compartilhadas – expôs perspectivas para acompanhar o florescer do desejo erótico pelo outro e do respeito à própria subjetividade neste paciente a quem chamarei de Francisco.

"O maior naufrágio é não partir"[2]

Quando abro a porta para Francisco, em sua primeira entrevista, vejo um jovem (30 anos) com uma expressão atormentada. Desde o início, percebo que se trata de uma pessoa com séria perturbação narcísica e que apresenta grande sofrimento psíquico: mostra-se desorientado, confuso, com pouca capacidade para pensar e expressar seus sentimentos. A cisão de seu ego, com claros *deficits* simbólicos, é claramente expressa na fragmentação de sua comunicação.

Conta que tem tido fantasias e ideias que o atormentam muito: de repente, é assaltado pela ideia de matar a mulher que está com ele. Resolve separar-se da companheira por temer cometer um feminicídio em um momento de descontrole. Nesse primeiro contato, diz que esses "pensamentos" são mais frequentes atualmente e aparecem a qualquer momento, principalmente em lugares fechados quando se encontra a sós com uma mulher (nesse momento, sinto contratransferencialmente um calafrio na espinha, como se ele pudesse cometer esse ato ali mesmo. Já nesse início de conversa, fica evidente o impacto vivido na contratransferência).

Seus pais são dinamarqueses e moraram no Brasil durante alguns anos, período durante o qual nasceu o paciente. Quando

---

2 Klink (2000).

268 VICISSITUDES DA SEXUALIDADE MASCULINA

Francisco tinha 5 anos, voltaram definitivamente para a Dinamarca, onde toda a família passa a residir. Há três anos, Francisco resolve vir morar sozinho no Brasil. Quer se separar do pai, que sempre foi para ele uma pessoa autoritária e dominadora; quer também se afastar do ambiente familiar por não suportar as brigas frequentes entre os pais. Com relação à mãe, sempre a viu como muito fria e distante. Nunca se sentiu aceito, valorizado e amado por ela e acredita que não só não foi desejado pela mãe, mas foi fruto de uma relação na qual a ela foi submetida sexualmente pelo pai. Em uma sessão, meses depois, consegue figurar em uma imagem a relação dele com os pais. Nessa imagem, vê a mãe de costas olhando para a Dinamarca enquanto o pai caminha em sua direção.

Francisco, ao chegar ao Brasil com 27 anos, montou uma empresa com a ajuda de amigos do pai. Assim que a empresa começou a crescer, um ano antes desse nosso contato, sentiu que não tinha condições psicológicas para continuar no comando e resolveu vendê-la. Nessa época, começou a se isolar e a permanecer a maior parte do tempo recluso em casa, evitando até atender ao telefone. Sentia-se falido, fracassado profissional e emocionalmente.

Francisco fala com muita vergonha e constrangimento que tem frequentemente fantasias sexuais com mulheres (com sua namorada, já não mantinha relações sexuais há muito tempo). Diz que todo dia, ao acordar, dirige-se nu à frente do espelho e fica olhando para o próprio pênis. Uma dúvida compulsiva o assalta: "o pênis é grande ou é pequeno". Isso o atormenta porque não consegue se decidir (em uma folha de papel que me dá alguns meses depois, está escrito: "Olhar no espelho, sempre a dúvida: pênis grande = homem e pênis pequeno = mulher"). Enquanto se olha no espelho, fantasia algo e se masturba.

A fantasia mais frequente e que se repete quase inalterada refere-se a uma cena em que se imagina masturbando-se diante de uma camareira de hotel, que o olha extasiada. Essa imagem desperta nele intensa excitação. Como não trabalha e permanece a maior parte do tempo em casa, assistindo à televisão ou lendo revistas, a compulsão a ir ao espelho repete-se várias vezes ao dia. Com muita vergonha, conta também que tem compulsão a exibir o pênis. Em geral, isso ocorre quando vê uma mulher bonita na rua. Procura atraí-la para o seu carro e dar um jeito para que ela olhe em direção ao pênis exposto. O excitante, para ele, é poder exibir o pênis e perceber a mulher olhando. Todas essas situações, ao mesmo tempo que produzem muita excitação, desencadeiam nele fortes sentimentos de desagrado, repugnância e desejo de libertar-se delas.

Com o tempo, foi possível esclarecer que todos esses episódios de exibicionismo estavam relacionados com momentos de forte angústia nos quais o analisando não encontrava outra forma de defender-se da angústia insuportável a não ser pela passagem ao ato.

Para ilustrar o clima de tensão emocional, desespero e desamparo que Francisco vive nesse início de análise e como o campo transferencial-contratransferencial era acionado, será apresentado um fragmento de sessão do segundo mês de análise. Durante quase todo esse primeiro ano de análise, frequentar as quatro sessões semanais era uma de suas raras atividades fora de casa.

Sessão do espanto

Assim que o vejo, percebo um olhar atormentado como o de um psicótico. Imediatamente, sinto um calafrio percorrendo minhas costas. O paciente entra rapidamente na sala, deita-se no divã e permanece em silêncio. Ocorre-me que esse homem poderia me matar ali mesmo, o que me faz sentir grande medo. O paciente continua em silêncio e isso faz com que o meu pavor aumente ainda mais, pois imagino que, se ele não fala, pode vir a atuar. Aos poucos, vou pensando que, talvez, ele esteja aterrorizado que eu possa atacá-lo, uma vez que suas fantasias são de atacar mulheres pelas costas e era ele que estava de costas para mim. Também penso nas últimas sessões, nas quais o paciente parecia ter mais controle sobre os impulsos, de forma que, aos poucos, vou me acalmando. No momento que me percebo bem mais tranquila, de repente e para minha surpresa, Francisco começa a falar. Diz que tem medo que eu o ataque pelas costas!

Essa conversa me impactou pela força da comunicação inconsciente, na qual me dei conta de que havia experimentado, em minha própria pele, o terror do paciente. Partindo da experiência contratransferencial, pudemos falar a respeito de suas angústias de morte e de seu terror de ser atacado por alguém e acrescentar o grande medo que ele tinha de atacar a mim, a quem buscava para analisar-se e lidar com esses terrores.

Percebi que, nesse início de análise, eu era convocada de forma premente a estar mergulhada num estado de turbulência emocional, semelhante ao vivido por Francisco, e, a partir deste estado, "sonhar" junto com ele, a fim de encontrar expressões aproximadas do que se passava em seu mundo interno numa evidente função materna de desintoxicação psíquica e para-excitação. Essa função de *rêverie* – semelhante à *rêverie* materna descrita por Bion, na qual a mãe precisa executar funções psíquicas pelo seu bebê até que este possa introjetar essas funções em seus objetos internos e executá-las por si mesmo – era nosso grande desafio nesse momento. Na época, vinha sempre à minha mente o conceito de barreira de contato de Bion (1962/1991).

Como se vê, a barreira de contato, que separa elementos inconscientes e conscientes, estava danificada em Francisco, produzindo experiências de confusão pela mistura desses elementos.

Sem essa barreira protetora, o inconsciente ficava vazando para o consciente e para a realidade externa, dando origem a fenômenos de natureza alucinatória e *acting-out*.

Pode-se conjeturar que, nas primeiras sessões, ao falar de seu medo de matar pessoas, Francisco expressa o drama que vem vivendo ao longo de sua vida: o pavor de destruir os frágeis laços que o ligam a uma realidade compartilhada com outro, o que significaria sua morte psíquica. Também se poderia supor que essa fantasia homicida, o medo de matar mulheres, condensa seu horror em relação à própria feminilidade ainda não suficientemente integrada, essa confusão identificatória que busca eliminar por meio desse fantasiar e do impulso de passagem ao ato. Poderia também expressar o ódio à mãe, que, de costas para ele, nos seus primeiros anos de vida, olha em direção à Dinamarca e, em seu estado melancólico, não pode olhá-lo como necessitaria. A compulsão ao exibicionismo e à masturbação frente ao espelho, com a fantasia onipotente de exibir seu pênis, evidencia tentativas de desmentida da castração e sua ambiguidade sexual. Tentativas desesperadas para recuperar um equilíbrio narcísico precariamente constituído e constantemente ameaçado pelo sentimento de não ser visto, de não existência, do abismo de não ser.

Esse acontecimento clínico lembra situações descritas por Cassorla (2009) quando o paciente não pode ou falha em simbolizar:

> *O analista sente-se pressionado a se livrar dos "não sonhos" que o paciente lhe introduz. Concomitantemente, sente-se pressionado a buscar formas de simbolizá-los. Sua função analítica permite que ele se deixe invadir e vivencie os aspectos projetados. Ao mesmo tempo, ou em seguida, discrimina-se deles e os desvenda, dando-lhes significado.... Estamos frente ao*

> *funcionamento adequado do aparelho de pensar pensamentos cuja origem é fruto do "trabalho-de-sonho- -alfa" ou função alfa. (p. 94)*

Nesse primeiro momento, vemos os restos de um desastre emocional e o colapso do sistema de produzir pensamentos. A analista sonha o "não sonho do paciente" (Cassorla, 2005) e, por meio de sua *réverie*, é capaz de transformar e desintoxicar fantasias de assassinato/suicídio do analisando.

Passados oito meses de análise, Francisco me diz que pensa em voltar a trabalhar, mas que ainda não sabe bem o que quer fazer. Conta-me que a compulsão ao exibicionismo na rua desapareceu e que as fantasias em frente ao espelho diminuíram consideravelmente. Revela que deseja estar mais ocupado fora de casa e que se inscreveu em um curso de natação para exercitar-se.

Francisco – Vou para o espelho e me imagino numa praia de nudismo, e que várias mulheres ficam me olhando e admirando o meu pênis. Isso tem durado menos que antes e já não me excita tanto, não tenho mais vontade de me masturbar. O que me excita não é transar com mulher, mas que elas olhem e achem que eu tenho um pênis grande. Queria ter o maior pênis do mundo e que as mulheres fizessem fila para transar comigo (rindo).

Nesse ponto, como em muitos momentos anteriores da análise de Francisco, observo uma espécie de transferência "perversa" na qual o paciente usa a fala para se excitar e erotizar o vínculo analítico. Várias vezes, na saída da sessão, observo o rosto vermelho do paciente, como o de alguém que andou se excitando, e o olhar de canto buscando conluio comigo. Contratransferencialmente, produz-me mais compaixão que estimulação, por verificar o estado de precariedade narcísica e de regressão psíquica de Francisco.

(Penso, nesse momento, que lhe faltaram os olhares materno e paterno que o reconhecessem como sujeito e, em seguida, como menino e homem. Recordo que o investimento narcísico necessário ao desenvolvimento da psicossexualidade é passado pelos pais ao filho; nesse caso, conjeturo que Francisco, com seu exibicionismo, busca desesperadamente encontrar nos olhos das mulheres o investimento narcísico que não ocorreu.)

No retorno das férias, conta que passou bem. "Levei a Joana para a praia. Ficamos uma semana lá. Transamos e foi bom. Fazia mais de um ano que eu não transava, não sabia mais como fazia, quase esqueci." Conta que foi com amigos, sentiu-se ativo; entretanto, a necessidade de ser visto como alguém especial estava presente.

Francisco utiliza a fantasia no espelho para compensar o sentimento de ser castrado, impotente, de não ter recursos de personalidade para fazer frente à angústia avassaladora. A fantasia funciona como uma ilha para o precário equilíbrio narcisista. Quando Francisco se encontra angustiado, vulnerável, frustrado, sem potência, é urgente reconstruir o narcisismo atacado por meio da passagem ao ato exibicionista e à masturbação compulsiva. Aqui, o que está em jogo não é só a potência sexual, mas sobretudo a relação com a existência psíquica, a angústia suscitada é muito mais de perda de si mesmo. É curioso que, à medida que Francisco se sente mais visto na análise e na relação com outras pessoas, não só a compulsão a exibir seu pênis na rua desaparece, como também as fantasias masturbatórias no espelho vão diminuindo de frequência. Ao exibir seu pênis na rua, provavelmente estivesse à procura de alguém que o contivesse, talvez a polícia ou, mais precisamente, uma mulher que, ao olhá-lo, pudesse devolver-lhe vida e sentido. Essa compulsão desapareceu nos primeiros meses de análise; penso que isso ocorreu por ter encontrado, no espaço analítico, um continente em que podia "mostrar-se" sem tantos riscos.

274   VICISSITUDES DA SEXUALIDADE MASCULINA

Freud, em nota de rodapé acrescentada em 1920 aos seus *Três ensaios sobre a teoria da sexualidade* (1905/1972), afirma que a compulsão de exibir o pênis depende intimamente do complexo de castração: é um meio de insistir constantemente na integridade dos próprios órgãos genitais do paciente. Nesse texto, a ênfase é dada à angústia de castração sexual, no entanto, se pensarmos que o paciente se apoia narcisicamente em seu órgão genital, pode-se falar em necessidade de verificar continuamente sua integridade psíquica. Seria possível pensar que a função do espelho para Francisco parece ser não só de defesa narcísica vital, mas também incluir uma função de integração. A imagem refletida no espelho lhe devolve uma *Gestalt* momentânea de seu corpo, permitindo integrar partes dissociadas numa visão do todo. Para Lacan (1966), é no estádio do espelho que vão surgir os primeiros esboços da função do eu e os primórdios da identificação a outro.

Quatro meses depois dessas férias com a namorada, Francisco se mostra muito envolvido com sua família e envia e-mails ao irmão e aos pais que moram na Europa. Começa a surgir a importância que essas pessoas têm em sua vida. Até muito pouco tempo, era um expatriado, solto no mundo, sem raízes.

Nessa época, seu pai precisa vir ao Brasil e tenta entrar em contato com amigos para indicar um trabalho para o paciente. Francisco sente-se de novo muito pressionado por seu pai. Procura encontrar uma forma diferente de lidar com a situação, levando em conta seu temores, suas ansiedades e o contato com a realidade. Creio que seja um momento importante que vale a pena descrever.

Confrontando o pai

F – Sexta saí com meu pai e fomos a uma reunião com o objetivo de arrumar um emprego. Ao retornarmos, ele começou a me dizer tudo o que eu deveria fazer. O que me afligiu muito, a ponto de me fazer pensar em ligar para você; entretanto, depois, achei que não seria adequado. De repente, deu vontade de ir a boates e fazer programa com aquelas mulheres. Meu pai adormeceu e eu, muito aflito, não conseguia descansar. Como não sabia o que fazer, comecei a pensar na razão do meu mal-estar, então, achei que deveria falar desses sentimentos com o meu pai, mas era muito difícil explicar-lhe o que eu estava sentindo. Depois de muito pensar, finalmente consegui dizer que sempre me senti muito pressionado por ele. Meu pai me disse que eu sempre tive medo dele e que só me sentiria melhor quando ele morresse. Eu disse que não era verdade e que, pelo contrário, queria muito aproveitar a companhia dele. Que não precisava se preocupar comigo, que o trabalho viria naturalmente à medida que eu ficasse bem comigo mesmo. Acho que não me entendia, pois, para ele, o mais importante era arrumar um trabalho e ganhar dinheiro. Tentei esclarecer que as coisas não funcionavam assim para mim e, por fim, consegui fazê-lo aceitar, o que, curiosamente, também me fez sentir aliviado, imediatamente!

Eu digo a Francisco que aconteceu algo muito importante, pois ele pôde ter uma conversa de homem para homem com seu pai. Quando seu pai começou a exigir coisas, ele se sentiu submetido mais uma vez às vontades do pai, sem liberdade para ser ele mesmo. A pressão retornou, como se fosse esmagado pelo pai, e começou a sentir-se impotente perante ele, de maneira que pensou em procurar uma mulher experiente em assuntos sexuais, quem sabe para recuperar a potência que lhe foi roubada. Comento que ele não correu para descarregar a aflição, muito pelo contrário, pôde conter-se e escolheu o método mais eficaz para solucionar o conflito: pensar e enfrentar o pai.

F – Chegou o amigo que estava esperando. Conversamos muito. Porém, agora tem uma coisa que é muito difícil de falar... É algo que não sai da minha cabeça e estou com vergonha de dizer. Esse meu amigo diz que está trabalhando em uma fábrica na Alemanha. Escreveu contando-me muito animado como é essa fábrica. Achei perfeito, mas, de repente, deu vontade de chupar o pênis dele. Que nojo! É terrível! Na verdade, já tinha me acontecido outras duas vezes: a primeira quando conversava com o pai da Joana e a segunda com um empresário conhecido muito bem-sucedido. Este pensamento é horrível!

Enquanto Francisco falava, ficou muito claro para mim que se referia ao desejo de incorporar a vitalidade, os recursos, o ânimo, enfim, toda a potência daqueles homens a quem admirava, como bem descreveu Bleichmar (2006). Muito mais que uma fantasia homossexual clara, tratava-se de um desejo de incorporar a virilidade daqueles homens, portanto, uma tentativa de reforçar sua própria masculinidade. "Gostaria de poder falar das minhas coisas com esse mesmo ânimo, essa mesma energia que ele."

Um pouco mais adiante em sua análise, em um claro momento de transferência negativa, Francisco me conta um sonho: "Sonhei que tinha um homem numa casa com vários andares e que estava matando as pessoas. Eu falava para ele parar, mas ele continuava; eu ficava olhando sem conseguir fazê-lo parar. Aí acordei assustado".

Falamos da vivência do conflito dentro dele, um lado que quer matar a relação e outro que quer comunicar as angústias e fortalecer o vínculo comigo. "Acho que sim. Eu estava com muita raiva de você, mas no domingo mudou, pois percebi que tem muita coisa que eu quero te falar." Diz que, nesses últimos dias, voltou a ocupar-se com as fantasias masturbatórias no espelho.

F – Hoje, no espelho, percebi como queria ser homem e mulher ao mesmo tempo. Eu estava na frente do espelho e comecei a fantasiar. Fiquei tentando ser a empregada me olhando no espelho, mas, quando comecei a falar, estragou tudo. Eu falava como se fosse ela me olhando e dizendo: "Que pênis grande você tem!", mas, quando comecei a falar e ouvi minha voz grossa, aí eu vi a loucura que estava fazendo. Senti-me ridículo! Já fazia tempo que eu não tinha vontade de ir ao espelho...

Surge aqui, de forma mais clara, a expressão da dor pela perda da onipotência, ou seja, a constatação de que não dá para ser homem e mulher ao mesmo tempo, que a negação da castração simbólica vai perdendo força, sendo revista e ressignificada.

Nessa sessão, podemos apreender certos movimentos do paciente. Aqui, fica em evidência a oscilação entre métodos alucinatórios e projetivos, que são a expressão do repudio à dor mental, e métodos mais sofisticados de pensamento (o sonho, por exemplo), nos quais a dor mental é considerada e suportada.

Espelho interno

Algumas sessões adiante, lidamos com momentos em que o paciente revelou emoções de prazer com outra pessoa em movimentos de claro investimento objetal.

F – Lembrei de um sonho estranho que tive essa noite, parece meio absurdo. Eu moro num apartamento pequeno; no meu sonho, o apartamento do vizinho fazia parte do meu, como se tivesse ficado uma sala só, a minha com a do vizinho. Eu e a Joana saímos do meu apartamento, que estava com a geladeira cheia de coisas gostosas. Aí o vizinho e os filhos começaram a comer o que eu tinha na geladeira. De repente, não vi mais a Joana e me vi sentado, nu, em uma cadeira conversando com a vizinha. Eu estava me sentindo muito atraído por ela. A situação era boa, aí não me lembro mais.

Ao solicitar associações, Francisco diz que não conhece bem os vizinhos, mas acha que é um casal que se relaciona bem. Faço referência à nossa relação analítica de cooperação, à experiência de ter-se desnudado emocionalmente em ocasiões anteriores no contato com pessoas e a seu temor em relação à intimidade com outros. Achei interessante que, no sonho, é ele que está atraído pela vizinha, o que é muito diferente do que ocorria com as fantasias no espelho, em que era a mulher fantasiada que estava sempre admirando-o. Pode-se pensar que há um investimento da libido objetal alimentando áreas de intercâmbio do ego com o mundo dos objetos externos e internos e um esboço de desejo heterossexual.

Com relação às experiências no espelho, pode-se conjeturar que as imagens distorcidas de Francisco projetadas na tela mental da analista sofreram transformações graças à experiência da análise, o que não acontecia com a imagem projetada no espelho-artefato, que só podia devolver a visão distorcida do narcisismo onipotentemente poderoso ou onipotentemente desqualificado.

Em "Narciso à procura de uma nascente", McDougall (1978/1983) fala da fascinação de Narciso pelo seu rosto na água:

> *Pode ser que o encastelamento em si mesmo delimite um espaço impregnado de decepção e desespero; que a aparente autossatisfação de Narciso seja mera ilusão do observador. E não poderíamos supor que essa criança frágil, à espreita de uma imagem de si mesmo duplicada, procura avidamente nas pupilas maternas um reflexo destinado a devolver, não apenas a sua imagem especular, mas também tudo aquilo que ela representa para a mãe?... através de um olhar que fala, a criança poderá se reconhecer como sujeito com um lugar e um valor próprios (p. 116).*

Talvez possamos conjeturar que, na medida em que Francisco se sente olhado e considerado emocionalmente pela analista, ele pode liberar o desejo sem risco de repetir e sucumbir a outra vivência catastrófica (a mãe de costas olhando para a Europa) ou a um congelamento defensivo. Parece mostrar que já há, no seu mundo interno, um casal analítico que se relaciona bem. O surgimento de vários outros sonhos nos últimos meses expressa uma mudança significativa na forma de Francisco processar os impactos emocionais.

F – Agora percebo como as pessoas são importantes para mim. Não tinha percebido como são importantes! Acho que fui longe demais nessa situação de me fechar, de fugir da realidade. Ontem, com a Joana, pensei que queria ser eu mesmo. Pela primeira vez, aceitei ser eu mesmo e isso me deixou muito contente.

Considerações finais

É extremamente interessante observar, nesse processo analítico, que os sintomas mais marcantes do início da análise – ou seja, a compulsão a exibir-se (esfera da ação) e as fantasias alucinatórias terroríficas de assassinato (esfera perceptiva) – surgiram após dois anos de trabalho analítico no conteúdo dos dois sonhos relatados neste texto. Em um deles, Francisco vê um homem assassinando pessoas; no outro, vê-se nu conversando com uma vizinha. O que quero enfatizar é que houve uma mudança na qualidade da comunicação: um movimento do campo da ação em direção a uma organização mais onírica.

Nessa análise, pôde-se acompanhar o caminho da construção da sexualidade masculina de Francisco e o surgimento também do desejo heterossexual. Inicialmente, havia uma indiscriminação sexual (ser homem ou mulher, ou ser homem e mulher), em um

280 VICISSITUDES DA SEXUALIDADE MASCULINA

período em que não havia ainda a constituição da alteridade e que falhas no narcisismo primário estruturante predominavam. Permitir-se viver identificações femininas na relação com a analista e, posteriormente, com homens do seu entorno abriu possibilidades de afirmação de sua masculinidade e da fruição de uma sexualidade mais flexível e menos perigosa.

Deve-se lembrar que a masculinidade faz-se por meio de identificações e diferenciações sucessivas, sempre integrando qualidades femininas. É um processo complexo, longo, que envolve inúmeros fatores. Além disso, dependendo da época histórica e do meio sociocultural, os modelos de masculinidade tomarão novas formas.

Na análise de Francisco, a questão do olhar e ser olhado e a questão do espelho se sobressaem como temas sempre recorrentes, expressando que, antes de ele poder fazer identificações de gênero e escolhas de objeto, foi necessário experimentar o sentimento de ser separado do outro em uma relação de confiança. Nos últimos meses, o material clínico revelava várias situações emocionais nas quais o paciente podia ver-se melhor: no contato com mulheres, com homens, com familiares, com colegas, em filmes, o que faz supor que o espelho que utiliza nesse término de análise não é mais um artefato sem vida, mas um espelho que tem vida emocional, porque, agora, são os olhos e as respostas emocionais de outros seres humanos que o refletem.

Como diz um personagem do filme argentino *O segredo dos teus olhos*: "Em um olhar se pode passar um mundo".

Referências

Ambrosio, G. (2013). Discussion of evolving perspectives on masculinity and its discontents; reworking the internal phallic and genital positions. In E. P. Mari, & F. Thompson-Salo (Orgs.), *Masculiny and femininity today* (pp. 25-33). London: Karnac.

Bataille, G. (2004). *O erotismo* (C. Fares, Trad.). São Paulo: Arx. (Trabalho original publicado em 1957).

Bion, W. R. (1991). *Aprendiendo de la experiencia*. Buenos Aires: Paidós. (Trabalho original publicado em 1962).

Bion, W. R. (1994). *Estudos psicanalíticos revisados*. Rio de Janeiro: Imago. (Trabalho original publicado em 1967).

Bleichmar, S. (2006). *Paradojas de la sexualidad masculina*. Buenos Aires: Paidós.

Breen, D. (1998). *O enigma dos sexos: perspectivas psicanalíticas contemporâneas da feminilidade e da masculinidade* (F. Náudel, M. P. Ferreira, & T. Penido, Trads.). Rio de Janeiro: Imago. (Trabalho original publicado em 1993).

Cassorla, R. M. S. (2005). *"Enactment" como repetição, "Enactment" como elaboração: as reversões da perspectiva na clínica do trauma*. Trabalho apresentado no painel "Trauma e Enactment", no 44º Congresso Internacional de Psicanálise, IPA, Rio de Janeiro.

Cassorla, R. M. S. (2009). Reflexões sobre não-sonho-a-dois, enactment e função alfa implícita do analista. *Revista Brasileira de Psicanálise, 43*(4), 91-120.

Danon-Boileau, L. et al. (2015). *La sexualité masculine*. Paris: Puf.

Freud, S. (1969). Sobre a psicogênese da homossexualidade feminina. In S. Freud, *Edição standard brasileira das obras psicológi-*

cas completas de Sigmund Freud (Vol. 17, pp. 159-183). Rio de Janeiro: Imago. (Trabalho original publicado em 1920).

Freud, S. (1972). Três ensaios sobre a teoria da sexualidade. In S. Freud, *Edição standard brasileira das obras psicológicas completas de Sigmund Freud* (Vol. 7, pp. 135-250). Rio de Janeiro: Imago. (Trabalho original publicado em 1905).

Klink, A. (2000). *Mar sem fim*. São Paulo: Companhia das Letras.

Lacan, J. (1966). Le stade du miroir comme formateur de la fonction du Je. In J. Lacan, *Écrits 1* (pp. 89-97). Paris: Seuil.

McDougall, J. (1983). *Em defesa de certa anormalidade: teoria e clínica psicanalítica*. Porto Alegre: Artes Médicas, 1983. (Trabalho original publicado em 1978).

16. Paternidades contemporâneas: desejo de filho no homem e técnicas reprodutivas[1]

Patrícia Alkolombre

Tradução: Beatriz de Alcântara Lima

> *O pai "dá à luz" de múltiplas maneiras.*
>
> Bernard This (1982, p. 34)

Se há algo que mudou radicalmente nestas últimas décadas é o lugar do homem na reprodução. E não é apenas porque os avanços científicos revelaram que as causas da esterilidade e da infertilidade não são um patrimônio exclusivo das mulheres, nem porque foram criados dispositivos específicos para as desordens de fertilidade masculinas, como a injeção intracitoplasmática de espermatozoides (ICSI), mas porque, basicamente, essas modificações que vieram pelo lado da ciência por meio das técnicas reprodutivas ocorreram simultaneamente às mudanças nas configurações familiares.

Hoje, coexistem famílias hétero, homo e monoparentais que propõem novas posições entre homens e mulheres em suas

---

[1] Trabalho apresentado no XII Diálogo Latino-Americano Intergeracional entre Homens e Mulheres – Desafios da Psicanálise frente às Novas Configurações Sexuais e Familiares, nos dias 3 e 4 de junho de 2016, na Sociedade Brasileira de Psicanálise de São Paulo (SBPSP).

funções maternas e paternas. Por meio do uso da fertilidade assistida, da doação de gametas e da maternidade por sub-rogação, foram inaugurados novos tipos de acesso à parentalidade, com articulações inéditas entre consanguinidade, filiação e parentesco.

Todas essas problemáticas são muito relevantes e de grande interesse para a psicanálise, apresentando o desafio de repensar os núcleos teóricos da psicanálise à luz da clínica atual, o que permanece e o que muda nesse campo. Um deles é o lugar do desejo de filho no homem (Alkolombre, 2008).

Incertezas e certezas

Os binarismos tradicionais homem/mulher e pai/mãe apresentam-se enlaçados dentro de novas equações que os transformam e são uma realidade que não deixa de comover. Pelas diferentes combinatórias de corpos, células e fluidos na fertilidade, as novas parentalidades explodem a noção de sustentação biológica, deslocando o eixo das discussões dos corpos às funções paterna e materna. Não há dúvida de que a tecnologia reprodutiva introduz uma *nova ordem* na procriação (Alkolombre, 2016) à maneira de um "evento" (Badiou, 1988), dando origem a novos projetos de filiação. *Uma ordem na qual as origens constituem um novo vetor dentro do campo social e subjetivo.*

Essas são as mudanças que, segundo as palavras de Michel Tort (1992), atingem as estruturas dos sistemas simbólicos que regem a identificação dos sujeitos em todas as sociedades conhecidas, como filiação, maternidade, paternidade e identidade sexuada.

Nesse contexto, o desejo de filho é apresentado nos consultórios com novos questionamentos, como na vinheta a seguir.

O casal formado por Carlos (39) e Liliana (41) está em consulta pelo impacto que lhes provocou a indicação de uma doação de óvulos.

Na primeira entrevista, Liliana diz:

L – Isso caiu como um balde de água fria.

Carlos – Você talvez sinta rejeição... (referindo-se à genética alheia).

L – Não, não é isso. O que acontece é que, se a minha mãe tivesse de duvidar de alguma coisa, poderia ser de quem era seu pai, mas nunca de quem era a sua mãe.

Esse casal transmite a queda de uma verdade historicamente consensual: "pai incerto, mãe certa". E aqui, deseja-se apontar não só a problemática do luto por não ser capaz de transmitir sua carga genética, mas também o sentimento de perplexidade que é percebido na sessão ante uma perspectiva impensável para Liliana, de que um filho seu não tenha seus genes, alterando os termos: "pai certo, mãe incerta". A descontinuidade genética é vivida como uma ferida narcísica, os filhos não seriam mais "sangue do meu sangue".

Surgem certezas e incertezas nas parentalidades atuais. A origem materna certa, a origem paterna incerta: nada disso é igual hoje. Que alcances possuem as novas origens na constituição da subjetividade parental e filial? Qual é o lugar do corpo e como semantizá-lo nesses novos cenários? Como pensar, por exemplo, o conceito freudiano do constitucional dentro das séries complementares (Freud, 1916-1917/1979b)? São questões que, a partir da clínica, interpelam a teoria.

Pode-se dizer que, assim como uma "essência" feminina associada à sua capacidade reprodutiva foi naturalizada historicamente, também foi naturalizada a incerteza em torno do lugar do pai, até a descoberta do DNA. Sua importância foi sempre destacada na hora de reconhecer os filhos que, de fato, em grande parte das sociedades, levam o sobrenome paterno. Recorda-se a figura do "bastardo", o filho que não é reconhecido pelo pai, também chamado de "filho natural", termo apoiado no binarismo clássico: mãe natureza, pai cultura. Pode-se também lembrar o adjetivo mãe "desnaturada" aplicado à mulher que abandona seus filhos e não reflete a sua "natureza" feminina. São todos estereótipos de gênero expostos como valores compartilhados e consensuais para aprovar ou condenar o que se espera de um homem e de uma mulher no exercício de seus papéis parentais e que estão, atualmente, em total transformação – valores que também atravessam a escuta analítica.

Hoje, coexistem na sociedade maternidades e paternidades tradicionais – provenientes do sedimento da cultura patriarcal – e novas funções no exercício da parentalidade. O problema é pensar como o novo é transmitido, e se o prévio – o conhecido – sempre pode explicar as transformações nesse campo (Alkolombre, 2016).

A questão do pai

A questão do pai, da perspectiva antropológica, está associada à filiação, ao parentesco e à transmissão. Françoise Héritier (1989) estabelece que há uma simbolização radicalmente diferente da função do pai nas diferentes culturas. Assinala que o princípio do feminino-materno, muitas vezes, é reduzido à matéria, e o princípio masculino-paterno, ao generativo por excelência. A significância da contribuição dos homens e das mulheres na reprodução é apresentada de modo desigual: a maternidade está associada com nutrir e dar à luz e a paternidade, com o ato de engendrar e criar.

Uma das características das culturas, afirmam as pesquisas, é que a origem da paternidade biológica é ignorada (Tubert, 1997). Nesse ponto, pode-se lembrar que as crianças, durante o período da pesquisa infantil (Freud, 1908/1980), desconhecem o poder fecundador do esperma e isso é algo que deve ser esclarecido nessa fase. As teorias sexuais infantis perguntam sobre a diferença sexual e sobre a origem: de onde vêm os meninos?

Carol Delaney (1986, citada por Tubert, 1997, p. 35) argumenta que paternidade "não é o equivalente semântico" da maternidade. Apresenta a ideia de que foram os antropólogos que ignoraram o significado da paternidade. Salienta que o que está em jogo são as crenças sobre a procriação e o contexto cultural ampliado do qual fazem parte e afirma que: "A procriação é uma construção cultural que expressa e reflete categorias e significados da cultura da qual faz parte" (Delaney, 1986, citada por Tubert, 1997, p. 35).

Pode-se dizer que o significado da paternidade não é primariamente biológico, mas a biologia possui em si um significado social que se refere às relações de gênero, de poder e de parentesco. Nessa linha, a psicanalista Delaisi de Parseval (1981) aponta que a realidade da paternidade leva a um ponto que é inevitável, como a ideologia da cultura na qual é abordada. Confrontada com a pergunta sobre o que é um pai, sugere que a resposta está longe de ser evidente: é o genitor?, o educador?, o companheiro da mãe?, o amante oficial?, o que cria a criança?, o que dá o seu sobrenome?, o que adota?, o marido da mãe? etc.

Paternidades contemporâneas

Se o foco são as paternidades contemporâneas, encontram-se homens que expressam seu desejo de filho e de criação no contexto

288 PATERNIDADES CONTEMPORÂNEAS

de casais heterossexuais e também em situações inéditas até duas ou três décadas atrás: hoje, um homem pode decidir a paternidade sozinho se alugar um ventre e recorrer à doação de óvulos. Um dos primeiros casos que se tornou público há alguns anos foi o do cantor Ricky Martin, que apareceu na capa de uma das revistas mais tradicionais com seus filhos gêmeos nos braços, sendo que, uma década atrás, essa imagem teria sido impensável (nessa capa só apareciam atrizes, princesas e rainhas com seus filhos). A decisão de ter filhos biológicos já não é patrimônio exclusivo das mulheres (Alkolombre, 2009).

As imagens de homens "paternando" são uma novidade. Emerge junto com o pai tradicionalmente provedor da cultura patriarcal um pai grávido, um pai doador de vida? Como as novas paternidades interpelam a teoria? Por exemplo, as identificações primárias com duas figuras masculinas, as identificações secundárias na triangulação edipiana, as novas versões do romance familiar do neurótico na cena primária, a ruptura dos binarismos. Precisa-se de um novo útero mental para pensar esses cenários?

Assim como acredito que a maternidade como tal é uma construção cultural, e não se pode pensar em uma essência feminina que associa o ser mulher com a maternidade, agora penso na paternidade como construção cultural, produto – do meu ponto de vista – de uma maior visibilização do desejo de filho no homem no exercício da função paterna, a partir das mudanças nas configurações familiares e nos recursos médicos e tecnológicos na reprodução.

Poucos meses atrás, li em um importante jornal da Argentina que o casal formado por Daniel e Sebastián recorreu a um ventre de aluguel nos EUA. Na matéria, Sebastián diz: "Quando nos ofereceram a possibilidade de utilizar o sêmen dos dois, dissemos que sim. Eu estava morrendo de vontade de ter um bebê com o rosto do Daniel e ele também gostava da ideia de um que parecesse comigo" (Diario Clarín, 2016, p. 15). Tiveram gêmeos e as crianças foram registradas como filhos "sem mãe", diz o jornal, com os sobrenomes dos dois, um como filho do Daniel e o outro como filho do Sebastián. Eles são filhos que, legalmente, não têm "mãe".

Nesse caso de filhos "sem mãe", a gestante desaparece da identidade das crianças nascidas pela técnica de aluguel de ventre, como também desaparece a doadora dos óvulos. Essas mulheres transformam-se em um suporte biológico, reduzindo sua subjetividade a portadoras de um órgão ou uma célula.

Pablo tem 40 anos, é separado e pai de uma filha adolescente. Realiza a consulta quando sua ex-mulher decide voltar a ser mãe e lhe pergunta se ele quer ser o pai biológico do filho, deixando claro que, se ele não aceitar, vai recorrer a um banco de esperma.

Pablo diz: "Eu pensei bastante... e não parava de pensar. Disse que sim, porque, se eu dissesse que não, essa criança nasceria do mesmo modo e minha filha teria um 'irmão sem pai'. Entre levar 'um filho de ninguém', eu prefiro cuidar de um filho meu".

Da sessão, são recortadas as expressões: "um filho de ninguém" e "um irmão sem pai" quando se refere a uma criança nascida de um banco de esperma anônimo, para assinalar a importância para ele dos laços biológicos na paternidade. Tornar-se pai, nesse caso, estabelece para Pablo uma diferença entre ser pai e também ser genitor de seu filho, uma diferença que está diluída no pedido de sua ex-mulher, homologando qualquer origem como idêntica. Nesse sentido, é Pablo quem outorga um sentido subjetivo ante a indiscriminação das origens e dos laços de sangue para definir sua posição. A angústia o leva a realizar a consulta para pensar sobre seu lugar e seu desejo de paternidade (Alkolombre, 2016).

"O genitor engendra, o pai fala", assinala Bernard This (1982, p. 36), acrescentando que o genitor só é apto para a reprodução.

Como essas experiências são subjetivadas, nos pais, em suas projeções nos filhos? E, nesse ponto, não se pode supor algum desejo de dar vida nos genitores? Ninguém deixa de ser atingido por essas experiências no acesso à parentalidade. Os filhos "sem pai" levam à redefinição das novas categorias na paternidade: pai e genitor.

O desejo de filho no homem

A partir do imaginário social, pode-se afirmar que o desejo de filho é uma representação que está fortemente investida do lado da mulher, junto com tudo o que se refere ao feminino e ao materno. Por sua vez, quando se pensa no conceito psicanalítico de desejo de filho, as reflexões estão em torno da mulher e da maternidade, tendo como sustentação biológica a diferença anatômica e, partindo da psicanálise, o suporte teórico que faz com que, quando se fala do desejo de filho, pense-se na resolução do complexo de Édipo na mulher: a equação simbólica pênis = filho (Freud, 1925/1979a, 1931/1979c).

Encontra-se uma abundante literatura relativa ao materno que destaca a importância da relação mãe-filho e seus efeitos sobre a clínica: a mãe suficientemente boa, a mãe fálica, a mãe morta, a devastação materna, entre outros conceitos. Mas, sem tentar equiparar a problemática materna com a paterna, pode-se perguntar: e o pai? E aquilo que se refere ao lugar do desejo de filho no homem e que fala do paterno (Alkolombre, 2013)?

Dentro das parentalidades contemporâneas, o panorama da paternidade e o lugar do homem na reprodução tornaram-se mais complexos e constituem, atualmente, uma realidade heterogênea. Pode-se falar de paternidades no plural, as tradicionais de casais heterossexuais e aquelas provenientes de monoparentalidades e homoparentalidades masculinas. Outro aspecto que está presente na sociedade é um aumento no número de registros de adoções realizadas por homens solteiros (La Nación, 2010).

A partir dessas ideias, proponho avançar sobre uma perspectiva de paternidade que inclua não só o papel do pai como portador da lei na sua função de simbolização, mas também explorar psicanaliticamente o desejo de filho no homem e destacar o seu papel como um aspecto de grande importância nos processos de subjetivação dos filhos.

Os desenvolvimentos teóricos situam o pai como interdição, a partir de seu papel fundamental na instauração do simbólico ao triangular a relação entre mãe e filho (Freud, 1905/1979d). A partir de diferentes perspectivas, o pai é pensado como a metáfora paterna (Lacan, 1999), a "função terceira" (Glocer Fiorini, 2013), o "outro da mãe" (Ceccarelli, 2004/2007) ou o segundo adulto (Rodulfo, 1998).

Pode-se afirmar que o desejo de filho no homem vai além da ordem natural e tem a ver com o exercício da função paterna, que inclui não só o seu papel como portador da lei em sua função de simbolização, mas também o exercício de uma função de apoio e proteção na criação dos filhos. Eduardo Salas (1984) enfatiza a importância de ser desejado como filho pelo pai e de sentir-se filho do pai. Assinala que os filhos, desde muito pequenos, percebem a realidade interna de ambos os pais e, então, estabelecem a importância do pai real, não apenas na teoria, mas na elaboração da experiência clínica. Por sua vez, Arminda Aberastury (1984) argumenta que o desejo de ter um filho do pai em seu ventre é um desejo normal nas primeiras fases do desenvolvimento da criança.

Torna-se inevitável pensar sobre a importância da relação pai--filho a partir das paternidades contemporâneas, em suas funções que têm a ver com o sustento e a proteção na criação dos filhos.

292 PATERNIDADES CONTEMPORÂNEAS

Um aspecto que, a partir de uma lógica binária tradicional, é frequentemente associado com o feminino e limita o desdobramento dos aspectos emocionais da paternidade.[2] De fato, muitas vezes, diz-se que esses pais estão ou são "maternais". Na perspectiva da teorização de Freud, tudo aquilo que "se refere" ao feminino na sexualidade masculina é reencaminhado para os seus aspectos homossexuais, o Édipo negativo. Contudo, essa teorização foi submetida a revisões que questionaram a ideia de que os aspectos associados com o feminino no homem estão ligados exclusivamente aos seus aspectos homossexuais inconscientes (Alkolombre, 2015).

Nessa linha, Silvia Bleichmar, em uma contribuição clínica e teórica desenvolvida em seu livro *Paradoxos da sexualidade masculina*, realiza um questionamento em conexão com a "aceitação resignada" dos aspectos homossexuais inconscientes, como uma ideia central dentro da masculinidade (Bleichmar, 2007). Estabelece a esse respeito que a psicanálise mantém uma dívida com os homens por pensar que a teoria sexual da masculinidade não oferecia grandes interrogantes nem estava aberta a revisões.

Seguindo com o desenvolvimento do tema, David Nasio (1982) faz uma observação muito interessante, em que assinala a necessidade de todo aquele que deve ocupar o lugar de pai de reconhecer o seu lado feminino. Nesse ponto, realiza uma diferenciação, porque distingue a feminilidade da ideia de feminilidade que tem o homem neurótico, aquela que emerge de sua angústia de castração, que remete a um sinônimo da passividade e da submissão e formula a questão deste modo: "ela sofre por estar castrada" (Nasio, 1982). Assinala que quando o homem, atravessando a angústia, pode aceitar o seu "lado feminino" e consegue entender que, de

---

2 Comunicação pessoal com Burin, M., em 2016.

todas formas, há uma perda, pode assumir a paternidade havendo atravessado o fantasma da feminização – a rocha viva no homem.

As teorizações e as pesquisas têm a ver com esse lugar feminino no masculino que desconhece ou não lhe permite um papel paterno ativo, masculino e desejado na paternidade, nas práticas e nas teorias. Na verdade, não possui entidade como parte da masculinidade, pois seria uma "mãe" ao assumir essas funções. A figura de um pai "paternando", que é evidenciada nas paternidades contemporâneas, é um aspecto da masculinidade a partir de uma função paterna desejada.

Para finalizar, ainda há muito caminho por percorrer sobre esse assunto, e, como diz a epígrafe inicial, "o pai dá à luz de múltiplas maneiras". Permanece aberto o caminho para ampliar a perspectiva sobre a paternidade e não só incluir os aspectos relacionados com a sua função na interdição e no corte da triangulação edipiana, mas também pensar a paternidade nos aspectos de apoio e proteção como parte ativa e desejada de sua masculinidade.

Referências

Aberastury, A. (1984). La paternidad. In A. Aberastury, & E. Salas, E. (Eds.), *La paternidad* (pp. 83-107). Buenos Aires: Kargieman.

Alkolombre, P. (2008). El deseo de hijo en el hombre. In P. Alkolombre, *Deseo de hijo, pasión de hijo: esterilidad y técnicas reproductivas a la luz del psicoanálisis* (pp. 29-36). Buenos Aires: Letra Viva.

Alkolombre, P. (2009). Nuevos escenarios masculinos en fertilidad asistida: un vientre para él. In M. U. Caplansky (Ed.), *El padre:*

clínica, género, posmodernidad (pp. 153-160). Lima: Sociedad Peruana de Psicoanálisis.

Alkolombre, P. (2013). La paternidad y el deseo de hijo en el hombre: vicisitudes en los procesos de subjetivación. *Revista de la Asociación Escuela Argentina de Psicoterapia para Graduados, 34*, 153-163.

Alkolombre, P. (2015). O pai ausente: reflexões sobre a paternidade e o desejo de filho no homem. *SIG Revista de Psicanálisis*, Porto Alegre, *4*(1), 31-41.

Alkolombre, P. (2016). Ser padres de otra manera: tener hijos de distintos orígenes: interrogantes teórico-clínicos. In P. Alkolombre, & C. Holovko (Comps.), *Parentalidades y género: su incidencia en la subjetividad* (pp. 55-62). Buenos Aires: Letra Viva.

Badiou, A. (1988). *L'être et l'événement*. Paris: Seuil.

Bleichmar, S. (2007). *Paradojas de la sexualidad masculina*. Buenos Aires: Paidós.

Clarín (2016, 11 de maio). *Nuevas famílias: la lucha de una pareja gay que tuvo mellizos por alquiler de vientre*. Buenos Aires.

Ceccarelli, P. R. (2007). Configuraciones edípicas contemporáneas: reflexiones sobre las nuevas formas de paternidad. In E. Rotenberg, & B. Agrest Wainer (Eds.), *Homoparentalidades: nuevas familias* (pp. 139-150). Buenos Aires: Lugar Editorial. (Trabalho original publicado em 2004).

Delaisi de Parseval, G. (1981). *La part du père*. Paris: Seuil.

Delanay, L. (1986). The meaning of paternity and the virgin debate. *Man, 21*(3), 494-513.

Freud, S. (1979a). Algunas consecuencias psíquicas de la diferencia anatómica entre los sexos. In S. Freud, *Obras completas* (Vol. 19, pp. 259-276). Buenos Aires: Amorrortu. (Trabalho original publicado em 1925).

Freud, S. (1979b). Conferencias de introducción al psicoanálisis. In S. Freud, *Obras completas* (Vol. 15, pp. 183-202). Buenos Aires: Amorrortu. (Trabalho original publicado em 1916/1917).

Freud, S. (1979c). Sobre la sexualidad femenina. In *Obras completas* (Vol. 21, pp. 223-244). Buenos Aires: Amorrortu. (Trabalho original publicado em 1931).

Freud, S. (1979d). Tres ensayos de teoría sexual. In S. Freud, *Obras completas* (Vol. 7, pp. 109-224). Buenos Aires: Amorrortu. (Trabalho original publicado em 1905).

Freud, S. (1980). Sobre las teorías sexuales infantiles. In S. Freud, *Obras completas* (Vol. 9, pp. 183-202). Buenos Aires: Amorrortu. (Trabalho original publicado em 1908).

Glocer Fiorini, L. (2013). Deconstruyendo el concepto de función paterna: un paradigma interpelado. *Revista de Psicoanálisis, 70*(4), 671-682.

Héritier, F. (1989). Présentation de la II partie. In M. Augé (Ed.), *Le père* (p. 108). Paris.

Lacan, J. (1999). Las formaciones del inconsciente. In J. Lacan, *Seminario libro 5. las formaciones del inconsciente 1957-1958* (pp. 37-45). Buenos Aires: Paidós.

La Nación (2010, 10 de maio). Cada vez más solteros adoptan chicos. Buenos Aires.

Nasio, J. D. (1982). La femineidad del padre. In A. M. Alizade (Comp.), *Voces de femineidad* (pp. 33 -35). Buenos Aires: s.n.

Rodulfo, R. (1998). El segundo adulto. *Actualidad Psicológica*, Buenos Aires, *23*(253), 27-28.

Salas, E. (1984). Reseña bibliográfica sobre paternidad. In A. Aberastury, & E. Salas (Eds.), *La paternidad* (pp. 15-47). Buenos Aires: Kargieman.

This, B. (1982). *El padre: acto de nacimiento*. Buenos Aires: Paidós.

Tort, M. (1994). *El deseo frío: procreación artificial y crisis de las referencias simbólicas*. Buenos Aires: Nueva Visión.

Tubert, S. (1997). El nombre del padre. In S. Tubert, *Figuras del padre* (pp. 31-61). Madrid: Cátedra.

PARTE VI
Arte e sexualidade

17. Arte e sexualidade: retratos fotográficos, imagens alteradas[1]

João A. Frayze-Pereira

O ato de retratar é antigo entre os artistas. E o retrato fotográfico é contemporâneo da invenção da própria fotografia. Ambos são temas que estimulam discussão. Em 2004, por exemplo, uma grande mostra em Paris problematizou o tema, mostrando que, se todo retrato é obra de ficção que se cria entre o artista e o modelo, as ficções podem ser múltiplas, mesmo para um mesmo artista que realiza o seu autorretrato. E, de fato, o autorretrato é uma das maiores formas de experimentação plástica com o uso da fotografia. Afinal de contas, o fotógrafo que se autorretrata não precisa convencer ninguém além dele mesmo para realizar alguma experiência extrema com a própria imagem.

Muitos dos grandes fotógrafos realizaram várias formas de autorretrato. Em meados do século XIX, o francês Nadar usou a técnica para fazer testes de pose e de luz em seu próprio estúdio,

---

1 Trabalho apresentado na mesa Arte e Sexualidade no XII Diálogo Latino--Americano Intergeracional entre Homens e Mulheres – Desafios da Psicanálise frente às Novas Configurações Sexuais e Familiares, nos dias 3 e 4 de junho de 2016, na Sociedade Brasileira de Psicanálise de São Paulo (SBPSP).

facilitando o processo para quando precisasse atender a clientes. E uma das experimentações mais originais de Nadar foi o "Autoportrait tournant" (Autorretrato giratório), realizado em 1865, que configurava uma série de fotografias dele em que ele mesmo girou sobre uma cadeira para se fotografar.

Mas o autorretrato é também usado para a pesquisa pessoal. Muitos fotógrafos exploraram a sua imagem como forma de entender a si mesmos, bem como para descobrir pontos fortes e fracos em termos de linguagem fotográfica. Alguns fotógrafos que trabalharam nessa perspectiva foram o polêmico Robert Mapplethorpe (1946-1989) e a não menos polêmica Cindy Sherman.

Mapplethorpe, que se notabilizou no campo da moda fotografando para grandes grifes, também explorou a sua imagem em termos sexuais no livro *Certain People – A Book of Portraits* (1985). Como se sabe, Mapplethorpe foi um fotógrafo obcecado pela procura estética da perfeição. Ele escreveu "De fato, sou obcecado pela beleza. Quero que tudo seja perfeito. Se eu tivesse nascido há cem ou duzentos anos, teria sido sem dúvida escultor, mas a fotografia é uma maneira rápida de olhar que pode criar uma escultura" (Mapplethorpe, 2015).

Ou seja, a escultura era a sua referência privilegiada. Na procura da perfeição, seja fotografando flores, seja fotografando corpos, para o fotógrafo, a forma perfeita acontecia na relação entre a iluminação e a composição; o objeto não fazia muita diferença. E nos seus autorretratos não foi diferente. Ao buscar a perfeição, Mapplethorpe considerou tê-la encontrado em si mesmo, nos seus autorretratos.

Por outro lado, a modelo, figurinista, diretora de cinema e fotógrafa Cindy Sherman usa o seu próprio corpo como matéria-prima principal do seu trabalho.[2] Isto é, ela fotografa a si própria, encenando-se de modo a representar diferentes figuras de um repertório que se foi diversificando ao longo do tempo. Em seus autorretratos conceituais, ela fotografa a si mesma encarnando personagens encontradas na TV, nos cinemas e nas revistas do final dos anos 1970 e na própria história da arte. Também aborda os estereótipos femininos que fazem parte do imaginário de certo período, desde a estrela de cinema até a jovem anônima violentada, entre outras personagens, para levantar questões importantes sobre a representação das mulheres na sociedade, na mídia e na própria história da arte, que é uma história predominantemente feita por homens artistas. Mais que isso, as questões de gênero e de identidade sexual também são interrogadas pela artista, que pensa ser o corpo e, portanto, o eu uma legítima construção psico-sócio-histórica.

Ora, o crítico Roland Barthes (1980) fala precisamente da impossibilidade da apreensão do eu pela fotografia. Nesse sentido, da soma das imagens de si, não resulta o verdadeiro eu de Cindy Sherman, mas, antes, a demonstração da impossibilidade de chegarmos a qualquer noção estável de identidade. Inspirada em Pirandello (1977), a artista elabora a ideia de que não somos aquilo que pensamos ser, mas aquilo que, a cada momento, nós mesmos construímos. E, assim, antecipa de certa maneira a teoria dos múltiplos eus que pode ser encontrada na psicanálise contemporânea, como nos livros *A Psique e o eu* (Herrmann, 1999) e *Teatros do eu* (McDougall, 1989).

Por esse e outros motivos, o trabalho de Sherman foi tão bem recebido na contemporaneidade; influenciou tantos fotógrafos que, para muitos, a categoria autorretrato se divide em "antes de Cindy Sherman" e "após Cindy Sherman", o que não é surpreendente uma

---

2 Ver as imagens da exposição *The many faces of artist Cindy Sherman*, realizada no Museum of Modern Art (MoMA), em Nova York, em 2012.

vez que ela radicalizou a dimensão ficcional do retrato por intermédio da prática de se autorretratar (Respini, Walters, & Sherman, 2012).

Em suma, se, no campo dos retratos, tudo seria ficção, cabe a pergunta: por que um artista, ao se autofotografar, opta por se retratar de uma maneira e não de outra? Por exemplo, na obra de Andy Warhol, em que a fotografia ocupa lugar central, encontram-se imagens do próprio artista que são bastante intrigantes. A obra de Warhol articula questões como sexualidade, gênero e imagem em composições fotográficas que remetem claramente ao campo da psicanálise e constituem o *impensado* da obra do artista.

Pensando nisso, apresento a reflexão realizada para um seminário do qual participei na ocasião de uma exposição que aconteceu no Museu de Arte Moderna de São Paulo (MAM), em 2013. Foi uma grande exposição de retratos de Andy Warhol, realizados pelo fotógrafo Christopher Makos em 1981, que fazem parte do álbum intitulado inicialmente *Imagens alteradas*, depois *Lady Warhol*, publicado em 2010. Diversos críticos de arte discutiram esse trabalho (Danto, 2012; Scarlini, 2012; Fabris, 2013), e acredito que a psicanálise pode contribuir para essa discussão (Frayze-Pereira, 2014).

No prefácio ao álbum, Makos, que era amigo de Warhol, destaca que o trabalho pressupõe o interesse de ambos por Marcel Duchamp e Man Ray. Essa referência é determinante para compreender a gênese do ensaio fotográfico, que se inspira na fotografia intitulada "Rrose Sélavy" (A vida em cor-de-rosa), feita por Man Ray em 1921.

O retrato de Duchamp vestido de mulher e usando um chapéu de veludo é o ponto de partida de *Imagens alteradas*. Embora Man Ray utilize os mesmos recursos das fotografias de moda, sobretudo iluminação e pose provocante, buscando uma identidade feminina, o que se impõe são os traços masculinos do modelo. E

Makos procede de maneira análoga, inteiramente orientado por Warhol, de tal modo que esses retratos também são, na verdade, autorretratos.

No entanto, ainda que haja referência à obra de Man Ray/Duchamp, o ensaio de Makos/Warhol também dialoga com obras de diversos artistas contemporâneos, como o próprio Mapplethorpe, marcados pela presença do travestismo e do jogo psicológico masculino/feminino, trabalhos que marcam a voga das *drag queens* e dos *drag kings*, que, desde a década de 1970, se imporá no ambiente homossexual entre os anos 1980-1990 (Hickson, 2015).

Entretanto, se os retratos de Mapplethorpe forem considerados, tem-se de levar em conta que seu propósito era diferente do retrato de Duchamp, no qual os signos de uma identidade feminina são buscados deliberadamente por Man Ray e pelo próprio Duchamp. Ao contrário, Mapplethorpe, nos seus autorretratos, não procura essa identidade feminina. Como ele mesmo diz, ele procura a perfeição e a encontra em si mesmo, sem deixar de ser ele mesmo. Ou seja, Mapplethorpe, como se sabe, era assumidamente bissexual, e a bissexualidade para ele significava a perfeição em termos sexuais, a sua plenitude.

Warhol e Makos, na obra *Lady Warhol*, também não buscaram uma identidade feminina. Mas, se comparado ao projeto de Mapplethorpe, o seu propósito é complexo. Isto é, o que motivou Warhol a posar para o ensaio do amigo não foi apenas a ideia de arte travestida como arte transformadora do eu, mas a ideia da arte como ficção, como fantasma psicológico, e também como reivindicação política. Ou seja, interessado em conseguir um resultado ambíguo, Makos descarta a ideia de fotografá-lo num traje feminino, cheio de plumas, lantejoulas e brilhos, e opta por concentrar-se no rosto e nos cabelos.

> *Era importante não alterar o corpo para fortalecer visualmente a ambiguidade... e para não ter nada a ver com transexualidade.... Havia os gestos das mãos, mas a força está no olhar, sem relacionar-se com drag queens ou estética drag. (Makos, 2010, 2013)*

Ou seja, segundo Makos (2010, 2013), como resultado de um diálogo entre ele e o artista, as fotos poderiam ser interpretadas como "uma espécie de espetáculo" voltado para a discussão da "identidade", não da identidade masculina ou feminina, mas da "identidade variável".

Entretanto, esse relato do fotógrafo não dá conta das motivações que levam Warhol a abraçar o projeto. Se é evidente a vontade de oferecer uma imagem diferente de si – a do artista como travesti – a fim de pôr em discussão a problemática da identidade sexual, também é preciso lembrar a crise pela qual Warhol estava passando naquele momento.

O seu diário permite compreender sua adesão ao projeto, dadas as suas inúmeras considerações sobre a própria aparência, os cuidados com a pele, o peso, a prática de exercícios e o próprio estado de saúde decorrente do processo de envelhecimento. Porém, essas preocupações exacerbam-se durante o período em que é modelo de Makos. Temeroso de parecer uma caricatura, Warhol dirige os preparativos para as sessões fotográficas. E as próprias imagens do ensaio permitem acompanhar os bastidores da produção.

Warhol aparece sendo preparado pelo maquiador com diferentes perucas que emolduram um rosto ambíguo, lábios vermelhos, sobrancelhas escuras e olhos delineados, coberto com um lençol até transformar-se nas "imagens alteradas", em que são mobilizados alguns estereótipos da figura feminina: ar perdido e rosto sedutor associados a um traje unissex, cabendo à gravata o papel de principal referente masculino, e a pose das mãos, que terminam por encobrir a região genital.

No ensaio, as fotografias revelam ainda um dado curioso: o rosto de Warhol exibe dois pares de sobrancelhas, uma natural e outra desenhada acima dela. Além disso, perucas e maquiagem não disfarçam a existência de um corpo masculino. A evidência dada ao pomo-de-adão e ao pescoço forte, mais o formato das mãos, distanciam-se da fluidez das imagens das *drag queens*, anteriormente produzidas por Warhol, e remetem ao artifício e à construção radical de uma personalidade simulada, a um processo no qual o eu se transforma em outro.

Algumas imagens apontam decididamente para a figura do andrógino, sobretudo as feitas com uma peruca curta e com uma maquiagem muito branca, que transforma o rosto numa espécie de máscara de teatro. Warhol parece buscar um princípio de estetização que lhe permita problematizar a definição dos papéis sexuais a partir da aparência. Ao transformar-se numa personagem feminina, desestabiliza o conceito de aparência ao propor uma imitação imperfeita. Mobiliza, desse modo, um mecanismo específico, isto é, o ato de travestir-se em si e para si, a coexistência, num único corpo, dos significantes masculino e feminino, o que provocaria certa tensão e antagonismo (Fabris, 2013). E, nesse sentido, esse projeto é distinto do projeto de Mapplethorpe, que buscava a perfeição.

Isto é, a ênfase dada ao artifício e à autoproclamação *drag* faz com que o artista coloque em discussão a "naturalidade" dos papéis de gênero, ao demonstrar que é possível manipular um comportamento e construir uma (suposta) personalidade feminina graças a signos exteriores.

Numa paródia consciente, Warhol mascara-se e desmascara-se ao mesmo tempo. Com o primeiro gesto, traz à tona a sedução inerente a um ser de sexo incerto ou dissimulado; com o segundo, enfatiza o aspecto ficcional do ato criador, que parece converter em paródia as encenações a meio caminho entre personalização e despersonalização, entre perfeição e imperfeição.

Cabe lembrar que a colaboração entre Makos e Warhol acontece em um momento particular da cultura contemporânea, em que há lugar para a expressão de uma sexualidade ambígua e para a confusão deliberada dos gêneros. Assim, a imagem feminina proposta por Warhol e Makos não poderia deixar de ser imperfeita, uma vez que ambos estavam interessados em problematizar a identidade em suas expressões corriqueiras, em confrontar o espectador com uma "imitação" voluntariamente imperfeita, com a construção de um personagem improvável se pensado a partir de parâmetros convencionais. E alguns críticos consideram, em seus comentários, que *Lady Warhol* suscita discussão porque problematiza a questão do gênero (Fabris, 2013). Bom, do meu ponto de vista, creio que a problemática de *Lady Warhol* é mais profunda.

Considero que esse ensaio fotográfico suscita discussão uma vez que não é apenas uma coleção de imagens fotográficas, mas uma obra de pensamento, isto é, um trabalho que funda um campo livremente associativo, desconhecido e essencialmente indeterminado, o que é indicativo de que nele há um excesso de pensamento diante do que está explicitamente pensado pelo artista. É esse excesso que constitui o impensado da sua obra e faz com que esta suscite discursos (Lefort, 1972).

Então, o impensado de uma obra não é aquilo que não foi pensado pelo autor, mas aquilo que a obra, ao pensar, nos dá a pensar. Nessa medida, para fazer a leitura de uma obra de pensamento, considerando o impensado que a sustenta, só resta um caminho ao espectador: pensar de novo. No caso de *Lady Warhol*, penso que o impensado não é a questão do gênero, mas a própria sexualidade, impensado que demanda dos espectadores mais reflexão. E a perspectiva psicanalítica atende a essa demanda, contribuindo para o campo da crítica de arte.

Bom, desde Freud (1905/1989), sabe-se que a sexualidade é inquietante já nos primeiros tempos da infância e que, a partir do reconhecimento do outro como objeto separado de si, cria-se um estado de amor-ódio que será o substrato das formas da sexualidade adulta. É a existência da própria diferença que envolve a questão da alteridade e engendra a angústia primordial que está na base da organização precoce da estrutura psicossexual. Como diz Joyce McDougall (1997), a bissexualidade psíquica e as fantasias da cena primária são os dois princípios organizadores da estrutura psicossexual dos seres humanos, figurando na origem do *self* sexual. Acomodar-se em um destino unissexuado constitui uma das problemáticas narcísicas mais dolorosas da infância, problemática que se pode traduzir nos seguintes termos: como integrar, na estrutura psíquica do indivíduo, os desejos infantis de bissexualidade; em suma, ser e ter os dois sexos simultaneamente.

Considerando que os seres humanos inventam inúmeras soluções criativas para atender ao desejo bissexual precoce, McDougall (1997) formula o conceito de "neossexualidade", que se refere às diversas criações/orientações sexuais desviantes da sexualidade voltada à procriação, sem qualquer conotação moral. É um conceito que diz respeito às soluções ilusórias criadas pelo indivíduo para transcender os conflitos relacionados à descoberta da diferença dos sexos, que redobra o trauma da descoberta anterior da alteridade, seguida pela revelação da possibilidade da castração e da morte. E, como diz a autora, cada indivíduo humano "nunca resolve nenhum desses traumas universais" e, no segredo de seus

308 ARTE E SEXUALIDADE

sonhos, cria uma "solução neossexual" para continuar a crer-se "onipotente, bissexual e imortal" (McDougall, 1997, pp. 185, 196).

Ora, até que ponto as "imagens alteradas" não estariam manifestando essa problemática básica? Refere-se à bissexualidade psíquica originária e não apenas à questão da identidade homossexual ou a uma obsessão pelo feminino, ou ainda a uma discussão dos papéis sexuais, que parecem formas aparentes usadas pelo artista como disfarces do essencial, isto é, a precariedade da existência e a angústia que originariamente a acompanha. Cuidados com o corpo, a saúde e a aparência são dispositivos que driblam o inexorável, mas não são estratégias exclusivas dos homossexuais. Homens e mulheres heterossexuais recorrem a esses recursos que se relacionam à chamada *paixão do disfarce* (Herrmann, 1999), cujo sentido é permitir a expressão do que subjaz à consciência, ou seja, os "múltiplos eus" que habitam a vida mental e que, frequentemente, entram em conflito, instigando dor psíquica. O "eu", retrato dessa pessoa que se acredita ser quando se diz "eu", é psiquicamente um personagem múltiplo; é também o diretor de um teatro íntimo cujo repertório é secreto. Esses roteiros psíquicos, sob a forma de neuroses, perversões, psicoses, adicções, perturbações narcísicas ou psicossomáticas, são invenções pessoais. Nesse sentido, o "eu" não é meramente outro, mas vários e, quase sempre, eles vêm a ser conhecidos durante uma psicanálise.

Então, *Imagens alteradas* pode fazer parte de um projeto consciente do artista para expressar uma sexualidade ambígua, a confusão deliberada dos gêneros e um baile de máscaras "no qual o que importa não é a definição de um ser sexuado e sim de uma imagem do feminino" (Fabris, 2013). Esse é o projeto realizado no plano visível dos retratos. Porém, se notar-se que essa visibilidade é pontuada por signos masculinos e femininos usados para a construção das figuras, aspecto que fica mais evidente na sucessão de imagens que mostram a preparação do artista, não parece que o sentido desses retratos seja apenas o de apresentar o que já é visível. Mas, antes, disfarçar o impensado, isto é, a bissexualidade originária, relacionada à angústia que acompanha o ser para a morte – do artista, dos homens, das mulheres e, em suma, dos seus retratos fotográficos.

Além disso, se essas imagens forem consideradas manifestações figuradas da integração ilusória do desejo de bissexualidade, isto é, de ser e ter os dois sexos simultaneamente, o uso da fotografia como linguagem é perfeito para falar desse conteúdo problemático, dada a reconhecida cumplicidade da fotografia com a morte – como mostraram Roland Barthes (1980) e Jacques Leenhardt (1995). Do meu ponto de vista, é essa dor silenciosa e profunda que subjaz a *Imagens alteradas*. Mas essa dor não se refere apenas a Warhol como pessoa, mas também como o artista que colocou em xeque a ideia de autoria, que sempre atualizou a ideia de Rimbaud de que *o eu é um outro*. E, não por acaso, após a realização de *Lady Warhol*, o artista foi fotografado por Makos como *clown*, figura alegórica que, desde as vanguardas artísticas do começo do século XX até hoje, significa a tragédia do ser artista (Frayze-Pereira, 2010). É esse sentido trágico, marcado por ambiguidade e androginia, e também pela subversão do instituído, que atravessa essas imagens alteradas de Andy Warhol.

E esse sentido trágico que significa a tragédia do ser artista, desde as vanguardas artísticas, também está presente na série de autorretratos de Cindy Sherman como *clown* e, embora menos visível, no trabalho de Mapplethorpe, cujo último autorretrato (1988) foi publicado no prestigiado blog *Le Clown Lyrique*, dedicado à reflexão sobre a questão do retrato que, como dito inicialmente, suscita discussão.

Referências

Barthes, R. (1980). *La chambre clair*. Paris: Gallimard.

Danto, A. (2012). *Andy Warhol*. São Paulo: Cosac Naify.

Fabris, A. (2013, no prelo). *De Shirley Temple à "Imagem alterada": Andy Warhol e alguns usos da fotografia*. Trabalho apresentado no Seminário de Pesquisa da Associação Brasileira de Críticos de Arte, no Museu de Arte Contemporânea da Universidade de São Paulo, São Paulo.

Frayze-Pereira, J. A. (2010). *Arte, dor: inquietudes entre estética e psicanálise*. (2a ed.). São Paulo: Ateliê.

Frayze-Pereira, J. A. (2014). Lo impensado de Lady Warhol: sexualidad y arte. *Psicoanálisis, 36*(2/3), 277-284.

Freud, S. (1989). Três ensaios sobre a teoria da sexualidade. In S. Freud, *Edição standard brasileira das obras psicológicas completas de Sigmund Freud* (Vol. 7, pp. 118-228). Rio de Janeiro: Imago. (Trabalho original publicado em 1905).

Herrmann, F. (1999). *A psique e o eu*. São Paulo: Hepsiché.

Hickson, P. et al. (2015). *Warhol & Mapplethorpe: guise & dolls*. New Haven: Yale University Press.

Leenhardt, J. (1995). *Silence et langages de la douleur*. Trabalho apresentado no Colóquio Internacional Arte-Dor, no Instituto de Psicologia da Universidade de São Paulo, São Paulo (Inédito).

Lefort, C. (1972). *Le travail de l'oeuvre*. Paris: Gallimard.

Makos, C. (2010). *Lady Warhol*. Madrid: La Fabrica.

Makos, C. (2013). Imagens alteradas. *Lady Warhol*. São Paulo: Museu de Arte Moderna.

Mapplethorpe, R. (1985). *Certain people: a Book of Portraits*. Pasadena: Twelvetrees Press.

Mapplethorpe, R. (2015, março). *Robert Mapplethorpe: um jeito manso*. Recuperado de http://umjeitomanso.blogspot.com.br/2015/03/robert-mapplethorpe-perfeicao-beleza.html.

McDougall, J. (1997). *As múltiplas faces de Eros*. São Paulo: Martins Fontes.

McDougall, J. (1989). *Teatros do eu*. São Paulo: Francisco Alves.

Pirandello, L. (1977). *Seis personagens em busca de um autor*. São Paulo: Abril Cultural.

Respini, E., Walters, J., & Sherman, C. (2012). *Cindi Sherman*. New York: Museum of Modern Art.

Scarlini, L. (2012). *Andy Warhol superstar: schermi e specchi di un artista-opera*. Milano: Johan & Levi.

18. Arte e gênero: ambiguidades em narrativas históricas[1]

Mirtes Marins de Oliveira

O presente artigo tem como objetivo apresentar algumas produções no campo artístico moderno e contemporâneo que tangenciam algumas das questões de gênero. A ambiguidade nas representações apresentadas aponta para uma desnaturalização do que seria feminino/masculino, bem como para o lugar e a função dessas representações, que vão gerar, a partir principalmente dos anos 1970, uma forte perspectiva feminista, que busca, no âmbito da revisão historiográfica do pós-modernismo, proporcionar uma nova historiografia em embate com aquelas hegemônicas e consolidadas.

Caberia apontar, a título de desenho do campo disciplinar das histórias da arte, que as escolhas realizadas não são neutras, como qualquer outra escolha de natureza historiográfica. O que se apresenta é fruto de estudos, pesquisas e escolhas, visões de mundo e, claro, exclusões. Assim, é necessário considerar o caráter arbitrário,

---

1 Trabalho apresentado no XII Diálogo Latino-Americano Intergeracional entre Homens e Mulheres – Desafios da Psicanálise frente às Novas Configurações Sexuais e Familiares, nos dias 3 e 4 de junho de 2016, na Sociedade Brasileira de Psicanálise de São Paulo (SBPSP).

limitado e, principalmente, perspectivado de qualquer seleção de conteúdos para organização de narrativas históricas sobre a produção artística. Nesse sentido, tem-se como premissa que não existe uma história da arte única, por isso, histórias. Não existe um passado acabado cuja interpretação está pronta e se apresenta como inquestionável. O passado é um campo vivo: muitas são as histórias, muitas são as versões e as possibilidades interpretativas. O mais importante em uma seleção para finalidade narrativa é o presente de quem o organiza: é o presente – de perspectivas variadas e nem sempre coincidentes – que elege interesses e exclui outros tantos.

***

Uma das narrativas estabelecidas sobre as origens da arte moderna é aquela que aponta o trabalho de Édouard Manet (1832-1883) como seu marco zero. Em particular, a conhecida pintura intitulada *Olympia*[2] (1863), mostrada pela primeira vez no Salão de 1865, em Paris. A curiosidade e o escárnio populares, e também da crítica, em torno do trabalho apontavam para a maneira de Manet pintar, que fugia ao tratamento indicado pelas regras de representação da mulher e do corpo humano, em especial em relação a normas sobre a cor da "pele" e o tipo de acabamento pictórico que a representação do corpo deveria receber, que, segundo as normas acadêmicas, deveria mimetizar os volumes de forma ilusionista. *Olympia* exibe, em primeiro plano, a representação de uma mulher branca totalmente nua, com exceção dos adornos: pulseira, gargantilha, uma flor no cabelo e *mules* nos pés. Em segundo plano, uma mulher negra apresenta um maço de flores para Olympia.

---

2 Pintura a óleo, com 130 cm × 190 cm, que está atualmente no Musée d'Orsay e pode ser observada em detalhes no site do museu: http://www.musee-orsay.fr/en/collections/works-in-focus/search/commentaire_id/olympia-7087.html.

De forma contrária ao normatizado pelo academismo, Manet apresentava um corpo chapado, sem volumes. Para a construção desse plano de cor, utilizava tintas verdes, vermelhas, azuis e amarelas, cores que não correspondiam aos procedimentos propagados pela Academia de Arte Francesa. O "corpo" representado, além de tudo, era contornado por uma linha escura, e a representação de seus volumes (o peito, por exemplo) era percebida como uma mancha de graxa, uma sujeira. À incompreensão das práticas do artista, foram somadas críticas jornalísticas que chamavam a atenção para aspectos sobre o tema apresentado que resultavam de uma avaliação não só técnica como moral. Segundo os críticos, Olympia, um apelido comum de prostitutas na Paris da segunda metade do século XIX, apresentava um corpo magro, "usado". As manchas escuras, pouco trabalhadas e com as marcas do pincel, indicavam a sujeira do mesmo corpo; Olympia era uma mulher prostituta e suja. Além disso, como Manet havia pintado imagens de mulheres travestidas anteriormente (o que já havia causado constrangimento), certamente concluía-se que Olympia seria uma travesti, um homem, algo comprovado por sua mão estrategicamente colocada sobre o sexo, semelhante à forma de um sapo (Fer, 1998).

Ainda que a obra fosse uma espécie de homenagem revisada e atualizada da *Vênus de Urbino*, de Ticiano (1538), que apresenta a mesma pose em um ambiente íntimo, incluindo a presença de uma ama e de um animal de estimação, o que marcou a recepção desse trabalho foram os aspectos divergentes daquela pintura histórica, e não suas semelhanças.

Assim, parece que, ao mesmo tempo que inaugura formas pouco usuais de exercitar a pintura, o trabalho de Manet ganha notoriedade por apresentar um emblema da mulher moderna que usa seu corpo da forma que a interessa. Pode-se, claro, atribuir outras interpretações ao trabalho que, possivelmente, colaboraram

316 ARTE E GÊNERO

para o escândalo: o atrevimento do olhar dirigido ao espectador (um possível cliente?), as flores e o xale (que representariam a primavera – afinal, Olympia é uma Vênus), as joias e o ambiente (que demonstram certa prosperidade, seria Olympia uma prostituta da elite?), a presença da mucama negra, em contraponto à palidez de Olympia (o que aponta para as contradições de classe: as desigualdades nunca cessam, mesmo em lugares suspeitos) etc.

***

Essa presença da mulher como musa, ainda que negativa ou de efeito negativo, é a recorrência da figura feminina nas representações pictóricas e escultóricas do século XIX e ainda nos anos iniciais do século XX. Talvez a proximidade com as guerras, que trouxeram uma reconfiguração do mercado de trabalho, tenha provocado trabalhos como o de Hannah Höch (1889-1978), que claramente articula uma abordagem crítica da figura e da função das mulheres na sociedade. Seus trabalhos em que essa perspectiva está presente são colagens nas quais utiliza e reconfigura imagens da mulher nos meios impressos.

É provável que essa perspectiva tenha começado a ser perturbada durante os anos 1970, com o advento do que denominamos, do ponto de vista cronológico, pós-modernismo, ou aos primeiros sinais de que a grande História, disciplina organizadora de eventos em relação sequencial, fosse talvez um conjunto de narrativas produzidas pelos vencedores de disputas. Essa condição já é apontada por Walter Benjamin durante os anos 1930; no entanto, só a partir da Guerra Fria e da clareza de que narrativa e contranarrativa históricas podem apresentar aspectos fortemente ficcionais que a mobilização no campo artístico por parte das artistas mulheres toma forma clara de feminismo.

Mas mesmo antes disso, desde os anos 1920, artistas como Claude Cahun (1894-1954) e Marcel Moore (1892-1972) apresen-

SEXUALIDADES E GÊNERO 317

taram experiências artísticas nas quais a ambiguidade relacionada à construção dos gêneros é apresentada, na esfera de ação que se poderia denominar surrealista. As fotografias encenadas borram a identificação imediata de gênero e todo o trabalho é marcado pela performance da dupla de artistas, já que planos e operação das fotografias eram elaborados em conjunto. Como ponto central, indica-se a utilização dos nomes fantasias, que as duas artistas escolhem a dedo para provocar a ambiguidade. Na maioria das imagens, Marcel Moore está ausente da cena fotografada. Aparentemente, ela colaborou na conceituação e na direção das imagens, além da tomada final de cada um dos enquadramentos. Cahun, por outro lado, é a protagonista das imagens, nas quais sua figura andrógina impõe ao espectador a dúvida de gênero: cabelos raspados ou soltos, roupas masculinas, fantasias, entre outros elementos.

∗

Nos anos 1970, com o impacto da ainda inicial globalização, a presença inconteste das diferenças culturais vai gerar uma série de produções nas quais a bandeira do feminismo é levantada. *Womanhouse* (1972) é uma exposição organizada por Judy Chicago e Miriam Schapiro (1923-2015) a partir do curso que ministravam no California Institute of the Arts (CalArts), o Feminist Art Program. A exposição foi aberta inicialmente apenas para mulheres e, a partir do segundo dia, para todos os interessados. Ocupou uma casa em vias de demolição para mostrar instalações e performances demonstrativas das reflexões provocadas no contexto do programa, que estão dentro das ações recorrentes daquele período, presentes em museus ou exposições-laboratório. Os trabalhos apresentados, na maioria das vezes, eram exercícios a partir do programa acadêmico de Chicago e Schapiro, voltados para a performance e a produção de instalações que denunciavam as limitações impostas às

318 ARTE E GÊNERO

mulheres, seus corpos e suas perspectivas emocionais, profissionais e culturais.[3]

***

Outra artista significativa que atua a partir de uma perspectiva feminista é Martha Rosler, em especial o trabalho *Semiotics of the kitchen* (1975) no qual, de forma irônica, mimetiza um programa de culinária televisivo, em sua versão um pouco mecanizada, reapresentando o universo da cozinha em ordem alfabética e reconstruindo de forma demonstrativa as práticas de relação com esses objetos, fora daquelas cristalizadas, em lugar do aconchego e da docilidade das práticas domésticas, agressividade e perigo.[4] As demonstrações servem como um glossário do mundo da cozinha e, em suas letras finais – W, X, Y, Z –, prescindem de objetos e é o próprio corpo da artista que encena a presença daquelas letras, transformando-se, assim, ele mesmo em objeto doméstico.

Também em 1975, no Brasil, Leticia Parente (1930-1991) produziu uma série de vídeos que incorporam a crítica às construções sociais estereotipadas dos gêneros. Como exemplo, *Preparação I* (1975).[5] Além da camada de gênero, é possível interpretar esse trabalho a partir das condições da ditadura brasileira naquela década. No mesmo ano, *Marca registrada* (1975),[6] obra que inaugura a produção em videoarte no Brasil, tangencia uma questão de fundo, a noção de identidade e sua característica mutante e contextual.

---

3 A New York Foundation for the Arts (NYFA) financia uma plataforma online que documenta os registros históricos da exposição de 1972, disponível em http://www.womanhouse.net/.

4 A obra pode ser verificada na íntegra em https://www.youtube.com/watch?v=Vm5vZaE8Ysc.

5 Disponível em: <https://www.youtube.com/watch?v=KLX9mfuFh8k>.

6 Disponível em: <https://www.youtube.com/watch?v=J5RakZ433wA>.

Por fim, é necessário pontuar a experiência significativa das Guerrilla Girls, que, durante os anos 1980, apontam para a invisibilidade das mulheres na própria história da arte e para sua presença/ausência de forma estereotipada nos lugares da arte, como exposições, livros e museus.

O caráter ativista se insere, como em muitas produções contemporâneas, em meio às várias possibilidades de compreensão das práticas artísticas, explorando design, performance e vídeo como linguagens articuladas. Mais de 55 artistas já fizeram parte do grupo de forma pontual ou sistemática, desde os anos 1980.[7]

**

Se as Guerrilla Girls apontam para os estereótipos, vale indicar que estes se valem da complicada noção de identidade. Nesse sentido, um trabalho que brilhantemente elabora as questões de identidade nacional e de gênero, ao mesmo tempo, é o de Ahlam Shibli, apresentado na 27ª Bienal de São Paulo em 2006, denominado *Como viver junto*. A plataforma curatorial daquela exposição colocava em questão a noção de pertencimento que, supostamente, a categoria de nacionalidade abrange. Em algumas linhas do catálogo da mostra, é possível captar a incapacidade dessa categoria, mas também uma outra dificuldade, a de, ao deslocar o conceito de nacionalidade (suposta identidade), qual outro poderia dar conta do nomadismo do artista na contemporaneidade, no universo da circulação globalizada? (É preciso lembrar que a curadora da 27ª Bienal de São Paulo conseguiu que o evento nao se pautasse mais pela organização financiada e determinada pelas representações diplomáticas nacionais.)

---

7   O grupo mantém um site que documenta as ações ativistas das Guerrilla Girls em http://www.guerrillagirls.com/.

Na mostra, Ahlam Shibli[8] apresentou a série de fotografias *Eastern LGBT*. Em um texto, "Lar e Pátria", Lagnado (2016) conta de uma certa tensão em uma conversa entre ela, curadora, e a artista. Lagnado havia encerrado oficialmente a organização da exposição por representações nacionais e Shibli queria ser apresentada como artista nascida em Haifa, Palestina. A discussão sobre a presença da artista na exposição se orienta para uma explanação da artista sobre a diferença entre *house* (casa) e *home* (lar), buscando justificar a indicação de lugar de nascimento. Como resposta, Lagnado discorre sobre sua própria história: de família judia síria, nasceu na República Democrática do Congo e migrou adolescente para o Brasil. O trabalho que fez com que convidasse Shibli foi a série *Trackers* (2005), que mostrava palestinos que haviam se integrado ao exército israelense. Em *Eastern LGBT* (2006), o assunto gênero não tinha a inserção e a relevância que alcança hoje, e, para Lagnado, a questão que perpassa as obras de Shibli é "como se sentir em casa?".

> *Em* Eastern LGBT, *esta casa é o corpo. Cada um tem seu próprio corpo e é livre de fazer o que bem entender com ele. Somos responsáveis por ele, devemos cuidar dele – Michel Foucault que o diga com sua "História da Sexualidade"! Só que esse corpo, ao contrário do que aprendemos com os filósofos, não nos pertence. Em qualquer religião, só estamos aqui pela vontade de um "mestre do universo". As decisões permitidas para agir sobre esse corpo esbarram em vários tabus, alguns ligados à higiene e à alimentação, a maioria carregando consigo orientações relativas às práticas sexuais. O corpo é social, mas é antes de mais nada divino, tanto Deus como a sociedade*

---

8 Os trabalhos de Ahlam Shibli, assim como textos críticos, inclusive o citado, estão disponíveis no site da artista: http://www.ahlamshibli.com/.

que reproduz seus ensinamentos determinam os limites do que podemos fazer de nós mesmos. A ética entre os homens tem leis previstas para cada caso.

Para ficar apenas nas três religiões monoteístas, o homossexualismo, em suas diversas modalidades, é proibido e deve ser punido. Estranho, alienado de seu próprio desejo e agonizando de culpa, o corpo sofre a impossibilidade de realizar sua comunhão ("home") no encontro com um parceiro do mesmo sexo: esta é uma casa "incômoda" para viver. A escolha individual se impõe, e o debate agrega valores que desequilibram a noção de "casa" e, mais grave, de "pátria".

Contra uma sociedade repressora, surge outra noção, a de "comunidade". É preciso sair de sua casa familiar, para fazer comunidade com pessoas que partilham as mesmas escolhas. Ora, que a família não seja mais um lar de felicidade e que "nightclubs" e outros "inferninhos" possam representar um ninho possível – a dessacralização que a geração dos anos 1960 investiu com a força de uma libido revolucionária no que diz respeito aos comportamentos (Herbert Marcuse, "Eros e Civilização"). Donde a pergunta: como o trabalho de Ahlam Shibli se diferencia dessa chave para ganhar singularidade?

Pensando bem, seu depoimento sobre Trackers serve perfeitamente para explicar a série Eastern LGBT – embora sejam fotografias mostrando o ser humano em outra posição na sociedade, a questão de fundo é a mesma: "... o preço a ser pago pela minoria para a maioria, talvez para ser aceito, talvez para mudar sua identidade, talvez para sobreviver ou talvez para conseguir tudo isso e mais".

A câmera de Ahlam Shibli não recua. Suas fotografias apresentadas na 27ª Bienal de São Paulo deram uma abrangência maior para a estrita definição da casa como lugar, território, residência....

Segundo a artista, "nós todos precisamos ter um vínculo com uma comunidade" – mesmo que esta comunidade tenha de ser encontrada em outros países. É quase uma ideia de "exílio voluntário" para poder realizar o desejo de uma casa chamada "corpo". (Lagnado, 2016)

Essa pergunta de Ahlam Shibli aponta para uma certeza nas discussões sobre identidade na vida contemporânea: a de que as definições e as categorias não são estáticas, pelo contrário, são mutantes e ambíguas.

Referências

Fer, B. (1998). Introdução. In F. Francis et al., *Modernidade e modernismo: pintura francesa no século XIX* (pp. 3-49). São Paulo: Cosac Naify.

Lagnado, L. (2016). *Home and homeland.* Recuperado de http://universes-in-universe.org/eng/nafas/articles/2007/ahlam_shibli.

19. Explorações da feminilidade e episódios homossexuais na adolescência: Katherine Mansfield[1]

Teresa Rocha Leite Haudenschild

Nas profundezas do oceano há uma concha arcoirizada.
Está sempre lá, brilhando, bem quieta, sob as enormes ondas
tempestuosas e sob as pequeninas ondas alegres
que os gregos antigos chamavam de "ondinhas sorridentes".
E escute: a concha arcoirizada canta – nas profundezas do oceano.
Está sempre lá, cantando silenciosamente!

Katherine Mansfield, "Segredo" (Baker, 1985, p. 69)[2]

Katherine Mansfield revolucionou a literatura inglesa com seus contos e seus romances. Nasceu na Nova Zelândia em 1888 e, na adolescência, teve dois breves episódios homossexuais, no período em que retornou a Wellington após ter estudado em Londres dos 14 aos 17 anos.

---

1 Trabalho apresentado no XII Diálogo Latino-Americano Intergeracional entre Homens e Mulheres – Desafios da Psicanálise frente às Novas Configurações Sexuais e Familiares, nos dias 3 e 4 de junho de 2016, na Sociedade Brasileira de Psicanálise de São Paulo (SBPSP).

2 As citações deste artigo foram traduzidas pela autora e revisadas por Christopher Mack.

Episódios homossexuais

O primeiro episódio manifestou-se aos 13 anos por sua paixão pela colega da Miss Swainson's School em Wellington, Maata Mahukupu, princesa maori. Em 1903, Katherine foi para Londres com as irmãs para estudar. Maata foi para Paris e a visitou em Londres em 1906, com roupas e modos sofisticados. As duas passearam e fizeram compras, pagas depois, a contragosto, pelo pai de Katherine.

Ao voltar para Wellington em dezembro de 1906, ela reencontrou Maata, que estava envolvida nos preparativos de seu casamento, mas aceitou um *affair* com ela, registrado em abril de 1907 nos diários de ambas. Maata transcreve em seu diário uma carta de Katherine em que esta diz: "o que significa isso de você ir embora justo quando está tão superlativamente bonita? Sua bruxa: você é a beleza encarnada", ao que Maata comenta, "É vaidade de minha parte gostar disso, mas gosto" (Alpers, 1982, p. 47).

Katherine ficou em Wellington por 18 meses, até julho de 1908, quando retornou a Londres para nunca mais voltar. Nesse período, ela reviveu seu amor por Maata e apaixonou-se por Edith Bendall, vivenciando breves episódios em que se dá conta de sua bissexualidade. Em junho de 1907, Katherine escreve em seu diário:

Será que outras pessoas de minha idade ousam sentir-se como eu, poderosa e absolutamente licenciosa, quase fisicamente doente? Sozinha neste quarto silencioso, preenchido pelo som do relógio, desejo Maata – eu a desejo como eu a tive – terrivelmente. Sei que é sujo para mim, mas é verdadeiro. Que coisa extraordinária – sinto-me selvagemente crua e quase enamorada poderosamente da menina. Pensei como algo do passado – hey ho! Minha mente parece uma novela russa. (Meyers, 1978, p. 10)

Katherine escreveu sobre as sensações e os sentimentos vividos desde a puberdade, mas que só ganharam voz nesse momento. Clara Tomalin (1988) diz que "o contato com Maata foi o gérmen da constatação de sua própria bissexualidade" (p. 16), dessa *concha arcoirizada* que está sempre lá, nas profundezas da mente, *cantando silenciosamente.*

E isso ocorreu justamente quando Maata ia se casar, coincidindo com a morte da avó materna de Katherine, que a criou e com quem ela dormia quando criança e mantinha uma relação física/ psíquica muito íntima. Mas também desde abril, após o reencontro com Maata, ela manteve uma relação muito próxima com a delicada, linda e atraente artista plástica Edith Bendall, que, aos 27 anos, já colhia os frutos de seu trabalho:

> *Eu era uma trabalhadora e era isso que ela apreciava em mim. Eu trabalhava o dia todo em meu estúdio e, às 5 horas, eu saía para caminhar e ela costumava vir comigo. Kathleen[3] me perguntou se poderia vir todas as tardes. Eu disse "eu adoraria, Kathleen".... Eu era sua verdadeira amiga em Wellington.... Eu estava completamente encantada com ela.... Ela gostava de mim e queria que eu soubesse disso.... Ela me escrevia, todas as noites, cartinhas adoráveis, perfeitas, absolutamente lindas. (Tomalin, 1988, p. 35)*

---

3 Kathleen é pseudônimo de Katherine.

Edith relatou, em entrevista a Clara Tomalin, que Katherine era cativante e tinha uma voz adorável ao ler textos para ela. Fizeram um livro sobre crianças com poemas de Katherine e desenhos de Edith, mas não encontraram editor. A amizade se estreitou e Katie convidou Edie a ir para sua casa de praia, conforme registrou em junho de 1907 em seu diário:

> *Com ela, sinto todos esses assim chamados impulsos sexuais mais poderosamente do que com qualquer homem. Ela me cativa, me escraviza – e ela mesma, seu corpo inteiro, é a minha veneração. Sinto que deitar minha cabeça em seu peito é sentir o que a vida pode oferecer... encostada nela, apertando suas mãos, seu rosto contra o meu, sou uma criança, uma mulher, e, mais que metade, um homem. (Tomalin, 1988, p. 35)*

Mas, em seguida, registrou o medo de seus incontroláveis impulsos e a antecipação dos sofrimentos que teria no "árduo percurso do amor":

> *Não consigo dormir, não vou dormir novamente. Isso é loucura, eu sei – mas é tão real, que vai me enlouquecer, é tão incrivelmente simples que não dá para duvidar – mais uma vez preciso aguentar essa mudança de maré. Minha vida é um rosário de ferozes combates de dois – cada um deles atado a uma poderosa e magnética correnteza de sexo – e ao final – o emblema do crucificado – pendurado – certamente – eu não sei, não quero olhar – mas estou tão chocada, aflita, que sinto que não aguento continuar nesse meu árduo percurso de amar – e não ser amada – de dar amores somente*

para vê-los remetidos de volta para mim, fadados a serem comidos pelos vermes. (Meyers, 1978, p. 31)

Katherine fala de suas angústias perante a emergência de sua bissexualidade, oscilando entre escolhas "homo" ou "hétero", como um calvário, uma condenação. E se pergunta se haverá reciprocidade ou se esses amores morrerão. Penso que, ao seguir os preceitos de Oscar Wilde, a quem nesse período desejava imitar não somente na escrita, começou a perceber a dificuldade de assumir posições que podiam constringi-la, sem ao menos ter a certeza de que seria amada.

Mas logo após descrever suas angústias persecutórias e sua solidão, no trecho anteriormente citado, em continuidade ela escreveu:

sento-me na beira da cama, tremendo, meio chorando, histérica, aflita. Silenciosamente ela acorda e vem até mim – toma-me novamente no abrigo de seus braços. Deitamo-nos juntas, ainda em silêncio, ela de vez em quando puxando-me até ela, beijando-me, minha cabeça em seus seios, seus braços em volta de meu corpo, me acariciando amorosamente – me esquentando.... E sua voz sussurrando: "Está se sentindo melhor agora, querida?". Não pude responder com palavras. E ela fala outra vez: "acho que você não consegue me contar". Aproximei-me mais de seu corpo suave e quente, mais feliz do que jamais poderia ter imaginado. (Tomalin, 1988, p. 36)

Na entrevista, Edith disse que Katherine interpretou mal seus gestos maternais. Para ela, estava simplesmente fora de questão um relacionamento erótico entre duas mulheres, estava noiva.

328 EXPLORAÇÕES DA FEMINILIDADE E EPISÓDIOS HOMOSSEXUAIS...

Entretanto, ao voltar da praia para Wellington, Katherine escreveu em seu diário:

> *Aqui, por meio de mil sugestões delicadas, consigo absorvê-la – para começar. Que experiência! Quando voltamos à cidade, não fiquei surpresa por não conseguir dormir, virando-me de um lado para outro, desejando--a com saudade, percebendo mil coisas que estavam obscuras.... Ah, Oscar! Será que estou particularmente suscetível aos meus impulsos sexuais? Devo estar, suponho. Mas me regozijo com isso. Agora, cada vez que ela põe seus braços em torno de mim e me aperta contra ela, acho que ela queria também. Mas ela está com medo e os costumes a aprisionam. Eu sinto. Precisamos viajar novamente. (Tomalin, 1988, p. 36)*

Mas, embora pergunte a Oscar Wilde sobre seus impulsos [homo]sexuais, o amor por Edie expira e Katherine, no final de junho, escreve em seu diário:

> *esta tarde foi horrível. Edie me aborrece e eu a aborreço. Eu me senti infeliz e penso que ela também.... agora E.K.B.[4] é algo do passado – absolutamente irrevogável – graças a Deus! Considero retrospectivamente uma relação freneticamente piegas e era melhor terminar – também ela não atingiria alguma grandeza.... seu caráter não tem o ímpeto necessário. (Meyers, 1978, pp. 31-32)*

Três semanas depois, Katherine estava às voltas com um novo caso, com um rapaz que escandalizou a família, e também escrevia

---

4 Iniciais de Edith Kathleen Bendall.

cartas ardentes para Arnold Trowell, filho de seu professor de violoncelo, que se mudara para Londres.

Também em junho de 1907, Katherine escreveu o conto *Leves amores*, não publicado em vida, em que narra o encontro amoroso entre duas mulheres:

> *e então, de repente, ela se virou para mim e enlaçou meu pescoço com seus braços. Cada passarinho do friso abaulado da parede começou a cantar. Cada rosa do papel estraçalhado brotou e floresceu. Sim, até a verde videira do cortinado da cama se transformou em estranhos colares e guirlandas que nos enlaçaram num abraço de folhas, segurando-nos com as garras de mil galhinhos. E a juventude não estava morta. (Tomalin, 1988, p. 260)*

O conto termina com a premissa de Wilde de que a juventude permite tudo e deve ser usada o quanto puder. Para Katherine, nessa época, ele era "a essência do *savoir faire*" (Meyers, 1978, p. 25).

Alison (1988) sugere que esse conto, escrito após o término com Edie, foi inspirado em Maata, quando se reencontraram em abril. Nunca mais se viram, mas continuaram a se corresponder e, no final de sua vida, Katherine estava escrevendo um romance sobre ela: *Maata*.

O despertar da feminilidade: explorações da sexualidade genital feminina na puberdade

Em 1916, Katherine escreveu *Kezia e Tui*, baseada em lembranças de sua amizade com Maata na puberdade. Nesse conto, ela leva para Tui (Maata) dois pedaços de pudim feitos pela avó, que, ao despedir-se dela, diz amá-la e Kezia responde: "essa é a única coisa que vale realmente, não é?" (Mansfield, 1939, p. 52). Chegando na casa de Tui, Kezia é abraçada carinhosamente pela mãe dela e "enterra sua cabeça em seu pescoço macio" (p. 53). Depois, ajuda Tui a enxaguar seus fartos cabelos compridos e conversam sobre quando crescerem: Tui quer ser uma linda mulher quando tiver 16 anos e Kezia diz que morará com a avó, plantará flores e hortaliças e criará abelhas. Tui diz que viver com a mãe toda a vida seria a morte: quer um marido rico e bonito e muitos filhos. Tui mostra a Kezia o seu quarto, recém-decorado romântica e femininamente, com laços cor-de-rosa, e ela o critica, dizendo: "está terrível... como você. Ultimamente você está com a cabeça fora do ar, Tui Bead.... Você está tão diferente" (p. 56). Tui, então, põe seu braço em volta da cintura de Kezia e diz "em meu coração continuo a mesma. Sinta meu cabelo.... Ele está sedoso?". Kezia responde: "está quase tão macio quanto você" (pp. 56-57).

Vemos Kezia (Katherine) despedindo-se da avó – relação pré-genital – dizendo que esse amor maternal é o que realmente vale. Sim, ao partir para a exploração da sexualidade genital, a menina precisa se reassegurar de que a relação diádica está bem estabelecida (Blos, 1979/1996).

Logo após escrever esse conto, ela diz em seu *scrapbook*:

> *Que coisa extraordinária! Ela se viu todas estas semanas, desempenhando um papel – sendo Maata – sendo ela mesma, cuidando acuradamente de coisas que afinal não importam a ninguém. Por que somente nesta tarde – um minuto ou dois atrás – ela se lembrou de tudo isso, e isso não era nada, nada... (Mansfield, 1939, p. 58)*

Atração e identificação

Katherine traz à luz suas lembranças de Maata transformando-as em texto vivo: assim, elas deixam de ser "nada" e podem ser vistas e compreendidas por ela e compartilhadas com os leitores. No anterior, Katherine se trata na terceira pessoa, como se ela estivesse se observando: desejando Maata e sendo Maata. Ao lembrar-se de Maata, lembra-se dela mesma, explorando sua feminilidade, querendo ser como Maata, que, ainda púbere, já planeja ser uma mulher, com tudo o que lhe é de direito. Nas fotos da escola, ela aparece já sensual nessa idade, enquanto Katherine era ainda uma menina gordinha, de óculos. Aos 28 anos, ela pôde ter um olhar retrospectivo para sua puberdade, quando, como Freud acentua, irrompe a segunda onda da sexualidade (Haudenschild, 2010).

Adolescente em Londres

Vere Bartrick-Baker,[5] colega do Queen's, compartilhou com Katherine gostos intelectuais e encorajou-a a leituras e conversas sofisticadas. Vere, cuja mãe poetisa divorciara-se do pai, tinha perspectivas avançadas sobre a vida.

Elas eram apaixonadas por um jovem professor alemão, Walter Rippmann, que as incentivou a ler os escritores modernos: Shaw, Maeterlinck, Ibsen, Tolstói, Symons e Oscar Wilde, cuja escrita Katherine logo começou a imitar. Rippmann assumia posturas de Wilde e aconselhava as meninas sobre a necessidade do egocentrismo e de evitar as sete virtudes capitais, enfatizando o que Wilde pregava: "a juventude é um cartão de visita com o qual você ganha admissão

---

5 Não tem parentesco com Ida Baker, que acompanhará Katherine por toda a vida.

332 EXPLORAÇÕES DA FEMINILIDADE E EPISÓDIOS HOMOSSEXUAIS...

em qualquer lugar – use-a o quanto puder"[6] (Brandreth, 2009, tradução livre).

No diário de Katherine, em 1906, há trechos wildeanos:

> *O único jeito de livrar-se da tentação é ceder a ela... Estar sempre buscando por novas sensações... Não ter medo de nada. Levar cada coisa o mais longe que ela puder ir. Amar loucamente não seria sábio, talvez, embora você devesse amar loucamente. O que é muito mais sábio que não amar de forma alguma. (Meyers, 1978, p. 25)*

Em seu *scrapbook*, Katherine escreveu um conto, *Pearl*, sobre Vere e ela (Pearl e Juliet), em que ambas fazem o acordo de uma aliança permanente de abjurar o matrimônio, pois "a personalidade de uma mulher morre ao se casar" (Tomalin, 1988, p. 25). Passeando por Londres, vão até a torre da catedral de Westminster e veem a casa onde trocaram beijos.

O único conto publicado sobre o Queen's foi *Cravo* (1918), evocando uma tarde quente, numa aula de francês só para meninas, em que Katie, escutando os sons que vinham de baixo, da estrebaria, imagina o cavalariço com o peito nu, bombeando água e borrifando os cavalos, escovando-os. Eva (Vere), a mulher que tem finos lábios vermelhos e um risinho cruel, traz um cravo vermelho[7] com um odor acentuado e, ao final da aula, coloca-o no decote de Katie murmurando: *souvenir tendre*. Tomalin comenta que esse conto, "como escrita atmosférica, é desconcertantemente efetivo,

---

6 "Youth is a calling card that will gain you admittance anywhere – use it while you may."

7 No Brasil, o cravo é o masculino e a rosa, o feminino na canção "O cravo brigou com a rosa", e o cravo vermelho é relacionado à paixão. Na antiga Roma, era a flor de Júpiter, entre outras.

como se Colette e Lawrence tivessem se encontrado cara a cara em Harley Street"[8] (p. 25). Ela se refere ao clima erótico da sala, descrito por Katherine, acompanhado dos sons que vêm "de baixo" suscitados pelos movimentos do cavalariço.

Mesmo antes de voltar para Wellington, no final de 1906, Katherine já oscilava, pelo menos em seus escritos, entre "manter a personalidade" ou entregar-se a um homem como esposa, como sua mãe havia feito. Afinal Vere, sua amiga íntima na época, tinha uma mãe divorciada e escritora, e a meta de Katherine era conseguir sucesso escrevendo.

Ela usava a vida para escrever. Em seu *scrapbook*, pode-se ver como ela usa memórias de cenas vividas para compor contos e romances.

Amores

O amor materno pré-genital

A avó

Katherine manteve uma relação muito íntima com sua avó materna, Margaret Mansfield Dyer – *grannie* [vovó] –, com quem dormia na mesma cama na infância.

Em 1909, ela escreveu *A avó*, que passeava sob as cerejeiras e carregava seu irmão mais novo.

> *Ele estava dormindo, mas sua boca se movia*
> *como se estivesse beijando.*
> *"Que lindo!" disse a avó, sorrindo.*

---

8   O Queen's College ficava no número 45 da Harley Street.

EXPLORAÇÕES DA FEMINILIDADE E EPISÓDIOS HOMOSSEXUAIS...

Mas meus lábios estremeceram

E, olhando para o rosto dela tão afável,

Eu queria estar no lugar do meu irmãozinho,

Para colocar meus braços em volta do seu pescoço

E beijar as duas lágrimas que brilhavam em seus olhos.

(Hankin, 1983, p. 6, grifo nosso)

Penso que, aqui, Katherine fala dos mesmos abraços que descreveu em seus encontros com Edith e Maata (em *Leves amores*). Essa qualidade maternal de abraço é mesmo salientada por Edith na entrevista a Tomalin. Em 1916, no início de *Kezia e Tui*, em que recorda suas relações com Maata, aos 13 anos, escreveu:

Viu-se sentada no colo da avó e encostada no corpete da avó. Isso era o que ela queria. Sentar lá e ouvir o relógio de Grannie tiquetaqueando junto a seu ouvido, enterrar o rosto no cheiro suave e quente de lavanda, levantar a mão e sentir as cinco corujas sentadas na lua.[9] (Mansfield, 1939, p. 51)

Pensa-se que essas "cinco corujas" podem ser os cinco dedos da criança agarrados ao seio da avó ou ao seu corpete (em forma de lua crescente), como também ela e os quatro irmãos criados pela avó.

Annie, sua mãe, teve três filhos em quatro anos: Katherine era a terceira. Os pais viajaram quando ela tinha semanas de vida e a deixaram com a avó, que criou os seis filhos do casal, pois a mãe tinha

---

9 Em *Prelude*, conta que a avó usava no pescoço uma gargantilha de prata em forma de meia-lua na qual repousavam cinco corujinhas (Mansfield, 2006, p. 19).

uma saúde frágil. Aos 2 anos, Katie deixou o colo da avó para seu irmãozinho que nasceu doente e morreu aos 3 meses. "Dia e noite os braços de vovó estavam ocupados.... Eu não tinha colo para subir... tudo pertencia a Gwen" (Hankin, 1983, p. 5), lembra quando adulta. O nascimento de mais dois irmãos a deixaram sem colo de vez.

Um poema escrito aos 13 anos ao viajar para estudar em Londres, *Na escuridão*, expressa a fantasia de que, se ficasse doente (talvez como Gwen), teria a avó só para si:

Estou sentada na escuridão

E a casa toda está quieta

Mas sinto a sua presença

Pois estou doente....

Vovó querida, eu a quero

Porque sei que você [me] entende

E anseio por sua presença

E sentir você apertar minhas mãos

E penso e penso em você

Você ficaria triste? Você cuidaria de mim

Se soubesse que eu estava cega

E fui deixada aqui para ficar? (Hankin, 1983, p. 7)

Embora, nesse poema, Katherine esteja elaborando o luto pela separação da avó (mãe) que ela deixaria em Wellington (e que nunca mais veria), já há nesse texto o prenúncio de que o amor e a dedicação da avó lhe farão falta nos seus anos de "cegueira", buscando sempre alguém que a ame, que cuide dela, ansiando por esse amor que experimentou um dia.

336 EXPLORAÇÕES DA FEMINILIDADE E EPISÓDIOS HOMOSSEXUAIS...

É Ida Baker, colega do Queen's, quem ocupará esse lugar.

Ida Baker (ou Leslie Moore)

A amizade de ambas começou no outono de 1903, em um passeio pelo Regent's Park, quando Katherine, então com 15 anos, perguntou a Ida se ela queria ser sua amiga. E Ida a acompanhou em todas as suas vicissitudes, por quase 20 anos, durante toda a vida. Katherine escreveu: "Quero você como parte da minha vida e eu não consigo imaginar estar sem você" (Baker, 1985, p. 172).

Ida acompanhou os desastres amorosos de Katherine, desde a paixão por Arnold e depois por Garnet Trowell (irmãos gêmeos), sua gravidez e a perda do recém-nascido, seu primeiro casamento, que durou algumas horas, até a rejeição pela mãe que a deserdou, as turbulências da relação de 12 anos com John Murry, seu marido, a busca pela cura da tuberculose e a incessante procura por uma expressiva escrita própria.

Ida foi constante em seu amor e sua solicitude por Katherine: "ela se expressou em sua escrita, e eu em servi-la" (Baker, 1985, contracapa). Diz ter dedicado sua vida a Katherine, mas não somente por ela, "que eu amava, mas pelo trabalho para o qual ela vivia e no qual acreditava" (Baker, 1985, p. 235). Katherine se pergunta: "Sou responsável por ela?.... Ela me deu o presente de si mesma: 'Tome-me Katie. Sou sua. Eu a servirei e seguirei em seu caminho'. Devo tê-la feito uma pessoa feliz" (Mansfield, 1939, p. 16).

Em 1918, na dedicatória de *Felicidade* (Bliss), Katherine escreveu a Ida: "A despeito de tudo o que falei, e que vou falar – você tem sido a 'amiga perfeita' para mim", ao que Ida respondeu: "Fiz o melhor que pude" (Baker, 1985, p. 20).

Em carta de maio de 1922, Katherine disse:

*o velho sentimento está voltando – uma dor, uma sau-
dade – um sentimento de que só posso estar contente se
você estiver perto. Não por minha causa, não porque
eu precise de você – mas porque do meu jeito horrível,
odioso, intolerável, eu a amo e serei sua sempre. (Baker,
1985, p. 197)*

Ida estava sempre pronta para responder às demandas de Katherine, mesmo quando ela a insultava, "perdoando suas raivas infantis
com amor e paciência…. [Foi ela] quem deu a Katherine a verdadeira maternagem de que ela precisava" (Tomalin, 1988, p. 102).

O casal parental (pré e pós-genital)

Annie Dyer Beauchamp, após uma febre reumática na adolescência, passou a sofrer cronicamente do coração, relegando à sua
mãe, Margaret, a maternagem dos filhos. Katherine descreve a mãe
como "uma inválida, etérea, lânguida e distante" (Meyers, 1978,
p. 40), que se ressentia de ter tido filhos. Ela parecia não gostar de
crianças, mas amava seu marido.

Na adolescência, Katherine a sentia como "constantemente
desconfiada, tirânica e repressora" (Alpers, 1982, p. 41), sempre a
vigiando. Katherine sentia-se rejeitada por ela, mas ela lhe infun-
dia coragem mesmo quando, assustada com seus comportamentos
na adolescência, a mãe a deserdou e a deixou grávida e sozinha
numa cidade da Bavária, onde seu bebê nasceu morto.

Em agosto de 1918, após a morte da mãe, Katherine reco-
nheceu ter herdado qualidades dela: "Ela viveu cada momento de
sua vida mais completamente que qualquer pessoa que eu tenha
conhecido – e sua alegria não era menos verdadeira por ser

essencialmente uma intensa coragem – coragem para enfrentar qualquer coisa" (Meyers, 1978, p. 4).

Com 30 anos, mais madura e após ter passado por árduas experiências e utilizado qualidades maternas, Katherine pôde apreciar mais sua mãe.

Já Harold Beauchamp, seu pai, presidente do Conselho do Banco da Nova Zelândia, aparece em seu diário de adolescente, em 1907, assim: "Não posso estar só ou em companhia de mulheres por meio minuto – ele fica ali, com o olhar temeroso, tentando parecer despreocupado, puxando para cima seu longo bigode vermelho-cinza, com suas mãos peludas. Ugh!" (Alpers, 1982, p. 41).

Mas ele foi o primeiro a encontrar editor para seus contos, no período de 18 meses em que ela ficou em Wellington. Ele a admirava e acreditava que ela seria uma grande escritora, apesar de lhe enviar uma pensão mensal que mal cobria seus gastos em Londres, o que a obrigou a trabalhar desde os 20 anos, declamando e fazendo pequenos esquetes em casas noturnas, em que seu humor era notório. Esse trabalho foi abandonado quando ela teve sucesso com a publicação de seus escritos.

Katherine e as vicissitudes da feminilidade

Com a emergência do corpo adulto e a menarca, a menina experimenta a "segunda onda da sexualidade" (Freud, 1905/1972), e Katherine a vive aos 13 anos "sendo Maata", com suas aspirações femininas (*Kezia e Tui*). A mãe de Maata é próxima e dá ressonância a essas aspirações, enquanto Katherine só conta com a avó, que a trata como uma menina pequena. Para sua mãe, ela é apenas uma criança a mais.

Em Londres, Katherine viveu sua sexualidade feminina com Vere (*Eva*), que a incentivou a acolher o masculino física (introduz o cravo no decote dela) e psiquicamente: ao imaginar o cavalariço sem camisa e seus fortes movimentos ao acionar a bomba para lavar os cavalos e depois friccioná-los com a escova.

Em Wellington, aos 19 anos, reencontrou Maata, belíssima, noiva, e penso que tudo o que Katherine queria era ser como ela, incorporá-la e sair por aí "arrasando", como Maata fazia: imitou o penteado de Maata, puxando os cabelos para cima, como atestam as fotos da época, e encontrou, logo em seguida, Edith Bendall, também noiva, que, além de linda, era uma profissional bem-sucedida, como Katherine desejava ser.

Nos "episódios homossexuais" com Maata e Edith, o que se salienta é a qualidade dos abraços amorosos que Katherine vivera com a avó, que morreu em dezembro de 1906, sem que ela tenha tido a oportunidade de revê-la.

Mas penso que, ao mesmo tempo que Katherine desejava reviver as relações íntimas materno-primárias que tinha com a avó (relações pré-genitais), também queria viver intimamente relações com mulheres genitais que fazem casal com um homem, para ser acariciada por elas e, assim, receber a feminilidade delas, como a de uma mãe genital que acaricia a filha enquanto lava seus cabelos (*Kezia e Tui*) ou lhe dá o primeiro sutiã.

Quinodoz (2003) diz que a adolescente expressa, assim, "seu desejo de descobrir sua própria feminilidade em contato com o corpo da mãe" (p. 11). E, falando de uma paciente adolescente, acrescenta:

> *ela precisava da capacidade de* réverie *da analista para dar sentido a seus desejos e permitir que ela descobrisse o aspecto construtivo do que, para ela, parecia ser culpável em suas tendências homossexuais. Esta é, de fato, uma forma normal de* homossexualidade construtiva. *(2003, p. 11, grifo nosso)*

Mas Katherine teve de conviver com a culpa a vida toda, sem ter uma analista que pudesse lhe dar significado. Murry conta que ela sempre temeu que Vere tornasse públicos os seus escritos de adolescência e o conto *Leves amores*, que estavam guardados com ela.

Outro fator na adolescência de Katherine, e que não pode ser menosprezado, foi a influência de Oscar Wilde, tanto quanto escritor como pessoa. Acredito que sua homossexualidade também pode tê-la incitado a ter experiências homossexuais, para depois escrever sobre elas.

Aos 21 anos, logo após seu retorno a Londres, em uma carta de 1909 que pede que seja aberta apenas após sua morte, ela escreveu:

> *Você já leu alguma vez a vida de Oscar Wilde – Não apenas leu – mas pensou sobre Wilde – imaginou sua decadência? E até que ponto se estende sua extraordinária fraqueza e fracasso?.... Na Nova Zelândia, Wilde me influenciou tão forte e terrivelmente que ficava constantemente sujeita às mesmas crises de loucura como as que causaram sua ruína e sua deterioração mental. Agora, quando estou infeliz, essas crises se repetem. Às vezes esqueço tudo sobre isso, então, com terrível recorrência, a crise explode novamente sobre mim e eu fico completamente impotente para impedi--la. Esse é o meu segredo para o mundo e você – uma outra compartilha comigo – e essa outra é... e ela também sofre o mesmo terror. Costumávamos falar dele sabendo que acabaria por nos matar, nos tornar loucas ou paralíticas – tudo sem nenhum propósito.*
>
> *É engraçado que você e eu nunca tenhamos compartilhado isso – e eu sei que você vai entender o porquê.*

> *Ninguém pode ajudar, isso vem acontecendo desde que eu tinha 18 anos e essa foi a razão para a morte de Rudolf [amigo que se suicidou por ser homossexual]....*
>
> *Eu acho que minha mente é moralmente desequilibrada e essa é a razão – reconheço que isso é uma degradação indescritível...*
>
> Sua Katie Mansfield (Alpers, 1982, p. 91)

Katherine está apavorada com a eclosão de sua bissexualidade e não tem ninguém para ajudá-la a pensar sobre ela, como Quinodoz faz com sua analisanda.

As explorações da feminilidade vividas por Katherine na adolescência foram os breves episódios de paixão por Maata e Edith, entremeados de cartas amorosas a Arnold Garnet e *affairs* com homens – desde o navio em que viera para Wellington –, o que escandalizou seus pais, temerosos com a emergência da exuberante feminilidade da filha (Cournut, 2003), que recusava propostas de casamento. E é assim que, para eles, a melhor decisão em relação a ela foi deixá-la voltar sozinha para Londres como queria, enquanto as irmãs ficaram e seguiram a tradição da época: casaram-se e acompanharam seus maridos como fizera a mãe.

De julho de 1908 até abril de 1912, quando encontra John Murry, Katherine terá vários e breves amores heterossexuais, mas casa-se com ele somente em 4 de maio de 1918, após obter divórcio de seu primeiro marido, George Bowden, com quem se casou aos 20 anos por estar grávida de Garnet Trowell, deixando-o em seguida à cerimônia para ir ao encontro de Garnet.

Em seu diário, após um ano de casada, em maio de 1919, ela diz que John era "o típico marido inglês": não era "caloroso, ardente, entusiasmado... cheio de vida, destemido" (Meyers, 1978, p. 216), qualidades que ela viu em Francis Carco. Exceto por um breve caso com ele em 1915, ela permaneceu fiel a Murry até a morte durante os 12 anos de convivência, embora, a partir do final de 1918, tenham ficado separados a maior parte do tempo: ele em Londres, ela nas várias cidades europeias em que viveu à procura de melhores climas e tratamentos para a tuberculose que avançava. Às vezes, ele passava uma temporada com ela, mas geralmente ficava somente alguns dias.

Meyers (1978) compara o casamento dela com o de Virginia Woolf (1976), dizendo que esta tinha em Leonard um marido dedicado e presente, enquanto Katherine era casada com um homem egocêntrico como John. Katherine contava com ele para editar seus artigos e seus livros, ao que ele se dedicou extremadamente durante a vida dela e depois. Mas companheira de vida íntima e afetiva foi mesmo Ida Baker, até sua morte em 1923, aos 34 anos.

Em 1920, ela escreve para John: "tenho lugares escondidos – você também tem. Eles são muito diferentes em cada um de nós. Emergimos deles, estranhos um ao outro, mas é somente quando a estranheza se esgota que estamos juntos. E vai ser sempre assim" (Meyers, 1978, p. 216).

Katherine constata, aqui, o mistério de cada ser humano; ela fala da esperança de viver com ele um profundo relacionamento íntimo, de poderem estar juntos, apesar das diferenças. Mas o texto também parece transmitir o anseio dela por "estar junto" sem diferenças, embora reconheça que isso não pode acontecer sempre. Penso como Klein, que as relações íntimas com o objeto primário, o primeiro objeto de amor, subjazem a todas as relações posteriores. É interessante que Katherine tenha se casado com um homem tão parecido com sua mãe, que cuidava dos próprios interesses sempre em primeiro lugar. Mesmo quando ele estava presente, ela sentia que eram raros os momentos de sintonia afetiva. As trocas literárias eram refinadas: ela confiava em sua crítica, como na de vários escritores contemporâneos com quem se correspondia, mas a intimidade afetiva era rara. Por causa da tuberculose, que progredia, mesmo as relações sexuais corporais foram rareando.

Feminilidade pré e pós-genital na adolescência

Blos (1979/1996) diz que, na adolescência, ocorre o segundo processo de individuação, que implica "desprender-se da dependência familiar, a perda de laços com objetos da infância, de forma a tornar-se membro... do mundo adulto" (p. 98). Nesse processo (Blos, 1962/1985), a relação diádica com a mãe é revivida pela menina (e com o pai pelo menino), antes da reelaboração do Édipo positivo, para que a confiança básica nesses objetos protetores, e em si mesmo, seja reassegurada e substituída pelo *ideal de ego*. Além dessa relação com a feminilidade materna em nível pré-genital, a adolescente busca incorporar a feminilidade genital, como salienta Danielle Quinodoz (2003) ao falar de *homossexualidade construtiva*.

Penso que, na relação com Maata (*Leves amores*) e com Edith, Katherine tanto revive situações primárias de acolhimento pelo corpo feminino quanto deseja incorporar a beleza e a feminilidade delas em nível genital, pois as duas são mulheres que estão comprometidas com homens e vão se casar em breve.

Mas Katherine não tem, como a paciente de Danielle, a oportunidade de elaborar suas angústias e seus terrores conversando com um analista. Carrega-as por toda a vida (vide carta supracitada, escrita aos 21 anos e publicada postumamente), sozinha, sentindo-se pecadora. Os valores familiares, pautados pela religião anglicana, confrontam-se com os de seu ídolo, Oscar Wilde, e ela, na eclosão de sua sexualidade, sente-se "enlouquecer" no meio da tormenta emocional.

Apesar da distância entre a cultura vitoriana e a nossa, penso que, ainda hoje, o adolescente enfrenta a mesma situação, acrescida do fato de, com a mídia ampliada, haver uma proliferação de "ídolos" a imitar, podendo contar ou não com o suporte familiar ou de adultos compreensivos com quem dialogar.

Os textos de Katherine, tão fiéis a seus sentimentos, trazem claramente à luz as nuances de seus sofrimentos, que, se compartilhados, poderiam livrá-la do peso de seus "pecados". Textos que dão voz ao adolescente de forma magistral, como um clamor a ser ouvido.

Acredito que a importância desses textos reside justamente na clareza com que Katherine expressa a intensidade de seus sentimentos, talvez à busca de um interlocutor (analista?) com quem pudesse estabelecer um diálogo e compreender o que acontecia com ela. Mas Katherine não teve essa oportunidade até o fim de sua breve vida.

Referências

Alison, L. (1988). Katherine Mansfield: a lesbian writer? *The Women's Studies Journal, 4*(2), 48-70.

Alpers, A. (1982). *The life of Katherine Mansfield.* London: Penguin Books.

Baker, I. (1985). *Katherine Mansfield: the memories of L. M.* New York: Taplinger.

Blos, P. (1985). *Adolescência.* São Paulo: Martins Fontes. (Trabalho original publicado em 1962).

Blos, P. (1996). O segundo processo de individuação da adolescência. In P. Blos, *Transição adolescente: questões desenvolvimen-*

tais (pp. 97-115). Porto Alegre: Artes Médicas. (Trabalho original publicado em 1979).

Brandreth, G. (2009). Oscar Wilde and the Dead Man's Smile. In Simon & Schuster (Eds.), *Oscar Wilde Murder Mystery Series*. London: Touchstone Book.

Freud, S. (1972). Três ensaios sobre a teoria da sexualidade: Transformações da puberdade. In S. Freud, *Edição standard brasileira das obras psicológicas completas de Sigmund Freud* (Vol. 7, pp. 123-134). Rio de Janeiro: Imago. (Trabalho original publicado em 1905).

Hankin, A. (1983). *Katherine Mansfield and her confessional stories*. London: MacMillan.

Haudenschild, T. (2010). Transformações da puberdade na sociedade contemporânea. *Psicanálise em Revista, 8*(2), 49-57.

Mansfield, K. (1939). *The scrapbook of Katherine Mansfield* (J. M. Murry, Ed.). London: Constable.

Mansfield, K. (2006). *The collected stories of Katherine Mansfield*. London: Wordsworth.

Meyers, J. (1978). *Katherine Mansfield: a biography*. New York: New Directions.

Quinodoz, D. (2003). A particular kind of anxiety in women. In A. M. Alizade (Ed.), *Studies on femininity* (pp. 1-14). Londres: Karnac.

Tomalin, C. (1988). *Katherine Mansfield: a secret life*. London: Penguin Books.

Woolf, V. (1976). *The questions of things happening: letters, 1912-1922*. London: Nigel Nicolson & Joanne Trautmann.

Bibliografia complementar

Bleichmar, S. (2007). *Paradojas de la sexualidad masculina*. Buenos Aires: Paidós.

Blos, P. (1998). Filho e pai. In D. Breen (Org.), *O enigma dos sexos: perspectivas psicanalíticas contemporâneas da feminilidade e da masculinidade* (pp. 57-73). Rio de Janeiro: Imago. (Trabalho original publicado em 1993).

Carvajal, G. (1998). *Tornar-se adolescente*. São Paulo: Cortez. (Trabalho original publicado em 1996).

Mansfield, K. (1927). *The Journal of Katherine Mansfield*. (J. M. Murry, Ed.). London: Constable.

PARTE VII

Corpo e transformações: reflexões sobre transexualidades

20. Corpo e vulnerabilidade na cultura contemporânea[1]

Ema Ponce de León Leiras

Tradução: Daniel Ávila Camparo

> *Corpo e alma choram juntos, riem juntos,*
> *cantam juntos no interior da imensidão do mistério.*
>
> Rafael Courtosie, *A novela do corpo*

Tenho a intenção de refletir sobre o corpo do nosso tempo, como um cenário que reflete as vicissitudes das subjetividades e da cultura, a extrema vulnerabilidade da condição contemporânea e os mecanismos de onipotência que se erguem para enfrentá-la.

Tanto no campo da realidade como no das ideias, apresentam--se certos binarismos inevitáveis como parte de uma forma constitutiva do sentido: natureza-cultura, corpo-linguagem, corpo-mente, idealismo-materialismo etc. Essas são categorias que se cruzam e se combinam na subjetividade. Já que a realidade e as ideias se

---

1 Trabalho apresentado no painel "Corpo estrangeiro, temporalidade e psicossexualidade" da Jornada do Comitê Mulheres e Psicanálise (COWAP) no Pré--Congresso da Federação Psicanalítica da América Latina – Fepal (As Linguagens do Corpo: Gênero e Diversidade), nos dias 13 e 14 de setembro de 2016, em Cartagena, na Colômbia.

constroem mutuamente, tenho a expectativa de desarticular oposições e produzir aberturas, com a convicção de que discutir ideias é útil para modificar a realidade, e isso é parte do trabalho de um psicanalista imerso na reflexão cultural, como propõe o Comitê Mulheres e Psicanálise (COWAP).

Na história das sociedades e do pensamento de diferentes épocas, aparecem ideias diferentes sobre a relação entre natureza e cultura que conformam o lugar do corpo, concebendo o domínio de um sobre o outro, a existência de uma ruptura ou a possibilidade de um *continuum* e de cruzamentos permanentes. Os discursos dicotômicos de dominação e exclusão dão destaque à natureza biológica, ou negam a sua existência. De minha parte, tenho a intenção de manter a dupla origem do ser humano, em suas raízes natural e cultural, em uma dinâmica mutável e aberta, mas não excludente.

Tendo em conta a polissemia e a condição histórica do termo "natureza", interessa defini-lo de modo mais atual com E. Morin (1995) "como um todo vivo, complexo, que se auto-organiza e autorregula por meio das interações entre todos os seres vivos localizados em um meio físico" e "a partir do qual tudo é mortífero para os seres vivos". A cultura também pode ser entendida de distintas formas, mas pode-se ter um consenso de que é um conceito que assume que o homem ultrapassou a ordem puramente biológica e alargou a esfera da vida à cultura, à linguagem, ao pensamento e à consciência.

O corpo no tempo histórico

Ao longo da história, os discursos emergentes foram moldando diferentes representações do corpo, oscilando entre aproximá-lo do divino, da natureza ou da cultura. Serão mencionadas algumas metáforas fortes, que se originam de correntes filosóficas em diálogo com a cultura de cada época. Uma delas, fundamento do pensamento ocidental judaico-cristão, é a do *corpo como um dom divino e prisão da alma*. A partir do século XV, emerge a representação do *corpo-máquina*, marcada pelos avanços técnicos do Renascimento. Nesse contexto mais racional, Descartes chegou à conclusão de que o eu pensante seria mais real que o mundo percebido com o corpo.

O contexto filosófico que se segue – e que fará parte das influências de Freud – busca uma mudança, opondo-se ao dualismo e valorizando a natureza (Espinosa, Rousseau). Kant, por sua vez, busca um meio-termo, afirmando que conhecemos com a percepção e com a razão, enquanto Nietzsche reflete essa tendência ao afastar-se do racionalismo e do dualismo. Já no século XIX, com Darwin, o império da natureza retorna com força, mas separado do divino: *o corpo é o produto da evolução natural*.

Nesse contexto naturalista e contrário ao racionalismo, surge o pensamento de Freud, propondo uma maneira de entender o ser humano como produto de um conflito entre os instintos naturais e a cultura. Há conflito, mas também continuidade transformadora entre os dois. O corpo da psicanálise é um *corpo simbólico*, produzido pelo encontro entre ambas.

As escolas psicanalíticas posteriores fazem leituras diferentes, que pertencem a outros contextos culturais. De alguma forma, uma interpretação mais recente, de ruptura entre o corpo da psicanálise e o da biologia, segue a tradição cartesiana, fazendo do corpo uma entidade quase imaterial, sendo unicamente possível afirmar sua existência a partir de sua representatividade pelo psiquismo.

A psicossexualidade proposta por Freud é fruto do encontro entre o corpo da natureza e a proibição do incesto, tendo sobre os conceitos de pulsão e repressão as duas faces de uma dobradiça entre o corpo e o social. Freud defende, ao mesmo tempo, o peso do semelhante e que "a anatomia é o destino". Entretanto, questionamentos à sua teoria falocêntrica sobre a diferença sexual foram aparecendo – e, como efeito disso, à perspectiva do Édipo, ao feminino etc. – a partir das correntes feministas, de estudos de gênero e da própria psicanálise, por autores como Stoller, Laplanche, Benjamin, Glocer Fiorini, Dio Bleichmar, entre outros. Nessas perspectivas, os corpos anatômicos são um dado a mais de um complexo caminho de construção subjetiva, no qual a cultura pesa de maneira determinante.

Uma revolução decisiva para o pensamento contemporâneo ocorreu no século XX a partir do campo da física, com hipóteses e enigmas que fazem tremer os esquemas conhecidos sobre a origem do universo. As novas noções de que o universo se autoproduz e a matéria visível está relacionada, em sua origem, com a antimatéria enfraquecem a ideia de realidade e localizam o homem como também podendo autocriar as leis da natureza. Leva-se a cabo uma aceleração exponencial da criação de conhecimentos nas áreas da biotecnologia de alcance molecular e da teleinformática, que, segundo Paula Sibilia (2005), conjugam-se de forma cada vez mais intrincada, juntamente com os interesses do mercado: aplicam-se aos corpos, às subjetividades e às populações humanas e contribuem amplamente para produzi-los. Um expoente disso é o Projeto Genoma Humano. Recentemente, a engenharia genética desenvolveu o método CRISPR, que promete uma mudança de ficção científica para a modificação do DNA: eliminar doenças adquiridas e genéticas, acabar com o envelhecimento e criar bebês projetados são algumas das suas possibilidades.

A partir da segunda metade do século XX, a ênfase na determinação cultural é tão forte nas correntes filosóficas ocidentais que chega-se a afirmar que não há natureza humana nem homem natural. "O que é natural no homem não é humano, e o que é humano não é natural" (Compte-Sponville, 2010, p. 243).

O conceito de natureza humana tem sido uma fonte de grandes polêmicas filosóficas desde essa postura de não existência, na qual se atribui ao ser humano total autodeterminação, até a naturalização radical. Como se retomará mais adiante, essas posturas extremas habilitam de forma diferente o excesso de intervenção da técnica sobre o homem (a artificialização total), e isso abre outra polêmica fundamental sobre a relação entre o ser e os valores.

Foucault (1998) observou as relações de poder que atravessam os saberes e as práticas sobre o corpo não apenas como externos ao indivíduo, mas como algo intrínseco à subjetividade. Essas estratégias de poder se naturalizam, disciplinando os corpos, moldando-os e normalizando-os para os diferentes fins que requer uma dada sociedade.

Por meio de seus discursos e suas práticas científicas, tecnológicas, cibernéticas, políticas e éticas, a cultura busca emancipar o orgânico de seus desígnios genéticos e biológicos, apresentando *a materialidade do corpo como obstáculo que é necessário desnaturalizar* com suas ferramentas todo-poderosas. Apesar de o corpo encarnar, ao mesmo tempo, o poder da vida e a fragilidade da finitude, o homem contemporâneo, prisioneiro da fragilidade, teme-o, rejeita-o e busca modificá-lo com base em imagens mais poderosas – para além do humano – que não encontra no corpo vivo.

Esse contexto, que se acelera ainda mais no século XXI, leva a uma representação do *corpo-informação*, cujo funcionamento pode ser imitado pelos computadores, no qual as coisas do corpo passam a fazer parte de um processo de digitalização e desmaterialização em uma tendência virtualizante, incluindo a inteligência artificial e a robótica.

Paralelamente, os avanços no campo da neurociência mostram uma tendência de integração sem separar o biológico e o social: falam de um cérebro programado para a vida social, cujo desenvolvimento depende das experiências com os outros. Lembram-nos de que a subjetividade também se apoia em suas estruturas neurológicas.

Esse percurso pelas referências ao corpo, naturais e culturais, lembra-nos de que é impossível escapar do próprio posicionamento cultural, dada a dificuldade, indicada por Kant há dois séculos, de que somos parte do que percebemos, e isso limita o nosso entendimento.

A vulnerabilidade dos sujeitos e dos corpos contemporâneos

A vulnerabilidade é uma condição ontológica essencial do homem, porém assistimos, no mundo contemporâneo, a uma vulnerabilidade com características próprias – a proliferação de velhas e novas formas de violência: social, política, econômica, sexual, de gênero etc., junto aos avanços vertiginosos da ciência e da tecnologia, que produzem efeitos paradoxais entre uma extrema sofisticação da civilização e a barbárie. Enquanto a ciência promete erradicar as doenças, criar novas espécies e seres humanos invulneráveis, cresce a destruição das pessoas e do ambiente natural e a extinção acelerada das espécies existentes.

A subjetividade perde cada vez mais a possibilidade de anonimato e privacidade, adicionando um elemento de vulnerabilidade. Todos esses elementos supõem fortes exigências ao processamento psíquico, para metabolizar e filtrar a invasão permanente de estímulos, informações e exposição junto com as mudanças na vivência subjetiva do tempo. Ninguém está livre da ameaça real e inesperada da violência política e social, ou das consequências devastadoras dos desastres naturais, muitos deles ligados às atividades destrutivas do ecossistema.

Os efeitos do poder sobre o corpo – a disciplina que aponta Foucault – são uma forma de "violência simbólica" invisível (Bourdieu & Passeron, 1996), da qual o próprio sujeito é um agente ativo. Nesse sentido, na produção do próprio corpo, surge uma oscilação entre ficar totalmente submetido ou dar lugar a um trabalho de autoprodução, a um trabalho sobre si (Foucault, 1998).

Os sujeitos procuram transformar seus corpos com relação a suas características e suas limitações como organismos vivos e mortais, em suas referências espaço-temporais, como nos mundos virtuais, em que a imagem substitui o corpo real. A busca frenética por transformações, que não são necessariamente metabolizadas pelo desejo – ou nas quais é difícil distinguir o desejo ligado à vida e ao processamento subjetivo –, pode ser frequentemente pensada em relação a desejos autodestrutivos ligados à violência social. Estes permanecem ocultos no sistema, encarnados nos indivíduos, e exigem uma delimitação clara – mesmo dentro do campo da onipotência – entre Eros e Tânatos.

A tentativa de modificar o ser humano por meio das tecnociências deu lugar às tecnologias de melhoramento humano (*human enhancement technologies*) e aos pensadores do "transumanismo", que buscam chegar ao homem "pós-humano", como Agamben e Sloterdijk (citados por Marcos, 2010). A época em que vivemos nos obriga a pensar a controvertida "natureza humana" e a biotecnologia em relação aos valores e a ética. Esse é um tema tratado por alguns filósofos, como Hans Jonas (1995), preocupado com o desenvolvimento de uma ética para o futuro da civilização contemporânea, destacando a relação entre o sentido de responsabilidade, a liberdade e o "organismo" como integração mente-corpo.

Trata-se, então, de levar em conta a relação entre tecnologia, valores e ética e entrar em um território em que pode haver posições muito diferentes. A técnica e a natureza caminham juntas desde o início da civilização, e o ser humano é produto inquestionável de ambas. Mas a técnica como conquista da dimensão racional do homem não fica de fora do campo axiológico. Existem transformações ligadas a conservar ou melhorar a existência, a resolver o mal-estar ou aliviar o sofrimento físico ou psíquico, corrigindo *deficits*, doenças, danos produzidos por acidentes, problemas de fertilidade, conflitos em torno do corpo anatômico e do gênero etc. Ou aquelas que ocorrem à custa do exercício sistemático do corpo em seu movimento e sua musculatura – por exemplo, nos diferentes esportes e na dança artística –, que, embora possam estar sujeitos a excessos – como o fisiculturismo –, dirigem-se a levar à sua máxima expressão o potencial inédito do corpo e suas destrezas em relação à cultura.

Quanto às transformações para fins estéticos, lembro que a modificação de aspectos do corpo anatômico era comum nas tribos primitivas, nas quais predominava o pensamento mágico. Todas as épocas impuseram seus ideais e suas imagens aos corpos por meio de diversas práticas – incluindo o vestuário – destinadas a disciplinar, mas também como formas de autoprodução e subjetivação. A era contemporânea levou a reconfiguração do corpo a extremos imprevistos, ligados a um ideal de perfeição e beleza que aumenta as chances de sentir-se desconfortável com o próprio corpo. É preciso investir incansavelmente para conseguir um corpo belo, emblema do sucesso social, desejável e desejoso. A tecnociência pode, agora, gratificar as fantasias de transformação dos corpos à medida do consumidor, apagando os sinais vergonhosos do envelhecimento, do excesso de peso, da insatisfação com algum traço ou característica sexual, mutilando corpos e implantando todos os tipos de próteses. Isso, às vezes, desemboca em um apagamento das marcas biográficas no corpo, ou na criação de um personagem à medida, resultando em uma perda do aspecto humano em favor de um efeito fictício ao estilo das bonecas de plástico. Isso também leva a uma categorização dos corpos de acordo com as normas vigentes.

A necessidade urgente de ajustar o corpo ao desejo e à fantasia remete à pergunta sobre a dificuldade de realizar mudanças internas ou processar o desejo e a sexualidade nos vínculos, bem como incidir na mudança social. Talvez a dor física e os riscos envolvidos sejam substitutos para a impossibilidade de processamento da dor psíquica que deriva do mal-estar entre sujeito e sociedade. A naturalização das drogas é parte de uma busca de transformação do estado corporal e de consciência diante da dor ou do vazio, evitando o trabalhoso bem-estar da mudança psíquica.

No caso da proliferação de tatuagens, parece que algo deve ser dito *a priori* por meio de uma escrita visível no corpo. Texto escrito na pele, com sinais que tentam falar por si, ainda que produtor de uma determinada coagulação de sentido. Qual é o espaço para as futuras transformações? Estarão relacionadas com a necessidade do homem contemporâneo por certezas, por algo fixo, por uma decisão pessoal que não possa ser alterada, que lhe pertença e o diferencie?

Em outros terrenos – como a parentalidade –, observa-se, junto com soluções antes impensáveis ao sofrimento da infertilidade, a tendência a eliminar o que propõe a natureza: a cesariana em vez do parto normal, o adiamento da gravidez em idades biologicamente favoráveis em detrimento de processos sofisticados de concepção etc.

A hegemonia da cultura e do poder sociopolítico e econômico sobre os corpos, a vida e a morte aparece frequentemente sob o signo do poder da onipotência, e não a serviço da liberdade e da dignidade da vida. É possível, então, pensar o próprio corpo como uma porção da realidade que o homem pode de fato mudar, em contraste com sua impotência frente ao social? Não é algo que vai

358 CORPO E VULNERABILIDADE NA CULTURA CONTEMPORÂNEA

além do sujeito, entrelaçado com a complexa teia de ideais e conflitualidades do ambiente? Trata-se de modificações do corpo frente ao traumático social que não se pode representar?

O desejo é um salto com relação à natureza, com base no campo da relação com os outros, e não pode ser posto em jogo sem um corpo e uma psique entrelaçados, um corpo vivenciado, que se conecta com os afetos e o mundo externo. No entanto, ousa-se dizer que nunca antes o homem esteve tão determinado a esconder o corpo em sua aparência externa, como objeto externo para si e para o outro, onipresente e alheio, objeto para dominar e submeter a um desejo disciplinado, diluindo, assim, a sua dimensão subjetiva.

Butler (2004) chama a atenção para a vulnerabilidade física dos corpos na interdependência com outros corpos, a dimensão pública como um despojamento do corpo. Penso que, na medida em que aumenta a sensação de ameaça e vulnerabilidade social (guerras, genocídios, ataques terroristas etc.), o homem procura transmutar-se em outra coisa menos humana e, logo, menos vulnerável. Nas crianças, chama a atenção a paixão incrementada por super-heróis e personagens que se afastam completamente do ser humano, tanto em sua aparência quanto na multiplicidade de poderes que revelam.

Em busca de sínteses provisórias, que acomodem a multiplicidade e a heterogeneidade dos fenômenos humanos, Morin (1995) diz:

> *O que nos falta compreender não é a cultura excluindo a natureza, o espírito excluindo o cérebro, mas, pelo contrário, não podemos compreender nossa natureza se excluirmos nossa cultura, nosso cérebro se excluirmos nosso espírito; nos falta conceber a "uni-dualidade" complexa do nosso ser natural-cultural,*

do nosso cérebro-espírito.... O homem tornou-se estranho àquilo do qual surgiu e que, ao mesmo tempo, continua a ser-lhe útil... o homem se marginalizou no mundo biológico e... seu pensamento, sua consciência, que lhe permitem conhecer o mundo, afastaram-se outro tanto dele.

De que forma esses pensamentos incidem na tarefa psicanalítica? Como psicanalista, deve-se dar espaço a essa vulnerabilidade essencial por trás das máscaras, ao *corpo vulnerável*, com as suas múltiplas apresentações, resgatando-o e resgatando-se de possíveis escotomas sobre a sua dupla vertente, biológica e cultural. Dialogando com o texto de Fernando Orduz (2016), pergunto-me: as diferentes representações mencionadas no início se referem ao mesmo corpo, ou correspondem a uma multiplicidade de "apresentações" do corpo que estão aquém do mundo do representacional? Essas apresentações obrigam a repensar a clínica psicanalítica do corpo representado e do corpo irrepresentável, não apenas o corpo da imagem, mas também o corpo das palavras – que nomeiam partes do corpo – e a ausência de palavras que digam sobre "todo" o corpo.

Percebê-lo e pensá-lo em sua dimensão real: em suas buscas sensoriais, em sua forma de mover-se, em seu funcionamento somático, não esquecendo que essa é a matriz da trama psíquica e simbólica. Como o trauma, que se expressa no corpo por meio de signos, e não de símbolos, o corpo contemporâneo se mostra como corpo parcializado em zonas desconexas, que oferece signos e sinais a decifrar em sua busca de transformar a carne, a anatomia, o sexo, a pele, em uma linguagem não verbal e, muitas vezes, não simbólica. Isso coloca a psicanálise em um lugar

360 CORPO E VULNERABILIDADE NA CULTURA CONTEMPORÂNEA

correlativamente vulnerável quanto aos limites da ferramenta analítica fundamental: a linguagem. Trata-se, então, de sustentar a posição analítica ainda mais fundamental: a de observar e tentar entender o que é apresentado como um enigma, mais que a adesão a teorias e ideologias, para além do inconsciente individual, com atenção às determinações culturais do desejo e às armadilhas alienantes da sociedade em que vivemos. O corpo marca o local do que nunca será totalmente apreendido porque, apesar do banho de linguagem que nos acolhe no momento do nascimento, há uma força autônoma do corpo em relação à linguagem. Nada pode fazer sentido e se converter em linguagem se não articulado ao real do corpo. Ao fazer uma abstração do corpo, esquiva-se do trabalho do inconsciente. Isso não é novo, mas, em suas torções, os corpos da cultura atual mostram uma angústia encenada, indizível.

A relação do sujeito com o que foi chamado neste texto de "natureza", como interior e exterior ao fenômeno humano e cultural, envolve uma relação paradoxal de intimidade e distância, que nada mais é que a relação com o corpo e o inconsciente. Ambos estão no lado do incognoscível, do estranho a si mesmo. E, por esse motivo, continuam a ser, apesar de todos os esforços para subjugá-los, um território ignorado, que se reconquista para se perder a cada vez, não por meio de gestos onipotentes que desmentem a dor e a vulnerabilidade, mas descobrindo a potência implícita na vulnerabilidade própria da vida como fonte de força criativa. A apropriação do corpo real, sexuado, e do desejo é um caminho com satisfações momentâneas, desprendimentos e descontinuidades. A psicanálise pode acompanhar essa árdua tarefa da vida no sentido oposto ao do estranhamento alienante.

Um poema de Winnicott (1978, p. 57), "Sleep", pode refletir com uma beleza sutil e simples o que se tentou transmitir:

Let down your tap root

to the center of your soul

Suck up the sap

from the infinite source

of your unconscious

and

Be evergreen[2]

Referências

Bourdieu, P., & Passeron, J. C. (1996). *La reproducción. Elementos para una teoría des sistema de enseñanza.* Madrid: Editorial Popular.

Butler, J. (2004). *Deshacer el género.* Buenos Aires: Paidós.

Compte-Sponville, A. (2010). *Sobre el cuerpo: apuntes para una filosofía de la fragilidad.* Buenos Aires: Paidós.

Courtosie, R. (2015) *La novela del cuerpo.* Montevideo: Casa Editorial HUM.

Foucault, M. (1998). *Vigilar y castigar: nacimiento de la prisión.* Cidade do México: Siglo XXI.

Jonas, H. (1995). *El principio de responsabilidade: ensayo de una ética para la civilización tecnológica.* Barcelona: Herder.

Marcos, A. (2010). *Filosofía de la naturaleza humana.* I Simpósio do CFN, École des Hautes Études en Sciences Sociales, Paris, 4-5 de março.

---

2 "Deixe que a sua raiz / vá ao fundo de sua alma. / Sugue a seiva da fonte infinita / de seu inconsciente / e permaneça sempre verde."

Morin, E. (1995). La relación antropo-bio-cósmica. *Gazeta de Antropología, 11*(1). Recuperado de http://www.ugr.es/~pwlac/G11_01Edgar_Morin.html.

Orduz, F. (2016). *Presentación y representación.* Trabalho inédito apresentado no painel "Corpo estrangeiro, temporalidade e psicossexualidade" da Jornada do COWAP no Pré-Congresso da Fepal, Cartagena, setembro de 2016.

Sibilia, P. (2010). *El hombre postorgánico: cuerpo, subjetividad y tecnologías digitales.* Buenos Aires: Fondo de Cultura Económica.

Winnicott, D. W., Green, A., Mannoni, O., Pontalis, J.-B., Winnicott, C., Khan, M. M. R., Pingaud, B., & Scott, C. M. (1978). *Donald W. Winnicott.* Buenos Aires: Trieb.

Bibliografia complementar

Aguilar, M. T. (2010). Descartes y el cuerpo máquina. *Revista Pensamiento*, Madrid, 66(249).

Chantal, J. (2004). *L'unité du corps et de l'esprit. Affects, actions et passions chez Spinoza.* Paris: PUF.

Darwin, C. (1970). *El origen de las especies.* Barcelona: Ediciones Zeus.

Descartes, R. (1977). *Meditaciones metafísicas con respuestas y objeciones.* Madrid: Alfaguara.

Kant, E. (2013). *Crítica de la razón pura.* España: Taurus.

Nietzsche, F. (1973). *Crepúsculo de los ídolos.* Madrid: Alianza Editorial.

Rousseau, J. (1991). *Emilio y otras páginas.* Buenos Aires: CEAL.

21. Um olhar sobre o trans: entre angústia e subversão[1]

Andrea Escobar Altare

Tradução: Mónica Roncancio

Revisão da tradução: Ana Maria Rocca Rivarola

A partir dos ecos da clínica

Armando veio ao meu consultório encaminhado por um colega. Quando ligou para solicitar uma entrevista, ele me pediu para que esta acontecesse o mais rápido possível, ele tinha uma sensação de angústia que descreveu como excessiva, intolerável. A primeira vez que o vi, impressionou-me seu aspecto físico e a forma como estava vestido: ele era um homem alto, encorpado, com a cabeça raspada; embora parecesse muito masculino, suas características faciais muito delicadas chamaram minha atenção. Ele vestia jeans, um blazer e tênis tipo "All Star". Usava uma camiseta que tinha a palavra "Help!" desenhada repetidas vezes, em desordem, do início da gola à barra, em diferentes tamanhos e cores. Ele sorria ansiosamente. Disse:

Armando – Andrea, doutora, posso te dizer, Andrea? Tenho um problema. Eu acho que vou morar com a minha namorada, já

---

[1] Trabalho apresentado na Jornada do Comitê Mulheres e Psicanálise (COWAP) no Pré-Congresso da Federação Psicanalítica da América Latina (Fepal) – As Linguagens do Corpo: Gênero e Diversidade, nos dias 13 e 14 de setembro de 2016, em Cartagena, na Colômbia.

tomamos a decisão. O problema é que nós brigamos muito, eu sinto que ela me deixa louco, com raiva. Sinto a necessidade de satisfazê-la em tudo, mas ela nunca está feliz. Eu sempre estou atento a seus gestos, tentando agradá-la para que se sinta bem. Mas quando as brigas acontecem, eu começo a beber e me torno outra pessoa.

O "tornar-se outro" tinha a ver com o fato de ele estar muito angustiado, o que fazia com que bebesse mais álcool. Saía para caminhar, correr, e se trancava em seguida em sua casa, por vários dias, chorando; nada o acalmava, ele gritava com ela até assustá-la. Armando tinha sido casado durante seis anos – ele era um homem de quase quarenta anos naquela época –, mas descreveu esse período de sua vida como um de grande tristeza e desolação. Ele me dizia que tinha "representado o papel" de homem normal, adaptado: satisfazia aos desejos de sua esposa, participava de encontros sociais, tinha se preocupado em ganhar dinheiro, entrar em uma hipoteca de um apartamento de luxo e trabalhar muitas horas. Que papel teria de representar agora? O que esperava dele sua nova parceira? Ele era escritor, mas, durante o tempo em que esteve casado, tinha constantemente a sensação de ter se vendido para projetos baratos de telenovelas latino-americanas, escrever aquilo não lhe produzia nenhum prazer. Mas tinha conseguido um relacionamento confortável – sem sexo. Ele parou de desejá-la quando começou a se sentir sobrecarregado pelas exigências sociais dela e acabou se deprimindo. Armando pediu o divórcio, eles se separaram e ele procurou a companhia e o apoio de seus amigos; demitiu-se do canal de televisão e começou a escrever projetos de filmes. Com sua decisão atual, surgiu novamente a questão que o havia atormentado antes: o que ela esperava dele? Em que ele teria de se transformar?

A – Mas agora, Andrea, minha namorada quer que eu esteja o tempo inteiro atento a ela. E tem esse maldito medo de ir morar comigo. Às vezes ela diz que sim, às vezes diz que não, ela é muito independente. Então, eu falo para ela que é melhor esperar, e ela fica muito brava, diz que eu não a amo, que não luto por ela. Que porra ela quer? Aquela mulher vai me enlouquecer! Aí eu começo a me sentir muito mal, com uma sensação de vazio, nada me preenche, sinto-me caindo internamente.

De fato, as mulheres loucas – assim ele as chamava – tinham existido desde o início. A mãe de Armando, uma mulher com uma depressão psicótica, agora morava em uma casa de repouso, e ele a sustentava. Armando a visitava de vez em quando, mas preferia manter a distância porque os encontros com ela o confundiam desde que ele era uma criança: sempre tinha tido a sensação de que, quando ele falava, ela compreendia outra coisa, deixava-o nervoso, ou não conseguia contê-lo. Seu pai, um arquiteto, havia se divorciado da mãe quando ele era adolescente, e Armando tinha a sensação de que, quando ele saiu de casa, tinha-o deixado sozinho e encarregado da mãe doente e de um irmão mais novo tímido, muito pouco expressivo. Enquanto vivia com a família, estava distante dos filhos. Ele disse também que sua adolescência fora muito penosa: quando era uma criança, desejava estar mais próximo do pai, mas este trabalhava longas horas para fugir da loucura da mãe e da preocupação pela timidez do filho mais novo, com quem tinha uma relação ainda mais distante que com ele. Não estava ressentido com o pai, mas também não contava com ele para nada na vida. Às vezes, sentia raiva. Quando o pai desaparecia, o peso de ter que cuidar da mãe recaía sobre ele.

Na sessão seguinte, veio com outro anúncio escrito em sua camiseta. Dizia, com letras de diferentes tamanhos: "Gimme shelter" (Dê-me abrigo). Nesse segundo encontro, continuou o seu relato:

A – Agora, eu sinto que o pior foi ter confessado à minha namorada uma coisa que me acontece às vezes. Devo lhe dizer? Fico angustiado quando falo sobre isso. Em um passeio, fomos para a praia e eu bebi um pouco e fiquei relaxado. Então, eu falei que tinha algo a dizer, uma vez que a ideia era não ter segredos entre nós dois. Eu disse que tinha tido relações sexuais com uma "trans", sabe? Não é que ela tenha se operado, não. Mas, em qualquer caso, era a mais mulher de todas. Um dia, fui com uns amigos a uma casa perto do bairro Santa Fe [um bairro popular da capital da Colômbia] e aí as conheci. Elas são as mais fêmeas, e eu estava muito mal, muito nervoso. Uma delas me chamou a atenção e fui para a cama com ela. É mais mulher que a minha namorada, e já é muito a dizer, é divina. Só que, claro, não é completamente uma mulher. Mas a verdade é que aquele dia me acalmei com o sexo, ela me conteve sexualmente, senti-me completamente contido. Eu não sei se isso é muito louco, mas ainda não sei o que eu vejo nela. Às vezes, acho que é como se eu estivesse fazendo o amor comigo mesmo, parece narciso, não? Mas eu tinha uma sensação de estar completo.

Armando já tinha consultado psiquiatras e psicoterapeutas de diferentes abordagens da psicologia antes. Em muitos casos, vários deles tinham lhe dito que seu problema de angústia estava relacionado, precisamente, com sua dificuldade para se declarar homossexual. Eles consideravam que seu tratamento psicológico devia enfocar essa situação, sua aceitação e a possibilidade de assumir uma vida de casal com outro homem. No entanto, ele esclareceu que não teria problema nenhum em fazê-lo, mas nunca havia se sentido atraído por um homem. Ele disse que não o excitavam, que seu desejo não estava comprometido ali. Por outro lado, ele gostava muito de sua namorada e se sentia apaixonado por ela. Ele gostava de mulheres, de fato, estava realmente pensando em tentar novamente a convivência, mas tinha medo de que não funcionasse, não por ele, mas pelas exigências e pelas demandas dela: a questão voltava, em que teria de se transformar? Muitas vezes, perguntou-se se acabaria morando sozinho, perto de seus amigos, escrevendo, tendo parceiros casuais. Ele não ficava incomodado com a ideia, mas disse que a companhia de alguém ao seu lado, na maioria dos casos, o tranquilizava. Quase no final das entrevistas, disse temer que eu já tivesse um diagnóstico sobre ele, eu achava que era uma perversão? Ele esclareceu que já havia lido a obra de Freud sobre o fetichismo. Eu achava que era um homossexual não assumido? Ele não achava isso, ele não se sentia assim, eu poderia ajudá-lo a entender, para não se angustiar tanto assim? Eu disse: vamos tentar entender.

A partir da teoria psicanalítica

No adendo de *Inibições, sintomas e angústias* (1926/1976c), Freud procura apontar algumas de suas principais conclusões sobre o sentido da angústia, suas fontes e suas implicações. A angústia tem uma ligação direta com o sentimento de expectativa, tem um caráter indeterminado e não está orientada a nenhum objeto. Por outro lado, está ligada a uma situação perigosa. Qual é o perigo? A emergência de uma situação de desamparo. Diante desta, existem dois caminhos: por um lado, a expectativa de que ocorra a situação de desamparo; por outro, a de que uma situação vivida atualmente lembre uma experiência (traumática) experimentada anteriormente. A sua conclusão é que a ansiedade: "é, por um lado, a expectativa do trauma, e, por outro, uma repetição atenuada dele" (p. 55).

É evidente que a ausência do objeto pode ser entendida como a não presença do objeto direto no presente cenário. A clínica mostra que, embora o objeto não esteja agora presente de uma forma material, evidentemente está vigente e, de fato, ecoa neste ressurgimento da angústia. Freud ressaltou: "a ansiedade vem como uma reação à ausência do objeto, diante da angústia de castração, diante da angústia de separação primária com a mãe. O perigo é a insatisfação, o aumento da tensão de necessidade" (Freud, 1926/1976c, p. 130).

Freud (1926/1976c) conclui que o perigo é a situação de desamparo discernida, lembrada, esperada. A angústia é a reação originária diante do desamparo provocado pelo trauma, que, posteriormente, é reproduzida como angústia em situações de perigo. O eu que experimentou originalmente um trauma de forma passiva repete ativamente sua reprodução, na esperança de encontrar outra forma de resolução.

A angústia sentida por Armando poderia ser rastreada? Mais uma vez, a mãe que não entende e não o contém surge agora encarnada na figura da companheira. Mas, dessa vez, o sujeito está disposto a procurar ativamente uma maneira de acalmar sua angústia. Parece que o maior desamparo está ligado a uma dupla não compreensão: por um lado, a dificuldade do objeto para compreender e conter, por outro, o problema do sujeito de tentar se vincular pela força com um objeto que não pode ser decifrado, que horroriza na medida em que qualquer tentativa de aproximação parece ser suficiente, um objeto que requer uma ação específica e que ele tem de realizar. Mas qual é essa ação? Como se vincular ao objeto, então?

Inicialmente, Armando procura por si mesmo uma resposta a partir da teoria psicanalítica – lendo artigos de psicanálise – e encontra o mecanismo de negação (Freud, 1927/1976b, 1940/1976a): "a percepção é apagada, como se a percepção visual caísse bem no ponto cego da retina" (Freud, 1927/1976b, p. 148).

A – Eu procuro uma "trans" em particular. Quando eu a vejo e a encontro, para mim ela é uma mulher. Além disso, sua lingerie é hiperfeminina e não vejo o membro sexual por nenhum lado. Não o vejo, não tem. No começo, eu a percebo como uma mulher incrível, com um corpo tonificado. Então, nós fazemos sexo e eu gosto muito de que ela seja trans. Eu ocupo com ela um lugar passivo e me sossego. Mas, depois, vem a culpa novamente. Sinto-me mal.

Joyce McDougall (1998) diz que, em alguns casos, a dor, a angústia e mesmo a ameaça de morte devem ser atuadas; elas exigem a encenação como condição para a sobrevivência psíquica. Alguns caminhos que adotam o desejo e a sexualidade são um esforço para tolerar terrores arcaicos frequentemente ligados à separação da mãe, à aniquilação e à sensação de morte. Ela afirma que "mediante o desvio da erotização, fazem-se toleráveis fatores psíquicos que constituíam grandes angústias... a ansiedade é a mãe da invenção no teatro da psique" (McDougall, 1998, p. 280). Assim, as criações eróticas servem para reparar falhas na construção do sujeito e, ao mesmo tempo, protegem os objetos internalizados do ódio e da destruição.

Uma mãe, em virtude de seus próprios dilemas internos relacionados com as investiduras erógenas e as interdições sexuais, pode transmitir ao filho uma imagem corporal frágil, alienada, desprovida de erotismo ou mutilada, gerando dificuldades na capacidade de internalizar objetos sexuais originários como núcleos de identificações futuras. A cena erótica pode se relacionar com uma tentativa de proteção de autocura, contendo uma angústia de castração excessiva; também pode ser uma tentativa de se reconciliar com a imagem internalizada de um corpo frágil e danificado. O pai disfuncional pode se relacionar com um falo desprovido de seu caráter simbólico e pode ser reduzido ao *status* de um objeto parcial que persegue o sujeito ou que o sujeito idealiza e procura. Agora, uma atuação sexual pode significar uma vitória sobre objetos internos mortais, e a cena do ato sexual defende contra a desintegração narcisista: assim, apaga-se o terror da ameaça de perda de si (McDougall, 1998).

A este respeito, Armando diz:

A – Marilyn, a trans, está sempre disponível quando eu a chamo. Ela me diz para ficar tranquilo, que tudo vai passar. Quando a vejo, sinto-me seduzindo a uma mulher muito feminina, o homem mais capaz, mas depois eu a deixo fazer o que quiser comigo, como se me tivesse tornado submisso. Ela me penetra e me tranquiliza, mas, depois de um tempo, eu me sinto mal pelo que fiz. Eu não posso me acalmar sozinho? Depois eu procuro a minha namorada e, se ela já não está brava, sinto que quero ficar a vida toda do lado dela.

As identificações e as funções psíquicas derivadas solicitam uma indagação: ele não pode tolerar a sua angústia, o objeto também falha. Então, surge outro, uma figura que, no real, representa os dois objetos primários reunidos e valida sua configuração narcisista. Cura a angústia, mesmo que momentaneamente. Experimenta-se a sensação de plenitude, o sentido de continuidade de si. Só por um momento, mas a experimenta. Em seguida, surge a reclamação: "Como posso fazer isso com a minha namorada? Eu queria não precisar de Marilyn".

Quanto à estrutura edípica nas homossexualidades e na neossexualidade heterossexual, muitos sujeitos lembram-se de um vínculo excessivamente intenso com a mãe, enquanto o pai é mantido à margem dos papéis simbólicos. A importância de reinventar o ato sexual se revela vinculada a signos e comunicações enganosos acerca da identidade sexual; por isso, nas relações sexuais adultas, as dramaturgias que serão representadas serão complexas e com detalhes. Daí a disposição de Armando para se tornar o que o outro deseja e, ao mesmo tempo, o terror diante das exigências que não pode cumprir (McDougall, 1998).

Piera Aulagnier (1979), por sua vez, propõe a importância de analisar as caracterizações estabelecidas entre o eu, seus pensamentos, seu corpo e o eu do outro. Para que o eu vivencie a possibilidade da vida, quatro condições são necessárias: a) a preservação do corpo, já que o objeto permite sua existência humana; b) a catexização do eu pelo porta-voz, que lhe fornece seus pensamentos com funções identificantes; c) a possibilidade de pensamento e autocatexização do eu, enquanto existente; d) pelo menos um outro eu como ponto de acoplamento na realidade externa, um suporte de catexizações. O prazer mínimo, o prazer necessário resultante desses pontos permite que o eu catexize o ato psíquico. Mas a esse mínimo prazer deve juntar-se o prazer suficiente: ocorre quando o eu está convencido de que ele foi escolhido e que também tem sido capaz de escolher o que ele ama; o pensamento, o prazer próprio do amor sexual.

O que acontece psiquicamente quando o eu experimenta que o objeto que escolheu se confunde com os objetos de sua necessidade, aqueles mais ligados ao prazer mínimo? As escolhas de Armando se encontram, nesse intervalo, entre a necessidade de pensar-se a si mesmo e a de encontrar um referente no objeto – que, em seu caso, não compreende e, ao mesmo tempo, coloca a questão: "O outro me ama? Fui eu que o escolhi?". Como ele mesmo conclui: "Com toda essa confusão que sinto, a única coisa que me faz sentir livre agora é escrever. Pelo menos nisso eu escolho".

No limite do trans

O travesti apresenta um conjunto de signos e é aí, nesta performance de desafio à precisão do gênero e de se questionar sobre dentro/fora, ilusão/verdade, que está o seu caráter subversivo, diria Vendrell Ferré (2012).

Baudrillard (1981), por sua vez, argumenta que, se a feminilidade é o princípio da incerteza, este será maior onde a feminilidade propuser o jogo da incerteza: o travestismo; aí, na hesitação, reside a sedução. Ele também se pergunta se a força da sedução do travesti provém da paródia, "paródia do sexo, por meio da sobressignificação do sexo" (p. 14). Para ele, trata-se da paródia de feminilidade como os homens a imaginam, representam-na, como ela os acompanha em seus fantasmas.

Judith Butler (1999) introduz outros elementos para análise ao afirmar que o travesti subverte a divisão clássica entre espaço psíquico interno e externo; então, este/esta zomba do modelo que expressa o gênero, bem como da ideia de uma verdadeira identidade de gênero. É ali que realmente se encontra a paródia: no conceito de uma identidade de gênero original e primária; "a paródia é da noção de um original" (Butler, 1999, p. 269). A atuação do travesti altera a distinção entre a anatomia do ator e do gênero que se atua; o sexo anatômico, a identidade de gênero e a atuação de gênero propõem um conjunto de contingências. Ela conclui: "Ao imitar o gênero, a travestida manifesta de maneira implícita a estrutura imitativa do gênero em si, mesmo que sua contingência" (Butler, 1999, p. 269). O gênero é, segundo Butler, um estilo corporal e um ato, é intencional e performativo.

Voltando, então, às perguntas de Armando: o que ela espera dele? Em que ele vai se transformar? O que diabos ela quer? Penso, agora, na sua angústia também causada pela incerteza do papel que deve representar, pela dificuldade pensada para executar as múltiplas performances ao redor de sua vida de casal, pela pergunta sobre suas necessidades de prazer e, também, pelo problema da liberdade na escolha do objeto de amor sexual. Nessa leitura, então, o trans não é apenas Marilyn, também é Armando, sentindo terror sobre a nova imitação que pode ter pela frente e a dificuldade para sobreviver tendo de representar novamente um papel que ele não entende, que não compreende.

A partir da literatura

Aproximo-me, então, do campo da literatura para explorar algumas das noções que tenho levantado até agora, com base em dois livros de dois escritores latino-americanos: *O paraíso na outra esquina*, de Mario Vargas Llosa, e *Lady Masacre*, de Mario Mendoza.

Diz Vargas Llosa que Paul Gauguin estava fascinado com a percepção dos *mahu*, os homens-mulheres, que se arrumavam com flores na cabeça e nos tornozelos, pulsos e braços com ornamentos que eram próprios das fêmeas. Desde que conheceu Haapuani, queria pintá-lo. Este tinha sido um sacerdote de uma aldeia, antes da chegada dos sacerdotes franceses. A ele, foram atribuídos conhecimentos e poderes tradicionais desse ofício antigo ainda praticado em segredo. Às vezes, Haapuani se apresentava na Casa do Prazer vestido como um homem-mulher, e, embora isso fosse indiferente para seu povo, poderia ser censurado pelas igrejas e pelo poder civil. Poderia pintá-lo alguma vez? Por que sempre estava tão interessado nos *mahu*?

talvez porque no volúvel, semi-invisível, perseguido mahu, *abominado como uma aberração e um pecado por padres e pastores, sobrevivia a última característica indômita do selvagem maori, daquele do qual em breve, graças à Europa, não ficaria nenhuma amostra. O primitivo marquesano seria engolido e digerido pela cultura cristã e ocidental. A cultura que você teria defendido com tanto entusiasmo e tanta verba.... Engolido e digerido como tinha sido o taitiano. Na ordem, no que diz respeito à religião, à língua, à moral e, claro, ao sexo. Em um futuro próximo, as*

> *coisas seriam tão claras para os marquesanos como o foram para qualquer europeu, cristão e burguês. Havia dois sexos e isso era suficiente. Bem diferenciados e separados por um abismo intransponível: homem e mulher, macho e fêmea, pênis e vagina. A ambiguidade, no campo do amor e do desejo, era, como na fé, uma manifestação de barbárie e vício, tão degradante para a civilização como a antropofagia. (Vargas Llosa, 2013, p. 433)*

Mario Mendoza (2013), um escritor colombiano, conta a história de uma trans dedicada aos jogos de luta, chamada de Lady Masacre. Ela ocupa o lugar da reivindicação social na Colômbia marcada pela violência. Conta-se como segue:

> *era imponente, alta, com cabelo preto pendurado nas costas, olhos chineses e boca fina, delicada, como de uma atriz de cinema. Suas curvas se insinuavam atrás de uma bata vermelha, que a protegia. Se era tão bonita sem maquiagem, eu não a imagino com batom, com rímel, bem penteada e em jeans apertados. Pombo não estava errado ao sentir por ela paixões extremas que o arrastaram até a morte. (Mendoza, 2013, p. 269)*

Na verdade, Lady Masacre mata seu homem, por quê? Ela o ganhou porque percebeu nele a ausência da mãe e, em seguida, decidiu que o homem bêbado e boa-vida seria dela. Mas ele tentou fugir por achar que ela era de extração popular e com uma identidade original corporal escura para os outros. Então, ela toma a decisão.

Alguém gritou para mim que o problema estava em me deixar governar por meu coração, que eu devia lembrar, acima de tudo, que era uma lutadora, uma lutadora em todos os sentidos da palavra: assim tinha saído da pobreza, assim tinha me operado, assim tinha subido no ringue, assim tinha o seduzido e tinha me inscrito para estudar para advogada, e por isso eu tinha me tornado a esposa de um homem da alta sociedade: lutando, lutando gota a gota, impondo-me, sobrepondo-me, batalhando. Eu era uma guerreira e o tinha esquecido. E também de maneira fugaz, sem realmente saber de onde vinham essas ideias, lembrei-me do passeio na fazenda com ele, as manchas de sangue à beira da piscina, e imaginei os camponeses em fila aguardando a amputação, esperando que passasse a motosserra pelos braços e as pernas, e senti que na minha mão estava a vingança, vingança, eu era a única que agora poderia cobrar a conta que essa classe alta arrogante, mentirosa e trapaceira tinha com a gente, com os pobres, com aqueles que, para eles, eram apenas carne para canhão. (Mendoza, 2013, p. 284)

Da psicanálise, devemos exigir até mesmo algum olhar subversivo: o que comove, sobre a fenda, sobre o chão da ferida. É quando a psicanálise mantém o seu caráter questionador e emancipatório.

Referências

Aulagnier, P. (1979). El yo y el placer. In P. Aulagnier, *Los destinos del placer: alienación, amor, pasión* (pp. 175-189). Buenos Aires: Paidós.

Baudrillard, J. (1981). *De la seducción.* Madrid: Cátedra.

Butler, J. (1999). *El género en disputa: el feminismo y la subversión de la identidad.* Paidós: Barcelona.

Freud, S. (1976a). La escisión del yo en el proceso defensivo. In S. Freud, *Obras completas* (Vol. 23, pp. 271-278). Buenos Aires: Amorrortu. (Trabalho original publicado em 1940).

Freud, S. (1976b). Fetichismo. In S. Freud, *Obras completas* (Vol. 21, pp. 141-152). Buenos Aires: Amorrortu. (Trabalho original publicado em 1927).

Freud, S. (1976c). Inhibición, síntoma y angustia. In S. Freud, *Obras completas* (Vol. 20, pp. 71-164). Buenos Aires: Amorrortu. (Trabalho original publicado em 1926).

McDougall, J. (1998). *Las mil y una caras del Eros: la sexualidad humana en busca de soluciones.* Barcelona: Paidós.

Mendoza, M. (2013). *Lady Masacre.* Bogotá: Planeta.

Vargas Llosa, M. (2003). *El paraíso en la otra esquina.* Cidade do México: Alfaguara.

Vendrell Ferré, J. (2012). Sobre lo trans: aportaciones desde la antropología. *Cuicuilco, 19*(54), 117-138.

22. A biologia como destino...?[1]

Alexandre Saadeh

Introdução

Discutir a transexualidade requer olhar cuidadoso sobre alguns conceitos, mais precisamente sobre identidade, sexo, gênero e corpo. Antes mesmo de nascermos, características já são atribuídas a nós. Somos chamados de menino ou menina da ultrassonografia ao nascimento, confirmando a crença de que a anatomia genital pode designar nossa identidade de gênero. Conforme crescemos, somos direcionados a acreditar que homens são de um jeito e mulheres de outro, formando, assim, uma "identidade sexuada". *Identidade pode ser* entendida como o reconhecimento de um conjunto de *características e traços particulares que caracterizam uma pessoa* (nome, sexo, data de nascimento etc.), como também a consciência que uma pessoa tem dela própria tornando-a única, porém com características comuns às de outras pessoas (Louro & Silva, 2006). Já o conceito de identidade de gênero está vinculado ao entendimento de uma

---

1 Trabalho apresentado no XII Diálogo Latino-Americano Intergeracional entre Homens e Mulheres – Desafios da Psicanálise frente às Novas Configurações Sexuais e Familiares, nos dias 3 e 4 de junho de 2016, na Sociedade Brasileira de Psicanálise de São Paulo (SBPSP).

378　A BIOLOGIA COMO DESTINO...?

pessoa sobre os próprios sexo e gênero, ou seja, sua singularidade e sua especificidade associadas a aspectos culturais e biológicos, seus desejos, suas escolhas e seus afetos (Teixeira, 2006).

A construção do gênero e da sexualidade representa um processo minucioso no decorrer da vida e se dá por meio de aprendizagem e vivências ao longo de nossa história (Louro, 2008). Segundo o *Manual diagnóstico e estatístico de transtornos mentais* – DSM-5 (APA, 2013), os termos se diferem em características peculiares: "sexo" é utilizado para classificar a anatomia humana referindo-se ao dado físico e biológico, assinalado pela presença do aparelho genital que difere o ser humano enquanto macho ou fêmea (Nogueira, 1996; APA, 2013); já o gênero refere-se ao contexto social do indivíduo e dá ênfase a todo um sistema de relações formado por uma série de regras, comportamentos e construções corporais não garantidos pela biologia, sendo que alguns indivíduos apresentam características e identificações masculinas e femininas diferentes de sua anatomia de nascimento (APA, 2013; Löwy & Rouch, 2003; Oliveira & Knöner, 2005).

Aspectos históricos e epidemiológicos

Dentro da perspectiva histórica, abordei (Saadeh, 2004) em meu estudo aspectos mitológicos, históricos e transculturais que remetem à evolução de costumes e crenças a respeito do tema, como também à dificuldade de entender o fenômeno "desde as simbolizações mitológicas até as conceituações científicas mais aceitas e atuais" (p. 10). Encontram-se referências mitológicas desde a cultura greco-romana, da qual cito diversos personagens e suas histórias, dentre eles Afrodite, Atis e seus sacerdotes, o deus chamado Hermafrodita, que apresentava grande semelhança com os travestis atuais por possuir mamas e pênis, os Citas e Tirésias. Este último, um vidente, fora transformado em mulher por castigo dos deuses após ter separado duas cobras que copulavam e matado a fêmea; viveu assim por alguns anos até vivenciar a mesma situação e, então, matar o macho, sendo transformado em homem novamente. Abordo também o livro hindu *Mahabharata* (em que um rei se transforma em mulher após se banhar num rio mágico) e a Idade Média (no livro *Malleus Maleficarum*, somente uma mulher poderia se transformar em homem, uma vez que era vista como um homem inacabado).

Na história, não existem relatos anteriores ao Império Romano de homens e mulheres vivendo como pessoas do sexo oposto ao do seu nascimento. Contudo, cito os eunucos, guardiões de leitos, que tinham o pênis retirado. Cito ainda o imperador Nero, que transformou um escravo em sua amada Popeia, que havia matado, e o imperador romano Heliogábalo, que se casou com um escravo e ofereceu seu reino a quem transformasse a sua genitália de masculina em feminina. Já na Renascença, cito Chevalier D'eon (principal personagem *cross-gender* que viveu 45 anos como homem e 34 como mulher).

No aspecto transcultural, cito os *yuman*, que acreditavam que a atribuição de papéis de gênero era definida quando os jovens sonhavam pertencer ao gênero oposto ao do nascimento, ocorrendo o que chamavam de "mudança de espírito" (Saadeh, 2004). Mesmo sendo estudado desde o século XIX, foi Hirschfeld (Saadeh, 2004), no século XX, um dos primeiros a usar o termo transexual em seu livro no qual discute as variações e as motivações de diversos homens e mulheres que se transvestem. Existem também outros nomes da literatura científica que abordaram o termo, como o sexólogo David Caudwell em 1949. Mas é Harry Benjamin, na década de 1960, que inclui o termo transexualismo na medicina, projetando tratamento e estudando intensamente o tema. O psicólogo John

380 A BIOLOGIA COMO DESTINO...?

Money, nos anos 1960, também estudou, por meio de pesquisas com crianças intersexuais, a diferenciação entre gênero e sexo biológico, relacionando o conceito de gênero exclusivamente a aspectos socioculturais. Outro autor, Robert Stoller (1982), em meados dos anos 1960, atribuiu ao sexo uma definição biológica e ao gênero uma definição sociopsicológica (Saadeh, 2004).

Porém, foi na década de 1970 que o termo disforia de gênero foi criado e ampliaram-se as pesquisas sobre transexualismo, reconhecido como síndrome nessa época (Saadeh, 2004). Em 1975, muitos estudos passaram a utilizar o termo gênero com o objetivo de compreender como as diferenças sexuais induzem o comportamento das pessoas em uma sociedade (Praun, 2011). Por sofrer influências biopsicossociais no desenvolvimento da identidade de gênero (uma categoria da identidade vinculada à vivência ou não da pessoa como homem ou mulher), nem todos os indivíduos vão se perceber homens ou mulheres (APA, 2013; Löwy & Rouch, 2003; Oliveira & Knöner, 2005).

Em 1980, o termo foi incluído no DSM-III, tendo como única possibilidade de tratamento a readequação sexual com cirurgia e a utilização de hormônios. Já no DSM-IV, o termo transexualismo foi substituído por transtorno de identidade de gênero com o intuito de retirar o estigma e possibilitar uma analogia dos conceitos (Saadeh, 2004).

O TIG é considerado uma condição rara e há uma variedade nos índices de prevalência descritos na literatura, que vão de 1 para 11.900 a 1 para 45.000 para mulheres transexuais (indivíduos 46, XY, com fenótipo masculino normal que desejam viver e ser aceitos como mulheres) e 1 para 30.400 a 1 para 200.000 para homens transexuais (indivíduos 46, XX, com fenótipo feminino normal que desejam viver e ser aceitos como homens) (Cohen-Kettenis & Pfäfflin, 2003; DeCuypere et al., 2007; WPATH, 2012).

Em países com clínicas específicas para TIG na infância e na adolescência, a prevalência é estimada em uma magnitude menor que 1% (Cohen-Kettenis & Pfäfflin, 2003). Geralmente, ocorre uma estimativa indireta retrospectiva levando-se em conta que o comportamento *cross-gender* é muito comum na infância de homossexuais adultos masculinos ou femininos. As pesquisas indicam valores próximos a 2-6% em meninos e 2% em meninas (Sandfort, 1998).

Na fase escolar, apesar da variação da fase pré-púbere para a púbere, estudos norte-americanos dão resultados muito díspares dos de outros países (Achenbach & Edelbrock, 1981; Cohen-Kettenis & Pfäfflin, 2003; McCloskey, 2008; Greytak, Kosciw, & Diaz, 2009). Desde a pesquisa original de Pauly (1968), em que a prevalência estimada em adultos seria de 1 para 100.000 em homens e 1 para 400.000 em mulheres, teria havido um aumento nos últimos anos: Bélgica (De Cuypere et al., 2007) – 1 para 12.900 homens e 1 para 33.800 mulheres; Espanha (Gómez et al., 2006) – 1 para 21.031 homens e 1 para 48.096 mulheres; Nova Zelândia (Veale, 2008) – 1 para 3.639 homens e 1 para 22.714 mulheres.

O TIG é mais comum em homens que em mulheres (levando em conta o sexo anatômico ao nascimento) na proporção de 3 para 1, com exceção da Polônia, do Japão e da antiga Checoslováquia, onde ocorreria na proporção de cinco mulheres para cada homem (Cohen-Kettenis & Pfäfflin, 2003). Uma informação interessante é que nem todas as crianças com TIG se tornarão adultos transexuais. A grande maioria se descobrirá homossexual (Rowland & Incrocci, 2008). Cohen-Kettenis e Pfäfflin (2003) revelam que entre 6-23% de crianças e adolescentes com esse transtorno solicitarão cirurgia de redesignação sexual na fase adulta. Tal variação, tão ampla, talvez possa revelar que muitas crianças com o transtorno não contam com o auxílio familiar para sua identificação e a busca de auxílio.

382　A BIOLOGIA COMO DESTINO...?

Psicopatia e a construção do diagnóstico

O cuidado clínico na realização do diagnóstico e na elucidação dos diagnósticos diferenciais é etapa fundamental para o trabalho médico, psicológico e social que se pretenda fazer, pois a busca de um instrumento objetivo de elucidação diagnóstica ainda não se mostrou frutífera.

As manifestações dos TIG são muito parecidas, sendo a transexualidade uma das possibilidades existentes. Tal fato, pela sua complexidade, acabou gerando terminologias muitas vezes confusas a esse respeito, que aparecem o tempo todo nas diferentes mídias e redes sociais (Quadro 22.1).

Quadro 22.1 – *Os diferentes termos e suas definições*

Termo	Definição
Cisgênero	Homem ou mulher cuja identidade de gênero concorda com o sexo biológico (características físicas) e com o comportamento ou papel considerado socialmente aceito
Transexual	Pessoa cuja identidade de gênero e/ou papel de gênero (o que uma pessoa diz ou faz publicamente para expressar sua identidade de gênero) é diferente do gênero atribuído ao nascimento, geralmente ligado à anatomia da genitália externa. Pode ou não ter realizado hormonioterapia ou procedimentos cirúrgicos como a cirurgia de redesignação sexual
Travesti	Usado no Brasil para identificar uma pessoa que nasceu com as características físicas do gênero masculino, mas se identifica com o gênero feminino. Vivenciam papéis de gênero femininos, mas não se reconhecem como homens nem como mulheres, mas como membros de um gênero próprio travesti. Podem recorrer a cirurgias plásticas ou hormonioterapia para adequarem seu físico à sua identidade

(continua)

Quadro 22.1 – *Os diferentes termos e suas definições (continuação)*

Intersexo	Antes chamados de hermafroditas ou pseudo-hermafroditas, são homens ou mulheres que nasceram com alguma anomalia ou malformação na genitália masculina ou feminina e, por vezes, necessitam de hormonoterapia ou cirurgias durante seu desenvolvimento
Não binários/ *Genderqueer*	Não se identificam com o gênero masculino nem com o feminino ou transitam entre os gêneros
Cross-dresser	Gostam de usar roupas ou acessórios relativos ao gênero oposto ao do nascimento, na maioria das vezes não em tempo integral, e não há identificação pessoal com o gênero oposto. Pode estar associado a situações de fetiche (quando a pessoa obtém alguma gratificação sexual ou utiliza roupas e acessórios do gênero oposto para obtenção de prazer sexual)
Drag queen	Homem que se veste ou usa acessórios como uma mulher estereotipada ou exagerada para shows e performances artísticas
Drag king	Mulher que se veste ou usa acessórios como um homem estereotipado ou exagerado para shows e performances artísticas
Transformista	Termo muito popular nas décadas de 1980/90, referia-se a homens que se vestiam como mulheres para apresentações performáticas sem uma vivência integral ou uma identificação com o gênero feminino nem relação com a obtenção de prazer sexual

Expressões como *disforia de gênero, transtorno de identidade de gênero, transtorno de identidade sexual* e *transgênero* foram e ainda são utilizados como sinônimos, designando uma síndrome, sendo o transexualismo uma das possibilidades diagnósticas desta.

O indivíduo transexual é aquele que possui uma identidade de gênero oposta ao sexo designado ao nascimento e procura fazer uma adequação/transição de seu sexo de nascimento para o gênero desejado (sexo-alvo) por meio de assistência médica, psicológica e social, por exemplo: tratamentos hormonais, psicoterapia, alteração de nome em registro civil e cirurgias plásticas e de redesignação sexual (APA, 2013; Zucker, 2007).

Hoje, em termos de critérios diagnósticos, há três referências importantes: o DSM-5 da American Psychiatric Association (2013), o *Código Internacional de Doenças* – CID-10, da Organização Mundial da Saúde (1993), e os *Standards of care for gender identity disorders*, sétima edição, da antiga The Harry Benjamin International Gender Dysphoria Association, atual The World Professional Association for Transgender Health (2012).

Segundo o CID-10, o TIG – transexualismo (F64) refere-se à condição de um indivíduo que possui uma identidade de gênero diferente do sexo de nascimento, ou seja, um desejo incontrolável de ser reconhecido em todos os âmbitos de sua vida como um ser do sexo oposto ao anatômico (Castel, 2001).

Recentemente, o termo disforia de gênero (DG) foi estabelecido no DSM-5 substituindo o TIG, com o intuito de diminuir a estigmatização e ampliar o respeito e o acesso à saúde, uma vez que a não identificação de uma pessoa com o seu sexo anatômico não representa uma desordem mental. A mudança também visou englobar a disforia em crianças, adolescentes e adultos (APA, 2013). Esse termo surgiu a partir de uma revisão dos critérios diagnósticos do DSM-IV-TR para transtornos de identidade de gênero frisando a discordância entre o sexo anatômico e como este é vivenciado pelo indivíduo, com a presença marcante de angústia e sofrimento clinicamente significativo associados a essa condição. Dessa maneira, a alteração do DSM-5 levou a ênfase da problemática clínica à disforia, e não mais ao gênero (APA, 2013; OMS, 1993).

A transexualidade manifesta-se de diversas maneiras, sempre com um forte desejo de ser reconhecido como do gênero oposto e apresentando sentimentos e comportamentos típicos do gênero desejado (Cohen-Kettenis & Pfäfflin, 2003). A presença do sentimento de inadequação conduz ao sofrimento biopsicossocial em relação ao próprio sexo, não necessariamente negando sua anatomia, mas, como dito anteriormente, podendo levar à decisão pelo procedimento cirúrgico. Porém, não ter acesso ou mesmo conhecimento quanto à assistência pode levar muitos indivíduos a colocarem suas vidas em risco com comportamentos autolesivos, como automutilações e até mesmo o suicídio. Mesmo assim, muitos estudos afirmam que o TIG é em si um fator de risco para a automutilação genital (Catalano, Catalano, & Carroll, 2002; Premand & Eytan, 2005).

Para os transexuais, a cirurgia para redesignação sexual é um processo que visa garantir ao indivíduo não só a harmonização entre o sexo anatômico e o gênero do qual sente ser, mas também a inserção na vida social, sendo a cirurgia um dos meios de garantir uma maior compreensão social, ampliando as possibilidades para a construção do gênero com o qual se identificam. A importância vai variar de pessoa para pessoa, afinal, não é para todos que ela representa o fim de dificuldades, não aceitação e sofrimento (Bento, 2003).

De acordo com o estudo transversal feito com 125 adultos com disforia de gênero atendidos na Unidade de Identidade de Gênero do Hospital Clínico de Barcelona, na Espanha, que participaram de um estudo sobre qualidade de vida antes da cirurgia de redesignação sexual, cerca de metade dos participantes percebe sua vida sexual como ruim ou insatisfatória, atribuindo uma melhor percepção subjetiva da qualidade de vida a ter parceiros íntimos, receber tratamento hormonal e sofrer menos sentimentos negativos.

Os motivos que levam o sujeito a desejar a cirurgia são diversos e estão relacionados à individualidade e aos muitos contextos de vida de cada um. Já a decisão pelo procedimento de redesignação sexual é sempre considerada de alto risco com referência aos cuidados com o estranhamento do próprio corpo e a adaptação ao novo gênero.

Apesar das novas concepções e práticas da saúde acreditarem que o ser humano deve ser considerado um sujeito biopsicossocial (Johnson, Brett, Roberts, & Wassersug, 2007a, 2007b), as dificuldades enfrentadas na vida são inúmeras, e não é raro transexuais vivenciarem, na infância e na adolescência, ambientes hostis que proporcionem situações de conflito, discriminação, opressão, assédio e violência física/moral (Harper & Schneider, 2003), objeções em empregos, habitação e educação e acesso restrito aos serviços de saúde, sofrendo abuso físico em muitas situações, provenientes de pessoas próximas ou não. Todas essas situações contribuem para um comportamento de isolamento, muitas vezes levando a quadros de transtornos psiquiátricos associados como transtornos de humor, ansiedade, personalidade e dependência de substâncias (Harper & Schneider, 2003). O desejo por um corpo que corresponda à própria identidade, muitas vezes, é acentuado na adolescência pelo descontentamento com áreas corporais que revelam o sexo anatômico e sua incongruência com o gênero a que sentem pertencer (Harper & Schneider, 2003). Existe, então, uma busca pela adequação do corpo a uma identidade, não necessariamente negando sua anatomia sexual (Sampaio & Coelho, 2012), e isso pode ocasionar uma diminuição na autoconfiança e na resiliência do indivíduo (Harper & Schneider, 2003).

Diante disso, o desconforto pela discordância entre o sexo biológico e o gênero desejado e o sofrimento psíquico vivenciado de longe não representam os únicos impasses enfrentados por essas pessoas (Sampaio & Coelho, 2012).

DG na infância e na adolescência

No Brasil, como em quase todos os países de cultura ocidental, a expectativa do nascimento de uma criança sempre envolve o corpo bem-formado e o sexo definido. Seja menino ou menina, a família se organiza e prepara o clima e o ambiente para essas duas únicas possibilidades. Nenhum pai ou mãe espera ou deseja que seu filho seja homossexual ou transgênero, muito pelo contrário. Não por discriminação, mas, culturalmente, isso nem é levado em conta.

Na infância, a incongruência entre as manifestações de gênero e a identidade de gênero da criança costuma ser percebida, ou como transicional, ou ligada à superproteção materna. Aparentemente, uma reprimenda ou uma correção de postura, roupa, comportamento e expressividade pode amenizar ou resolver a situação.

Na puberdade, as manifestações de inconformidade entre a identidade e o papel de gênero podem ser entendidas e explicadas por transgressão dessa fase etária. Já na adolescência e na juventude, essa tensão atinge sua máxima intensidade, gerando conflitos, problemas de relacionamento familiar e consequências importantes para todos. Pesquisas históricas ou transculturais sobre comportamentos ou manifestações transgêneros na infância e na adolescência são um espaço em branco e abrem um amplo campo de trabalho no futuro. Apesar da normatização do Conselho Federal de Medicina (2010) para o processo transexualizador em adultos, para crianças e adolescentes, ainda há muito a ser discutido e realizado. Esse é um campo aberto para pesquisa e tratamento.

388 A BIOLOGIA COMO DESTINO...?

Referências

Achenbach, T. M., & Edelbrock, C. S. (1981). Behavioral problems and competencies reported by parentes of normal and disturbed children aged four through sixteen. *Monograph of the Society for Research in Child Development, 46*(1), 1-82.

American Psychiatric Association. (2013). *Diagnostic and statistical manual of mental disorders – DSM 5* (5th ed.). Washington, DC: APA.

Bento, B. (2003). Transexuais, corpos e próteses. *Labrys Estudos Feministas,* 4. Recuperado de http://www.tanianavarroswain.com.br/labrys/labrys4/textos/berenice2mf.htm.

Castel P. H. (2001). Algumas reflexões para estabelecer a cronologia do "fenômeno transexual" (1910-1995). *Revista Brasileira de História, 21*(41), 77-111.

Catalano, G., Catalano, C. C., & Carrol, K. M. (2002). Repetitive male genital self-mutilation: a case report and discussion of possible risk factors. *Journal of Sex and Marital Therapy, 28*(1), 27-37.

Cohen-Kettenis, P., & Pfäfflin, F. (2003). *Transgenderism and intersexuality in childhood and adolescence: making choices.* Thousand Oaks: Sage.

Conselho Federal de Medicina (CFM). (2010, 3 de setembro). Resolução n. 1.955. Dispõe sobre a cirurgia de transgenitalismo e revoga a Resolução CFM n. 1.652/2002. *Diário Oficial da União,* Brasília.

De Cuypere, G., Van Hemelrijick, M., Michel, A., Carael, B., Heylens, G., Rubens, R., Hoebeke, P., & Monstrey, S. (2007). Prevalence and demography of transsexualism in Belgium. *European Psychiatry, 22,* 137-141.

Gómez, G. E., Trilla, G. A., Godás S. T., Halperin, R. I., Puig, D. M, Vidal, H. A., & Peri Nogués, J. M. (2006). Estimation of prevalence, incidence and sex ratio of transsexualism in Catalonia according to health care demand. *Actas Españolas de Psiquiatría, 34*, 295-302.

Greytak, E. A., Kosciw, J. G., & Diaz, E. M. (2009). *Harsh realities: the experiences of transgender youth in our nation's schools.* New York: GLSEN.

Harper, G. W., & Schneider. M. (2003). Oppression and discrimination among lesbian, gay, bisexual, and transgendered people and communities: a challenge for community psychology. *American Journal of Community Psychology, 31*(3), 243-252.

Johnson, T. W., Brett, M. A., Roberts, L. F., & Wassersug, R. J. (2007a). Eunuchs in contemporary society: characterizing men who are voluntarily castrated (Part I). *The Journal of Sexual Medicine, 4*(4), 930-945.

Johnson, T. W., Brett, M. A., Roberts, L. F., & Wassersug, R. J. (2007b). Eunuchs in contemporary society: expectations, consequences, and adjustments to castration (Part II). *The Journal of Sexual Medicine, 4*(4), 946-955.

Louro, G. L. (2008). *Gênero e sexualidade: pedagogias contemporâneas.* Campinas: Pro-Posições.

Louro, G. L., & Silva, T. T. (2006). *A identidade cultural na pós-modernidade.* Rio de Janeiro: DP&A.

Löwy, I., & Rouch, H. (2003). Genése et development du genre: les sciences et les origines de la distinction entre sexe et genre. *Cahiers du Genre, 34*, 5-16.

McCloskey, D. (2008). Politics in scholarly drag: Dreger's assault on the critics of Bailey. *Archives of Sexual Behavior, 37*(3), 466-468.

Nogueira, M. C. O. C. (1996). *Um novo olhar sobre as relações sociais de gênero: perspectiva feminista crítica na psicologia social* (Tese de doutorado). Universidade do Minho, Instituto de Educação e Psicologia, Braga.

Oliveira, A. S., & Knöner, S. F. (2005). *A construção do conceito de gênero: uma reflexão sob o prisma da psicologia* (Trabalho de conclusão de curso). Fundação Universidade Regional de Blumenau, Blumenau.

Organização Mundial da Saúde (OMS). (1993). *Classificação de transtornos mentais e do comportamento da CID-10: descrições clínicas e diretrizes diagnósticas.* Porto Alegre: OMS.

Pauly. I. (1968). The current states of the change of sex operation. *Journal of Nervous and Mental Disease, 147*(5), 460-471.

Praun, A. G. (2011). Sexualidade, gênero e suas relações de poder. *Revista Húmus, 1*(1), 55-65.

Premand, N. F., & Eytan, A. (2005). A case of non-psychotic autocastration: the importance of cultural factors. *Journal of Psychiatry: interpersonal and biological processes, 68*(2), 174-178.

Rowland, I., & Incrocci, L. (2008). *Handbook of sexual and gender identity disorders.* Hoboken: Wiley.

Saadeh, A. (2004). *Transtorno de identidade sexual: um estudo psicopatológico de transexualismo masculino e feminino* (Tese de doutorado). Faculdade de Medicina da Universidade de São Paulo, São Paulo.

Sampaio, L. L. P., & Coelho, M. T. A. D. (2012). Transexualidade: aspectos psicológicos e novas demandas ao setor saúde. *Interface, 16*(42), 637-649.

Sandfort, T. G. M. (1998). *Homosexual and bisexual behaviour in European countries.* In M. C. Hubert, N. Bajos, & T. G. M.

Sandfort (Eds.), *Sexual behaviour and HIV/AIDS in Europe* (pp. 68-105). London. UCL.

Stoller, R. J. (1982). *A experiência transexual*. Rio de Janeiro: Imago.

Teixeira, M. C. (2006). Mudar de sexo: uma prerrogativa transexualista. *Psicologia em Revista*, *12*(19), 66-792.

The World Professional Association for Transgender Health (WPATH). (2012). *Standards of care for the health of transsexual, transgender, and gender nonconforming people* (7th version). Recuperado de http://www.wpath.org/publications_standards.cfm.

Veale, J. F. (2008). Prevalence of transsexualism among New Zealand passport holders. *Australian and New Zealand Journal of Psychiatry*, *42*, 887-889.

Zucker, K. J. (2007). Gender identity disorder in children, adolescents, and adults. In G. O. Gabbard (Ed.), *Gabbard's treatments of psychiatric disorders* (4th ed., pp. 683-701). Washington, DC: APA.

Bibliografia complementar

Aran, M., & Murta, D. (2009). Do diagnóstico de transtorno de identidade de gênero às redescrições da experiência da transexualidade: uma reflexão sobre gênero, tecnologia e saúde. *Physis* [online], *19*(1), 15-41.

Grossman, A. H., & D'Augelli, A. R. (2006). Transgender youth: invisible and vulnerable. *Journal of Homosexuality, 51*(1), 111-128.

Lombardi, E. (2001). Enhacing transgender heath care. *American Journal of Public Health, 91*, 869-872.

McDermott, E., Roen, K., & Scourfield, J. (2008). Avoiding shame: young LGBT people, homophobia and self-destructive behaviors. *Cult Health Sex, 10*(8), 815-829.

Oppenheimer, A. (1991). The wish for a sex change: a challenge to psychoanalysis? *International Journal of Psychoanalysis, 72*(2), 221-231.

Ovesey, L., & Person, E. S. (1999). Gender identity and sexual psychopathology in men: a psychodynamic analysis of homosexuality, transsexualism, and transvestism. In E. S. Person, *The sexual century* (pp. 91-109). New Haven: Yale University Press. (Trabalho original publicado em 1973).

Person, E. S., & Ovesey, L. (1999). The transsexual syndrome in males: primary transsexualism. In E. S. Person, *The sexual century* (pp. 110-126). New Haven: Yale University Press. (Trabalho original publicado em 1974).

Saadeh, A. (2011). Transtorno de identidade de gênero. In E. C. Miguel, V. Gentil, & W. F. Gattaz, *Clínica psiquiátrica* (pp. 977-993). Barueri: Manole.

Saadeh, A., & Gagliott, D. A. M. (2014). *Epidemiological and social demographic characteristics of gender dysphoria in an ambulatory population in São Paulo, Brazil.* Trabalho apresentado no American Psychiatric Association's 167th Annual Meeting, New York, 3-7 maio.

Terada, S. et al. (2011). Suicidal ideation among patients with gender identity disorders. *Psychiatry Research, 190*(1), 159-162.

Terada, S. et al. (2012). School refusal by patients with gender identity disorder. *General Hospital Psychiatry, 34*(3), 299-303.

Zucker, K. J., & Bradley, S. J. (1995). *Gender identity disorder and psychosexual problems in children and adolescents.* New York: Guilford Press.

Sobre os autores

Alexandre Saadeh é psiquiatra, psicodramatista e coordenador do Ambulatório Transdisciplinar de Identidade de Gênero e Orientação Sexual do Núcleo de Psicologia e Psiquiatria Forense do Instituto de Psiquiatria do Hospital das Clínicas da Universidade de São Paulo (USP). Professor no curso de Psicologia da Pontifícia Universidade Católica de São Paulo (PUC-SP). Escreve sobre cirurgia de transgêneros.

Almira Rodrigues é psicanalista e membro associado da Sociedade de Psicanálise de Brasília (SPBsb). Membro de enlace entre a SPBsb e o Comitê Mulheres e Psicanálise (COWAP) desde 2015 e membro do COWAP para a América Latina (2016-2017). Doutora e mestre em Sociologia pela Universidade de Brasília (UnB), com a tese *Cidadania nas relações afetivo-sexuais no Brasil contemporâneo: uma questão de políticas públicas* (1998) e a dissertação *Relações amorosas: uma incursão sociológica no processo amoroso* (1992), respectivamente. Publicou artigos sobre feminismo e sobre mulheres em relação a política e poder e, atualmente, dedica-se a combinar as perspectivas psicanalítica e sociológica sobre gênero e sexualidade.

Andrea Escobar Altare é psicóloga, especialista em Psicologia Clínica e mestre em Psicologia. Psicanalista e membro efetivo da Sociedade Colombiana de Psicanálise. Especialista em Criação Narrativa e mestre em Criação Literária.

Cláudio Laks Eizirik é psiquiatra, membro efetivo e analista didata da Sociedade Psicanalítica de Porto Alegre. Professor titular de Psiquiatria da Universidade Federal do Rio Grande do Sul e ex-presidente da Associação Psicanalítica Internacional (IPA) e da Federação Psicanalítica da América Latina (Fepal). Coordenador do Comitê de Psicanálise e Saúde Mental e do Comitê de Novos Grupos, ambos da IPA. Ganhador do prêmio Sigourney 2011 e autor de vários livros.

Cândida Sé Holovko é psicanalista de adolescentes e adultos e membro efetivo da Sociedade Brasileira de Psicanálise de São Paulo (SBPSP). *Co-chair* do Comitê Mulheres e Psicanálise (COWAP) para a América Latina e membro de ligação do COWAP junto à SBPSP (2005-2008). Editora do *Jornal de Psicanálise* do Instituto de Psicanálise de São Paulo e membro em formação no Institute de Psychosomatiquee Pierry Marty de Paris. Organizadora com Patrícia Alkolombre do livro *Parentalidades y género: su incidência en la subjetividade* (2016), da editora Letra Viva, e com Thonson-Salo do livro *Changing sexualities and parental functions in the twenty-first century* (2017), publicado pela Karnac. Escreve sobre feminilidade, masculinidade, violência sexual e psicossomática psicanalítica.

Cristina Maria Cortezzi é membro efetivo da Sociedade Brasileira de Psicanálise de São Paulo (SBPSP). Psicanalista de adolescentes e adultos e docente do Instituto de Psicanálise da SBPSP, ministrando o seminário eletivo "A escrita em psicanálise". Mestre em Psicologia Clínica pela Pontifícia Universidade Católica de São Paulo (PUC-SP) com a tese *Singularidades do ressentimento no feminino*.

Participa das atividades do Comitê Mulheres e Psicanálise (CO-WAP) desde 2002, apresentando trabalhos em congressos e jornadas. Membro de ligação do COWAP junto à SBPSP. Escreve sobre mágoa, sentimento de culpa e escrita em psicanálise.

Ema Ponce de León Leiras é phd, psicóloga clínica e psicanalista de crianças, adolescentes e adultos. Membro efetivo e analista didata da Associação Psicanalítica do Uruguai (APU). Fundadora (1991) e diretora da Clínica del Niño – Centro del Adolescente, um centro interdisciplinar para a assistência à criança e ao adolescente, em Montevidéu, no Uruguai. Representa o Uruguai como membro de ligação do Comitê Mulheres e Psicanálise (COWAP). Escreve sobre constituição psíquica; clínica do corporal, do não verbal e do traumático; dificuldades de simbolização e psicopatologia da primeira infância; abordagens interdisciplinares; e maternidade adolescente.

Estela V. Welldon é psicoterapeuta psicanalítica e psiquiatra consultora honorária na Tavistock and Portman NHS Foundation Trust de Londres. Fundadora da Associação Internacional de Psicoterapia Forense e presidente honorária por vida. Membro do Colégio Real de Psiquiatras. Membro destacado da Associação Britânica de Psicoterapia, do Conselho da Psicanalítica Britânica e da Confederação de Psicoterapeutas Britânicos. Membro honorário do Instituto de Análise de Grupo e da Sociedade de Psicoterapeutas da Clínica Tavistock. Escreve sobre violência sexual, perversão materna e questões forenses.

Fernando Orduz González é psicólogo e psicanalista. Presidente da Federação Psicanalítica da América Latina (Fepal). Mestre em Comunicação e Cultura. Membro efetivo e analista didata do Instituto da Sociedade Colombiana de Psicanálise. Professor universitário de curso de pós-graduação da Faculdade de Artes e Psicologia. Escreve sobre arte e cultura.

Frances Thomson-Salo é analista didata de crianças, adolescentes e adultos. Membro da Sociedade Britânica de Psicanálise e ex-presidente da Sociedade Psicanalítica da Austrália. Membro do conselho editorial do *International Journal of Psychoanalysis*. *Chair* internacional do Comitê Mulheres e Psicanálise (COWAP) entre 2009 e 2015. Editora pela Karnac da série *Psychoanalyisis and Women*, em que organizou com colegas de diversos países vários livros sobre feminilidade, masculinidade, mitos da mulher, diversidade sexual etc.

Gertraud Schlesinger-Kipp é psicóloga, psicanalista e membro efetivo da Associação Psicanalítica da Alemanha (DPV) e da Associação Psicanalítica Internacional (IPA), da qual foi presidente de 2006 a 2008. De 2009 a 2011, foi membro do conselho da Federação Psicanalítica Europeia e da IPA. Foi *co-chair* e consultora do COWAP para a Europa e *chair* internacional do COWAP de 2015 a 2017. Possui vários textos publicados sobre desenvolvimento feminino através do ciclo vital, sexualidade, trabalho do sonho, crianças na Segunda Guerra Mundial e abordagem psicoterapêutica nos campos de refugiados da Alemanha.

Gley P. Costa é médico, psiquiatra e psicanalista. Membro fundador, efetivo e analista didata da Sociedade Brasileira de Psicanálise de Porto Alegre. Professor da Fundação Universitária Mário Martins. Autor de mais de cem artigos de psiquiatria e psicanálise publicados em revistas nacionais e estrangeiras. Livros publicados: *Guerra e morte* (Imago, 1988), *Dinâmica das relações conjugais* (Artmed, 1992), *Conflitos da vida real* (Artmed, 1997), *A cena conjugal* (Artmed, 2000), *O amor e seus labirintos* (Artmed, 2007) e *A clínica psicanalítica das psicopatologias contemporâneas* (Artmed, 2010).

João A. Frayze-Pereira é psicanalista, membro efetivo e analista didata da Sociedade Brasileira de Psicanálise de São Paulo (SBPSP). Professor livre-docente do Instituto de Psicologia e do Programa de Pós-Graduação Interunidades em Estética e História da Arte, ambos da Universidade de São Paulo (USP). Entre outros livros, é autor de *Arte, Dor. Inquietudes entre Estética e Psicanálise* (2010, 2ª edição), publicado pela Ateliê Editorial.

Joshua Durban é psicanalista didata e supervisor de análise de crianças e adultos do Israeli Psychoanalytic Society and Institute, em Jerusalém. Docente do Programa de Psicoterapia da Sackler School of Medicine, na Tel-Aviv University (Israel), do Programa de Estados Precoces da Mente e da Pós graduação em Estudos Kleinianos. Membro do intercomitê da Associação Psicanalítica Internacional (IPA) para a prevenção do abuso de crianças. Conselheiro e supervisor de projetos nacionais sobre prevenção ao abuso e especialista na psicanálise de distúrbios do espectro autista (ASD) e crianças e adultos psicóticos. Foi o primeiro psicanalista a analisar crianças autistas em Israel. Escreve sobre análise de crianças, adolescentes e adultos; psicóticos; autistas; abuso sexual; consequências psíquicas das emigrações; e prática médica.

Julia Lauzon é membro efetivo e analista didata da Associação Psicanalítica Chilena (APCH) e membro fundador da Sociedade Psicanalítica de Mendonza. Psiquiatra da Universidade Nacional de Cuyo, em Mendoza, na Argentina. Tesoureira da diretoria da APCH. Membro de ligação da COWAP para a APCH e coordenadora da comissão de trabalho de sexualidade e gênero da Federação Psicanalítica da América Latina (Fepal). Escreve sobre psicossexualidade, violência contra a mulher e mitos latino-americanos.

Leticia Glocer Fiorini é analista didata e ex-presidente da Associação Psicanalítica Argentina (APA). Mestre em Psicanálise. Atual assessora do Comitê de Publicações da Associação Psicanalítica Internacional (IPA). Autora dos livros: *O feminino e o pensamento* *complexo*; *A diferença sexual em debate*; e *Corpos, desejos e ficções*. Escreve sobre feminilidade, maternidade e diversidades sexuais.

Mirtes Marins de Oliveira é mestre e doutora em Educação: História, Política, Sociedade pela Pontifícia Universidade Católica de São Paulo (PUC-SP). Docente e pesquisadora da pós-graduação em Design na Universidade Anhembi Morumbi. Coordenadora e professora do curso Histórias da Arte Moderna e Contemporânea do Museu de Arte de São Paulo Assis Chateaubriand (MASP). Coautora do livro *Cultural anthropophagy: the 24th Bienal de São Paulo*, sobre a Bienal de 1998.

Oswaldo Ferreira Leite Netto é membro associado da Sociedade Brasileira de Psicanálise de São Paulo (SBPSP). Médico da Faculdade de Medicina da Universidade de São Paulo (FMUSP). Psiquiatra do Instituto de Psiquiatria do Hospital das Clínicas. Dirige o Serviço de Psicoterapia, no qual criou o núcleo de psicanálise. Foi diretor de atendimento à comunidade. Coordena o Grupo de Estudos de Psicanálise e Homossexualidade da Diretoria Científica da SBPSP. Escreve sobre homossexualidade, diversidade sexual, ensino em psicanálise e relações com a comunidade.

Patrícia Alkolombre é membro efetivo e analista didata da Associação Psicanalítica Argentina (APA). Membro de ligação do Comitê Mulheres e Psicanálise (COWAP) junto à APA. Membro da Associação Escola Argentina de Psicoterapia para Graduados. Supervisora e docente de seminários em hospitais e centros de saúde. Autora dos livros *Desejo de filho, paixão de filho* e *Esterilidade e técnicas reprodutivas à luz da psicanálise* e organizadora e autora do livro *Travessias do corpo feminino*. Escreve sobre o tema da interdisciplinaridade entre psicanálise e ginecologia, esterilidade e técnicas de fertilização assistida.

Rui Aragão Oliveira é presidente da Sociedade Portuguesa de Psicanálise (SPP). Membro da Associação Psicanalítica Internacional (IPA) e membro efetivo e analista didata da SPP. Exerceu a atividade de docência universitária no ensino público (Universidade de Évora) e privado (Instituto Superior de Psicologia Aplicada). Dirigiu a *Revista Portuguesa de Psicanálise* (2012-2015), foi membro da comissão editorial do *Psychoanalysis Today* e pertence ao comitê de assessores do *Livro Anual de Psicanálise* (edição em língua portuguesa). Autor de um vasto número de artigos em psicanálise, publicados em revistas científicas da especialidade, entre os quais se destacam os temas relacionados com a masculinidade e a função paterna. Tem três livros publicados sobre psicologia clínica e reabilitação física.

Teresa Lartigue é psicanalista, doutora em Investigação Psicológica pela Universidad Iberoamericana (México), membro efetivo e analista didata da Asociación Psicoanalítica Mexicana (APM). Pesquisadora associada da Associação Psicanalítica Internacional (IPA) desde 1999, ex-presidente de APM (2002 a 2004) e *co-chair* do Comitê Mulheres e Psicanálise (COWAP) para a América Latina (2005-2009). Escreve sobre depressão pós-parto, feminilidade e atividades preventivas com mulheres da comunidade

Teresa Rocha Leite Haudenschild é analista didata e docente do Instituto Durval Marcondes. Analista de criança e adolescente da Sociedade Brasileira de Psicanálise de São Paulo (SBPSP). Representante do Comitê Mulheres e Psicanálise (COWAP) junto à Federação Brasileira de Psicanálise (Febrapsi). Autora dos livros: *O primeiro olhar: desenvolvimento psíquico inicial*; *Déficit e autismo* (2015); e *Psicossexualidades: feminilidade, masculinidade e gênero* (2016). Escreve sobre desenvolvimento psíquico inicial, masculinidade, feminilidade e autismo.